Nombrar el mundo en femenino

María-Milagros Rivera Garretas

NOMBRAR EL MUNDO EN FEMENINO

Pensamiento de las mujeres y teoría feminista

La presente obra ha sido editada mediante ayuda del Instituto de la Mujer.

Ausiàs Marc, 16, 3.º 2.ª, 08010 Barcelona
www.icariaeditorial.com
e-mail:icariaeditorial@terra.es

Primera edición: diciembre 1994
Segunda edición: mayo 1998
Tercera edición: febrero 2003

ISBN: 84-7426-236-4
Depósito legal: B-6.050-2003

Impresión y encuadernación:
Romanyà/Valls, s.a.
Verdaguer 1, Capellades (Barcelona)

Impreso en papel reciclado

Para Magdalena Garretas Sastre
y Laura Pletsch-Rivera

ÍNDICE

AGRADECIMIENTOS

A este libro le han ido dando medida y sentido la escucha y el diálogo con mis alumnas oficiales y oyentes de los programas de postgrado en Historia de las Mujeres (1987-88) y de maestría en Estudios de las Mujeres (1988-94) del «Centre d'Investigació Històrica de la Dona» de la Universidad de Barcelona; también, de doctorado en «Mujeres, Género y Poder» (1991-92) de la Facultad de Geografía e Historia de la misma universidad.

Lo han enriquecido los comentarios de quienes han leído total o parcialmente una de sus últimas versiones: Montserrat Cabré i Pairet, Blanca Garí de Aguilera, Gloria Luis Peralbo, Mercè Otero Vidal, Montserrat Otero Vidal, Dolors Reguant i Fosas, y Elizabeth Uribe Pinillos. María Rosa Obiols Llandrich me regaló en mi cumpleaños de 1988 *La pasión según G.H.* de Clarice Lispector. Desde 1991, las amigas de la «Llibreria Pròleg» de Barcelona me han puesto entre las manos textos imprevistos. En las librerías de mujeres de Roma, Florencia, Milán, Madrid, Londres y Cambridge (MA), he encontrado obras que han marcado este libro.

La Comisión Asesora para la Investigación Científica y Técnica (CICYT) me concedió en 1990 una beca de utilización de recursos científicos (URC-114/90) con la que pasé un mes en la «Regenstein Library» de «The University of Chicago».

A todas ellas, mi agradecimiento sincero.

Barcelona, octubre de 1994

INTRODUCCION

Nombrar el mundo en femenino se refiere a la obra de reconocimiento y de creación de significado de las relaciones sociales hecha a lo largo del tiempo por mujeres. A esta obra de creación de significado, de reconocimiento del sentido del mundo en que vivimos, se le llama hoy día hacer orden simbólico. No es, sin embargo, un proyecto del siglo XX. Pienso que en todas las épocas de la historia ha habido mujeres que han vivido y han dicho el mundo en femenino desde su experiencia personal. Unas, las genias, como Eloísa, Margarita Porete, Teresa de Cartagena, Teresa de Jesús, Virginia Woolf o María Zambrano nombraron el mundo a lo grande, acertando a consumar con su vida y su escritura una revolución, una revolución simbólica, que logró captar el sentido nuevo y clave de toda una época, su verdad peculiar. Otras muchas, en buena parte anónimas, lo han hecho en su parte de la sociedad con su vida y su palabra, una palabra muchas veces no escrita para el público.

Nombrar el mundo no es un pasatiempo dorado que sirve para que se sienta mejor la gente privilegiada. Es una necesidad común de vida que ayuda a que cada una o cada uno de nosotras tenga a raya la insensatez que, acumulada, marca o puede marcar el umbral de la locura. Locura que, cuando es de mujer, ha sido denominada histeria, depresión, miedo indeterminado...[1]

1. Petra Kelly vivió y nombró el miedo como la enfermedad femenina de los ochenta en los países de igualdad formal (Alice Schwarzer, *Eine tödliche Liebe. Petra Kelly und Gert Bastian*, Colonia, Kiepenheuer & Witsch, 1993, 141, nota 36).

«La tragedia de estas criaturas» –ha escrito María Zambrano refiriéndose a mujeres y hombres– «es en definitiva la de su falta de espacio interior. Si miramos de cerca, lo primero que sentimos es lo lleno en demasía que está; mundo apretado, poblado de cosas, personajes en embrión, esperanzas y nostalgias, esbozos y proyectos, huellas y presentimientos de realidad sin nombre, mundo que linda o que está dentro de lo inefable y que no por ser inefable es menos real. Que no tengan espacio significa simplemente no la falta de lugar a la manera física, sino la falta de lugar adecuado; criaturas demasiado llenas de realidad y de realidades en un mundo que les ha inculcado una creencia que no les permite acogerlas. Son las víctimas, presas de alucinación y del delirio constante, acosadas de remordimientos por delitos que no han cometido ni podrían cometer; poseídas del vértigo de su infinitud, embriagadas de la posibilidad. La soledad, esa del yo sin espacio, está poblada de personajes, de conatos de ser dentro de un individuo. Multiplicidad abigarrada de seres sin rostro ni nombre, rencorosos de su existencia a medias; tal parece ser el infierno.»[2]

Para nombrar el mundo hay que ponerse en juego en primera persona. Ponerse en juego en primera persona quiere decir arriesgarse a juntar, también cuando se habla o se escribe, la razón y la vida, evitando repetir como la ninfa Eco lo que se ha oído decir, eco nunca original y casi nunca peligroso. Juntar la razón y la vida, juntar lo que los filósofos occidentales llaman la cultura y la naturaleza, es una necesidad que históricamente hemos sentido y sentimos especialmente las mujeres en las sociedades patriarcales. Porque la separación entre palabra y cuerpo (entendiendo la palabra como obra del padre, el cuerpo, de la madre) es inherente al orden patriarcal. Esta separación hace que las mujeres vivamos en un desorden simbólico casi permanente, desorden que nos empuja con especial urgencia a la búsqueda personal de sentido, del sentido de nuestro ser y de nuestro estar en el mundo. Por eso se dice a menudo, no sin cierto rencor, desde el conocimiento con poder, que ellas cuando escriben se dedican incurablemente a «contar su vida», sugiriendo que este contar su vida no puede

2. María Zambrano, *La Confesión: Género literario* (1943), Madrid, Mondadori España, 1988, 67.

alcanzar las cimas de la objetividad del arte universal. Y, sin embargo, esto es invertir el orden de las cosas, porque el arte de nombrar el mundo coincide precisamente con el arte de decir originalmente ella o él su vida. Se trata de un arte peligroso (Margarita Porete fue quemada viva por un tribunal de élite del patriarcado, la Inquisición, el mismo que acosó a Teresa de Jesús durante toda su vida de autora) porque tiene la capacidad de mover a quien lo lee a actuar en su propia vida.

Este libro pretende ser una pequeña aportación a esa genealogía de autoría femenina de sentido en y del mundo. Es, por otra parte, el resultado de una crisis de mi conciencia de la historia. Una crisis a mitad de cuyo camino de sitúa un descubrimiento tan obvio como estremecedor: la historia de las mujeres es la historia.[3] Este descubrimiento hizo orden simbólico en mi vida política e intelectual porque deshizo el último nudo que trababa mi libertad personal de considerar mío todo lo que he ido aprendiendo diligentemente a lo largo de la vida; todo, por tanto, lo que yo soy: la belleza del universo y el nacionalcatolicismo incomprensible de mi infancia, el emancipacionismo y la erudición de mi adolescencia, el marxismo, el psicoanálisis y la antropología cultural de mi juventud... Cosas pasadas pero mías en el presente porque todas han intervenido e intervienen en mi manera de hacer historia. Por historia de las mujeres no entiendo, por tanto, la memoria de las relaciones sociales entre los sexos, sino la memoria que las mujeres han dejado del mundo, memoria que yo reconozco como sensata desde mi presente. Porque lo fundamental en mi vida no son mis relaciones con los hombres sino mis relaciones con las mujeres y con las niñas, los hombres, los niños, y el ecosistema que me alberga: es decir, con el mundo.

Ese descubrir que la historia de las mujeres es la historia marca también el orden de los capítulos de mi texto. Un orden que no refleja una jerarquía de prácticas políticas o de saberes, ni refleja tampoco cómo está el patio o el mercado de las ideas en el feminismo occidental. La secuencia temática del texto que presento es la de mi aprendizaje político y científico feminista desde 1970 hasta la actualidad.

---

3. Lo entendí después de reflexionar en torno al manifiesto de salida de la segunda serie de la revista de la Librería de mujeres de Milán «Via Dogana» y, especialmente al artículo de Luisa Muraro: *La politica è la politica delle donne*, «Via Dogana» 1 (junio 1991) 2-3. Un hermoso ejemplo de práctica de escritura de historia en su calidad de historia de las mujeres: Gemma Beretta, *Ipazia d'Alessandria*, Roma, Editori Riuniti, 1993.

Quizá algunas lectoras o lectores echen en falta un análisis del ecofeminismo: las obras sobre esta cuestión a las que he tenido acceso no han conseguido engancharme, a pesar de que mi primera formación de historiadora se hizo en una escuela que no estudiaba la sociedad sin estudiar antes el paisaje y el entorno físico que la acción del «hombre» transforma, como decían entonces. Tampoco trato del feminismo holístico, en este caso por falta de perspectiva en el tiempo para situar esta propuesta interpretativa de la realidad.[4]

En este libro distingo entre femenino y feminista. Es una cuestión de acentos. Entiendo que en lo feminista predomina un componente de lucha contra el orden sociosimbólico patriarcal; en lo femenino, en cambio, resalta la omisión del referente viril, el prescindir de ellos como medida del mundo. (Lo femenino entendido como «género femenino», como los estereotipos que produce para nosotras el patriarcado, me interesa poco). Mi distinción entre femenino y feminista no es, sin embargo, rigurosa, porque con frecuencia me resulta difícil deslindar en la vida –en mi vida– esos dos acentos.

4. Acaba apenas de salir el libro de Victoria Sendón, María Sánchez, Montserrat Guntín y Elvira Aparici, *Feminismo holístico. De la realidad a lo real*, S. l., Cuadernos de Agora, 1994.

I

EL PENSAMIENTO DE LAS MUJERES: UNA LECTURA HISTORICA

Sumario: 1: La producción, gestión y belleza de la vida humana.– 2: La decibilidad de la experiencia y del deseo.– 3: La búsqueda de otro régimen de mediación.– 4: La autoridad y la autoría.– 5: La confesión y lo inaudito.– 6: Autoras de ciencia.– 7: Autoras de teología.– 8: La igualdad y la lucha entre los sexos.

1. La producción, gestión y belleza de la vida humana

Hay, a lo largo de la historia de Occidente, una línea de pensamiento de las mujeres que ha estado siempre vinculada con la vida humana, con su producción y con su gestión, y también con la belleza de los cuerpos que encarnan esa vida; una línea multiforme de pensamiento que ha nacido de ella. Esto quiere decir que ha estado siempre vinculada con la poesía, con esa parte de la existencia humana que la autora del siglo XX María Zambrano contrapone una y otra vez, a lo largo de su obra, con la filosofía.[1] Parece ser que desde la época griega, es decir, desde esa etapa en la evolución histórica del patriarcado occidental representada por la sociedad, el pensamiento y la política de la Grecia clásica, la poesía ha sido relegada por la filosofía a un lugar secundario en la organización general del conocimiento y del poder. La relegación de la poesía reflejaría y traería consigo la devaluación de la producción y de la gestión de la

1. María Zambrano, *Filosofía y poesía* (1939 y 1987). Madrid, Fondo de Cultura Económica y Universidad de Alcalá, 1993.

vida humana, de la vida ajena y también de la vida femenina propia, devaluación que se impuso en este estadio clásico de la historia del patriarcado occidental y que yo pienso que ha perdurado, tomando formas y significados diversos, hasta la actualidad en la política y en la filosofía dotadas de poder social.

No se sabe a qué orden sustituyó el modelo griego clásico de patriarcado.[2] Se ha debatido mucho, especialmente en la época del movimiento sufragista y también en la década de los setenta del siglo XX, la cuestión del matriarcado;[3] se ha debatido también, aunque menos, la cuestión de unos orígenes lesbianos para las sociedades humanas,[4] modelos ambos que serían destruidos violentamente por el orden sociosimbólico patriarcal. Yo diría que estos debates interesan menos hoy a las mujeres que escribimos historia que hace unos años, aunque no hayan perdido su sentido. Tampoco conocemos el porqué o los porqués de esa transformación radical de las relaciones sociales (en historia, en realidad, casi nunca explicamos nada, lo que hacemos es describir con sentido unos procesos de cambio).

De todos modos, lo que sí se sabe es que en los procesos de implantación o de reforma del orden patriarcal en la Grecia clásica, ocupó un lugar importante un cambio significativo en la gestión del cuerpo humano: esa materia –el cuerpo humano– que nos resulta tan difícil, tan intratable para quienes somos especialistas en historia; una materia que, por otra parte, sigue siendo esencial para la política y para el pensamiento de las mujeres.[5] Estudiando la famosa tragedia *Antígona* de Sófocles, la filósofa Adriana Cavarero ha mostrado que los contenidos de esta obra testimonian un cambio fundamental en los procesos de gestión del cuerpo humano. Este cambio tendría que ver con la atribución del origen del cuerpo humano y consistiría en el paso de la atribución del origen del cuerpo a la madre a su atribución a la *polis*, a la ciudad. Un cambio muy

---

2. Sobre la creación del patriarcado, una obra importante es: Gerda Lerner, *The Creation of Patriarchy,* Nueva York y Oxford, Oxford University Press, 1986 (trad. Barcelona, Crítica, 1990). Sobre la construcción social de la paternidad, Giuditta Lo Russo, *Uomini e padri. L'oscura questione maschile,* Roma y Bari, Laterza, 1994.

3. Una crítica antigua y actual: Ida Magli, ed., *Matriarcato e potere delle donne*, Milán, Feltrinelli, 1978.

4. Susan Cavin, *Lesbian Origins,* San Francisco, Ism Press, 1985.

5. Basta pensar en los campos de violación de Bosnia; o en que un libro reciente (1993) de Judith Butler lleve el título marcadamente ambiguo de *Bodies that Matter.*

importante, que tiene que ver con el origen de la democracia occidental. Según Adriana Cavarero, este cambio trajo consigo otros cambios: a partir de ese momento histórico, la *polis*, la ciudad, otorgará el cuerpo solamente a sus ciudadanos; éstos, a su vez, deberán su cuerpo a la ciudad y deberán sacrificarlo por ella en la guerra si esto fuera necesario. Las mujeres libres, que no reciben su cuerpo de la *polis*, no serán ciudadanas ni participarán en la política democrática ni irán a la guerra ni tendrán tampoco –y esto es importante– un origen definido para su cuerpo, una raíz definida en que asentarse: empezarán entonces a pensar desorientadas y a circular en la sociedad entre hombres. Según Adriana Cavarero, el cuerpo femenino desaparecerá en ese momento de la historia de Occidente y seguirá desaparecido durante siglos.[6] Desaparecerá para ser recuperado por pensadoras de la Europa cristiana feudal en términos nuevos y originales.

Yo pienso que esas europeas cristianas de la época feudal pudieron hacer trabajo de recuperación de los orígenes de su cuerpo porque en el cristianismo se piensa que el cuerpo –sea femenino o masculino– no le ha sido dado a la gente por la *polis*, por la ciudad, sino por Dios: un dios no necesariamente representado por la Iglesia. Por eso, separándose de la tradición llamada pagana, los cristianos de los primeros siglos rechazaron el ideal antiguo de la guerra por la patria, ese ideal que Europa y su Iglesia recuperarán más tarde y que todavía hoy se ve esculpido en monumentos públicos, recogido en la bella y falaz frase latina que dice: *dulce et decorum est pro patria mori* («es dulce y honroso morir por la patria»). Por su parte, las cristianas inventaron (o reinventaron) una figura que pienso que tenía como objetivo el ayudarles a resolver esa carencia de orígenes culturalmente definidos, culturalmente nombrados, para su cuerpo y su existencia: esta figura es algo que nos resulta hoy muy extraño, es la figura de la encarnación, la encarnación del logos –que es dios, que es la dimensión infinita del ser, y que es también la palabra– en una mujer, una mujer histórica concreta que fue María de Nazareth.

La figura de la encarnación del logos –una figura cuyos significados conocemos mal– me sirve ahora para recuperar la primera idea que he

6. Parte de estas ideas en Adriana Cavarero, *Figure della corporeità*, en Marisa Forcina, Angelo Prontera y Pia Italia Vergine, eds., *Filosofia Donne Filosofie*, Lecce, Milella Edizioni, 1994, 15-28 (trad. catalana en Montserrat Jufresa, ed., *Saviesa i perversitat: les dones a la Grècia antiga*, Barcelona, Destino, 1994, 83-111).

expuesto en este capítulo y que era la de la relación que considero que existe entre el pensamiento de las mujeres y la producción, gestión y belleza de la vida humana, esa vida cuyos orígenes y cuyo dominio se suelen atribuir los hombres en el orden patriarcal. Porque la figura de la encarnación del logos tiene que ver con el nacimiento y con la palabra, y el nacimiento tiene que ver, a su vez, con el dar la vida y con el enseñar a hablar,[7] con el proceso de vivir y de existir aprendiendo y nombrando la realidad.[8]

A lo largo de la historia de Occidente, nos encontramos una y otra vez con pensadoras una de cuyas preocupaciones recurrentes ha sido, precisamente, la de hacer suyas las relaciones sociales, la de nombrar la realidad, buscando la unidad interior y la coincidencia entre sí y el mundo. El trabajo de hacer suya, de nombrar la realidad, esas mujeres lo han hecho desde lugares de enunciación, desde posturas políticas distintas: unas veces partiendo de lo que tenían, es decir, reflexionando en torno a su experiencia personal y haciendo de esta experiencia un lugar de libertad, un lugar donde intentar ser; otras veces lo han hecho mirando a dónde querían llegar, reivindicando para ello derechos que las llevaran más allá de su experiencia, liberándolas de ella. Otras veces, también, han mezclado posturas y maneras de hacer política y teoría.

Yo voy a organizar la síntesis que sigue –una síntesis sin ninguna pretensión de exhaustividad– guiándome por el criterio del lugar de enunciación, aunque sin distinciones rígidas, porque éstas raras veces las percibo con claridad plena en mi vida corriente.

En cuanto al tiempo, tomaré como punto de partida el siglo XIV. No porque piense que la Europa feudal no ha dejado memoria de pensadoras interesantes (yo misma he escrito que siempre ha habido en el orden patriarcal mujeres que han buscado y han hallado un sentido de sí –y del mundo– en femenino en la reflexión y en la escritura de su experiencia personal).[9] Sino porque considero que el proyecto de igualdad entre

---

7. Esta idea, que trato más extensamente en el capítulo 6, yo la he aprendido en Luisa Muraro, *L'ordine simbolico della madre,* Roma, Editori Riuniti, 1991 (trad. Madrid, horas y HORAS, en prensa). Véase también, Ead., *La posizione isterica e la necessità della mediazione,* a cargo de Mimma Ferrante, Palermo, Donne Acqua Liquida, 1993.

8. Me impresionó, viendo la película *Orlando* de Sally Potter, que la sección *Birth* (nacimiento) estuviera representada con una escena en la que aparece Orlando con su hija y con su novela, novela que Orlando lleva a un editor para ver si se la publica.

9. *Feminismo de la diferencia. Partir de sí,* «El viejo topo» 73 (marzo 1994) 31-35; p. 31.

hombres y mujeres en el mundo quedó claramente definido en Europa, en su formulación (o reformulación) dominante hasta la actualidad, durante el Humanismo y el Renacimiento; es decir, en los siglos XIV y XV. Esto no quiere decir que lo que a mí me interesa aquí sea trazar la historia del proyecto de igualdad entre los sexos; no, en absoluto. Lo que me permite esta propuesta de periodización es marcar –quizá provisionalmente– unos orígenes en el tiempo al contexto político y científico que ha dominado y domina en Occidente desde la Ilustración: que domina, aunque no haya sido ni sea el único.[10]

2. La decibilidad de la experiencia y del deseo

De lo que he escrito hasta aquí se desprende que percibo, en el pasado y en el presente, dos grandes maneras de hacer las mujeres teoría y política. Una pone el acento en la decibilidad de la experiencia y del deseo femeninos en la sociedad, entendiendo la experiencia y el deseo femeninos como lugares en que es posible la libertad, libertad aprendida por la niña de su madre cuando ésta le enseñó el mundo. La otra pone el acento en la lucha por liberarse de una experiencia entendida como condición histórica y presente de subordinación, de subordinación social y simbólica transmitida a la niña por la propia madre.

La filósofa Prudence Allen ha mostrado que la preocupación por definir lo que son las mujeres y los hombres y en qué consisten (o deben consistir) las relaciones entre ellos es una constante en filósofas y filósofos de todas las épocas y resulta, por tanto, ser tan antigua como la cultura occidental.[11] Prudence Allen distingue en esa larga historia tres maneras (las tres formuladas en la etapa que va de los presocráticos a

---

10. Al estudio de las maneras en que autoras de la Europa anterior a la crisis del modo de producción feudal han nombrado las relaciones sociales y su historia, deseo dedicar mi investigación en el futuro. A lo que ha ocurrido entre los siglos XIII y XIX, le está dedicando un estudio Prudence Allen, *The Concept of Woman, 1250-1800* (University of Scranton Press, en prensa).

11. Prudence Allen, *The Concept of Woman. The Aristotelian Revolution, 750 BC – AD 1250,* Montreal y Londres, Eden Press, 1985. Que la preocupación por pensar la diferencia sexual no sea algo antiguo sino muy reciente en la filosofía occidental, lo sostiene Geneviève Fraisse, *La différence des sexes, une différence historique,* en Varias autoras, *L'exercice du savoir et la différence des sexes,* París, L'Harmattan, 1991, 13-36; p. 14.

Aristóteles) de definir a la mujer en relación con el hombre: a) la teoría de la unidad de los sexos *(sex unity)*; b) la de la polaridad entre los sexos (*sex polarity*); y c) la de la complementaridad de los sexos (*sex complementarity*). La primera teoría sostiene que mujeres y hombres son iguales, sin que existan entre ellos diferencias significativas; la segunda sostiene que mujeres y hombres son significativamente diferentes y que los hombres son superiores a las mujeres; la tercera, que «mujeres y hombres son significativamente diferentes y que son iguales».[12] El gran defensor de la segunda teoría, la de la polaridad entre los sexos, sería Aristóteles, y la que la autora llama la «revolución aristotélica» consistiría precisamente en el triunfo en Europa de esta teoría abiertamente hostil a las mujeres, a partir de mediados del siglo XIII, cuando las obras de ese autor se convirtieron en textos de lectura obligatoria en la Universidad de París (1255). Esta teoría –una teoría defendida entonces por personajes como Alberto Magno y Tomás de Aquino– triunfaría mediante el poder académico sobre la teoría de la complementaridad de los sexos, teoría esta que había sido defendida, entre otras autoras y autores, por dos grandes pensadoras y escritoras del siglo XII, las abadesas Hildegarda de Bingen (1098-1179) y Herralda de Hohenbourg (abadesa desde 1176).

Yo no soy capaz de distinguir en la historia de la política y del pensamiento de las mujeres entre las autoras que se inclinaron por la primera teoría (*sex unity*) y las que se inclinaron por la segunda (*sex polarity*) de las tres teorías que distingue Prudence Allen. Entreveo, en cambio, en la teoría de la complementaridad un espacio en el que pudo mostrarse la preocupación por la diferencia sexual y por el manifestarse de la libertad femenina.[13] Pienso, sin embargo, que las manifestaciones en la historia de la diferencia femenina no se producen necesariamente en el marco de la reflexión y de la práctica de las relaciones entre los dos sexos.[14] Pienso

12. Prudence Allen, *The Concept of Woman*, 3.

13. Sobre el uso del concepto de libertad femenina, véase: *La autoridad femenina. Encuentro con Lia Cigarini,* «Duoda» 7 (1994) 55-82.

14. Lo ve distinto Luce Irigaray en *Amo a ti. Bosquejo de una felicidad en la Historia* (1992), trad. Buenos Aires, La Flor y Barcelona, Icaria, 1994 [una reseña: Elena Fogarolo, *Disordine simbolico,* «Leggere Donna» 45 (julio-agosto 1993)] 3-4, y en *Essere due,* Turín, Bollati Boringhieri, 1994. Sobre el pensamiento de Irigaray en torno a este tema, en obras anteriores, es interesante la reflexión de Christine Holmlund, *The Lesbian, The Mother, The*

que se producen más bien en el marco de la práctica de la relación entre mujeres; y también, en el contexto de la reflexión en torno a sí de la espiritualidad no rutinaria y de la experiencia mística.

Es en este sentido, en el sentido de buscar pautas de decibilidad del propio ser y del propio querer ser en femenino fuera del régimen de mediación dominante, fuera del orden simbólico patriarcal, que he llamado «de-generadas» a las mujeres que han logrado decirse en términos propios, originalmente. De-generadas porque son mujeres sin género, ya que entiendo que en Occidente el sistema de géneros, con sus atributos, jerarquía y expectativas para hombres y mujeres, se mantiene siempre dentro de los límites y de los cánones del orden simbólico patriarcal.[15]

En las épocas históricas que estoy tratando aquí, épocas marcadas por el triunfo de la «revolución aristotélica», la producción de pensamiento de las mujeres ha ido siempre precedida por un proceso de crisis personal y de autoconciencia.[16] En este proceso se revela, entre otras cosas, que la subordinación de las mujeres a los hombres es de carácter social, no natural como tantos sabios han querido a lo largo de la historia; se revela seguramente, también, que son posibles una práctica de vida y un discurso femenino con autoridad, porque se vislumbra que autoridad y poder son dos cosas distintas desde su origen.[17]

Un ejemplo impresionante de esas revelaciones, un ejemplo del que se conserva testimonio escrito, es el de Mari García de Toledo, una joven aristócrata de esta ciudad, hija de Constanza (hermana del arzobispo de Toledo) y de Diego García de Toledo: una mujer callejera y original que vivió su infancia y juventud en pleno siglo XIV, en la época de Pedro I el Cruel (1334-1369). Después de educarse en San Pedro de las Dueñas, donde era priora «una su hermana que mucho la amaua», rechazó el abadiato del convento de Santa Clara de Tordesillas y la vida religiosa reglada y con poder para dedicarse, con una amiga, a vivir durante un

---

Heterosexual Lover: Irigaray's Recordings of Difference, «Feminist Studies» 17-2 (1991) 283-308.

15. M. Milagros Rivera, *Feminismo de la diferencia,* 31.

16. Sobre este tema, véase Luisa Muraro, *Autoridad sin monumentos,* «Duoda. Revista de Estudios Feministas» 7 (1994) 86-100.

17. Sobre esta cuestión, puede verse Diana Sartori, *Dare autorità, fare ordine,* en Diótima, *Il cielo stellato dentro di noi. L'ordine simbolico della madre*, Milán, La Tartaruga, 1992, 123-161; Montserrat Otero Vidal, *Autoritat femenina i participació política,* «Duoda» 7 (1994) 101-117.

tiempo en Toledo mendigando por las calles, apartándose así de un matrimonio heterosexual que los textos denominan ambiguamente «carne», para ser libre a su manera:

> «Y dejando con la casa del padre, ençendida por fuego del amor diuinal, cobdiçiando remedar y seguir a Xhristo su esposo según su flaqueza, negando a sí mesma, se dio con toda uoluntad al menospreçio del mundo. Frequentaua andar por las calles de puerta en puerta pidiendo limosna para los encarçelados; traía en los honbros unas alforjas en que echaua los pedazos del pan que en limosna le dauan. Tenía por conpanera la santa uirgen en su santo propósito a una uenerable matrona biuda que se llamava doña Maior Gómez [...]. Andan entr'amas la vieja y su aia y la virgen tierna por toda la cibdad de casa en casa como pobres y peregrinas. Vienen entre los dos coros de la iglesia maior y allí, delante de todo el clero y pueblo, piden por amor de Dios limosna. Mucho se maravillan todos y dizen: "no auemos visto alguna que sea semejante a ésta entre todas las henbras de aquesta çibdad" [...]. Acaeçió un día que la dicha matrona biuda y la bendita uirgen, continuando su santa obra andando a demandar por las calles, encontraron con su padre y con el arçobispo su tío, que hera hermano de su madre, aconpañado de muchos caualleros nobles. Y como el arçobispo la viese ansí mendigar y la conoçiese, reprehendió a su cuñado porque consentía andar ansí despreçiada a su sobrina y díxole: "¡O varón, como seas prudente! ¿Por qué consientes a moza tan pequeña, tan hermosa y generosa, andar ansí tan despreciada? ¿Por qué tienes tu hija ansí aborecida? ¿Por qué no la casas con otro su igual?" A lo qual respondió el noble cauallero benignamente: "¿Qué esposo puedo yo dar a mi hija más generoso y más rico que Ihesu Xhristo, hijo de Dios biuo? Dejémosla. Tomó para sí la mejor parte."»[18]

---

18. Biblioteca del Real Monasterio del Escorial, C-III-3, fols. 252-264; fol. 255v-256v. Otros datos sobre este texto y la interpretación de su contexto en Angela Muñoz Fernández. *Beatas y místicas neocastellanas. Ambivalencias de la religión y políticas correctoras del poder,* Madrid, Dirección General de la Mujer de la CAM, (en prensa). Luisa Muraro ha sugerido que las declaraciones de debilidad de muchas autoras han de

Las dos premisas que he formulado, el rechazo del determinismo biológico y la búsqueda de una práctica y de un discurso con autoridad femenina, práctica y discurso al que da sentido que lo entiendan otras mujeres y no los hombres con poder social, siguen siendo fundamentales para el pensamiento de las mujeres del siglo XX.

Al tomar conciencia del carácter social de su subordinación y al decidirse a buscar otras fuentes de autoridad para su palabra y sus experiencias, las antepasadas que escribieron en estos términos tomaron, unas veces, postura política en contra del orden patriarcal; otras veces, se separaron del patriarcado e hicieron lo que ahora llamamos orden simbólico; es decir, les fueron poniendo nombre a las cosas, a las relaciones sociales, al mundo, en términos a los que daba sentido otro régimen de mediación. Estos posicionamientos políticos son clave para definir como feminista y/o como femenino un texto de análisis o de descripción de la sociedad, sea cual sea la época o el lugar en que fue escrito.

3. La búsqueda de otro régimen de mediación

La primera autora bien conocida que enunció con claridad esas dos premisas (rechazo del determinismo biológico, autorización no mediada por hombres con poder) fue Christine de Pizan (1364-1430). En el París de principios del siglo XV, esta escritora francesa de origen italiano redactó una obra titulada *La Cité des Dames,* un libro famoso en su época y famoso en la actualidad. El libro lo escribió para desautorizar una serie de obras filosóficas y literarias muy misóginas que circulaban por la Francia y por la Europa de su época.[19] Pero solamente se sintió capaz de escribirlo (según explica ella misma al narrar su proceso de autoconciencia) cuando se dio cuenta de que las claves estaban, precisamente, en rechazar el discurso de lo natural y en poner toda la confianza en el sonido de su propia voz, hecha ahora sensata en el diálogo con otras muje-

entenderse comparándose con la divinidad, no con los hombres (*Commento alla «Passione secondo G.H.»*, «DWF» 5-6 (1988) 65-78; p. 6; el fragmento que cito lo muestra.

19. Concretamente las *Lamentationes* de Mateolo, que habían sido traducidas poco antes al francés y estaban teniendo un buen éxito de público, pero que no eran más que una muestra de una literatura que proliferó en todas las lenguas de la Europa bajomedieval, quizá como consecuencia de la «revolución aristotélica».

res.[20] Es decir, en dejar de dar vueltas a las opiniones naturalistas de los autores del pasado y de su presente y en poner el acento, en cambio, en lo que ella veía en sí y en las mujeres de su entorno, y en lo que pudiera dilucidar de su historia, una historia que sustentaba ahora su vida. En otras palabras, en alejar su mirada del modelo general de relaciones sociales patriarcales que estaba vigente en su cultura y época. Christine de Pizan relata de la siguiente manera el proceso que le llevó a rechazar el régimen de mediación masculino y a sustituirlo por una autoridad distinta:

> «Revolviendo atentamente estas cosas en mi espíritu, me puse a reflexionar en torno a mí misma y a mi conducta, *yo que he nacido mujer;* pensé también en las otras muchas mujeres que he podido frecuentar, tanto princesas y grandes damas como mujeres de mediana y pequeña condición, que han tenido a bien confiarme sus pensamientos secretos e íntimos; intenté decidir en mi alma y conciencia y sin el beneficio de la estima si el testimonio reunido de tantos hombres ilustres podría ser erróneo. Por más que daba vueltas y más vueltas a estas cosas, las pasaba por el cedazo, las espulgaba, yo no podía ni comprender ni admitir que su juicio en contra de la naturaleza y la conducta femeninas estuviera bien fundado. Yo, por otra parte, me obstinaba en acusarlas a ellas, diciéndome que sería demasiado fuerte que tantos hombres ilustres, tantos solemnes sabios de entendimiento tan elevado y tan grande, tan clarividentes en todo como parece que todos lo han sido, hubieran podido hablar mendazmente; y ello en tantos lugares que me resultaba casi imposible encontrar un texto moral, fuera cual fuera su autor, en que no fuera a dar con algún capítulo o párrafo vejatorio para las mujeres antes de terminar la lectura. Esta sola razón me bastaba para obligarme a concluir que todo ello debía ser cierto, a pesar de que mi espíritu, en su ingenuidad y su ignorancia, no podía decidirse a reconocer esos grandes defectos que yo probablemente compartía con las demás mujeres. *Así pues, me*

---

20. He tratado este tema en *Vías de búsqueda de existencia femenina libre: Perpetua, Christine de Pizan y Teresa de Cartagena*, «Duoda» 5 (1993) 51-71.

fiaba más del iuicio de otro que de lo que yo misma sentía y sabía».[21]

Christine de Pizan expresa en este texto una conciencia muy lúcida de que la circunstancia casual pero necesaria (ya que es bastante difícil prescindir de ella) de haber nacido en un cuerpo sexuado en femenino era utilizada por la política y por la ética viriles para justificar la subordinación social de las mujeres; ella formula asimismo la postura política que dice que sólo saliendo del orden simbólico de ellos y buscando un discurso cuya fuente de sentido estuviera en otra parte sería posible rebatir y alejarse del pensamiento misógino bajomedieval, ese pensamiento que a ella le amargaba entonces la vida.

Las obras de Christine de Pizan dieron, pues, contenidos tanto femeninos como feministas a la larga polémica entre hombres y mujeres que se suele llamar la *Querella de las mujeres*; una polémica cuya misoginia Christine de Pizan criticó inteligentemente. Esa mezcla de contenidos fue visible en Europa durante los siglos XV, XVI, XVII y XVIII. El pensamiento de las mujeres de esa época se sirvió para explicarse de algunos de los métodos de conocimiento y de las vías de difusión pública de sus propuestas que estaban a mano en su ambiente intelectual y social. De aquí que la forma más corriente que tomó la Querella fuera la del debate y la tertulia literarias. El objetivo principal de estas tertulias y debates fue el demostrar, en la teoría, el valor de las mujeres, «il merito delle donne», como escribía la veneciana Moderata Fonte (1555-1592) a finales del

21. *La Cité des Dames* I-1. «Et ainsi m'en rapportoye plus au jugement d'autruy que ad ce que moy meismes en sentoye et savoye», dice la frase final. Christine de Pizan, *The «Livre de la Cité des Dames»,* ed. crítica de Maureen C. Curnow, (Tesis doctoral presentada en Vanderbildt University, 1975, 618-619). Mis subrayados. Una trad. al francés del siglo XX: *La Cité des Dames,* texto y trad. de Thérèse Moreau y Éric Hicks, París, Stock, 1986; y de ésta al catalán: *La Ciutat de les Dames*, introd. y trad. de Mercè Otero Vidal, Barcelona, Edicions de l'Eixample, 1990. He tratado este fragmento en *Textos y espacios de mujeres. Europa, siglos IV-XV,* Barcelona, Icaria, 1990, 25-26. Véase también: Maureen Quilligan, *The Allegory of Female Authority. Christine de Pizan's «Cité des Dames»*, Ithaca y Londres, Cornell University Press, 1991, y Earl J. Richards, ed., *Reinterpreting Christine de Pizan,* Athens y Londres, University of Georgia Press, 1992.

siglo XVI.[22] En estas tertulias –que podían ser reales o imaginarias– Un grupo de mujeres (o de mujeres y hombres) iba dando nombre y situando en su mundo las nuevas formas de relación consigo mismas y de relaciones sociales entre mujeres y entre los sexos que estaban surgiendo en la Europa de la crisis del modo de producción feudal; además, en esas tertulias se establecían redes y espacios de sociedad femenina a través de la relación y de la práctica de un discurso centrado en la autoestima, en la risa y en la descalificación de las supuestas virtudes de los hombres. En la voz de Moderata Fonte:

> «Si eso fuese cierto –dijo entonces Virginia– que los hombres fueran de tanta imperfección, como vos decís "¿por qué son ellos superiores en todos los sentidos?" A esto respondió Corinna: "Esa preeminencia se la han arrogado ellos, que si bien dicen que les debemos estar sujetas, se debe entender sujetas de aquella manera, que estemos también en las desgracias, en las enfermedades y otros incidentes de esta vida, es decir, no sujeción de obediencia sino de paciencia, y no para servirles con temor sino para soportarles con caridad cristiana, porque nos han sido dados para nuestro ejercicio espiritual; y esto lo deducen ellos en sentido contrario y nos quieren tiranizar, usurpando arrogantemente para sí el señorío que quieren tener sobre nosotras; el cual más bien deberíamos tener nosotras sobre ellos; porque se ve claramente que lo propio de ellos es el ir a fatigarse fuera de casa y trabajar para obtenernos bienes, como hacen precisamente los administradores o mayordomos, mientras nosotras estamos en casa para disfrutar y mandar como patronas; y por eso han nacido más robustos y más fuertes que nosotras, para que puedan soportar las fatigas a nuestro servicio."»[23]

Moderata Fonte escribió este tratado hacia el año 1590 y su libro fue publicado por primera vez en Venecia en 1600. Uno de los temas que le preocupa en el fragmento que he citado es el de la mayor fuerza física de

---

22. Moderata Fonte (Modesta Pozzo), *Il merito delle donne, ove chiaramente si scuopre quanto siano elle degne e più perfette de gli uomini*, a cargo de Adriana Chemello. Mirano-Venecia, Eidos, 1988.

23. Moderata Fonte, *Il merito delle donne*, 26.

bastantes hombres; ella intenta resolverlo recurriendo al argumento aristocrático de su época que asociaba una cierta debilidad física con el privilegio del ocio. Este viejo y (casi) inmortal tema está también entre los muchos que habían preocupado hacia mediados del siglo XV a una religiosa que vivió en el Reino de Castilla: Teresa de Cartagena. Y le seguía preocupando a Mary Wollstonecraft cuando escribió a finales del siglo XVIII.[24] Lo reiterativo de la preocupación en el pensamiento de las mujeres por este extraño argumento, que justifica el poder social masculino en la mayor fuerza física de bastantes hombres, sugiere que estamos ante uno de esos indicadores que cruzan épocas en la historia de las mujeres, indicadores como pueden ser el miedo a escribir, el uso de la palabra pública o el sentido del adorno del cuerpo femenino.[25]

A su vez, la persistencia de estos indicadores, persistencia perceptible para quien mira el pasado desde sus preocupaciones originales en el mundo presente, informa de que en ellos se condensan posibles cambios o intentos de cambio en el régimen de mediación y en el sentido que las mujeres se han ido dando a sí mismas y le han ido dando al mundo. La preocupación por el argumento de la mayor fuerza física de bastantes hombres (un argumento que las estadísticas del siglo XX han dejado en ridículo) revela que a ellas les preocupa la violencia social sexuada que observan y que sufren, y que no les convence la explicación naturalista viril. Preocupación e insatisfacción que tienen sentido entre las mujeres de una sociedad que tiene su origen –según la conocida afirmación de Luce Irigaray en un matricidio o, en opinión de Luisa Muraro, en la usurpación continua por los hombres de la potencia materna: matricidio o usurpación que parecen vincular, siglo tras siglo en el patriarcado, el ejercicio del poder con el ejercicio de la violencia.[26]

---

24. Se publicó en 1792. Mary Wollstonecraft, *Vindicación de los derechos de la mujer*, trad. de Carmen Martínez Gimeno, Madrid, Cátedra, 1994.

25. He tratado del miedo a escribir en *Textos y espacios de mujeres*, 19-29. Del sentido del adorno del cuerpo femenino en *El adorno femenino: una lectura histórica* (en vías de publicación).

26. Luce Irigaray, *El cuerpo a cuerpo con la madre*, trad. de Mireia Bofill y Anna Carvallo, Barcelona, La Sal, 1985, p. 7. Luisa Muraro, *L'ordine simbolico della madre*, 10-12. Sobre la relación entre las mujeres y la guerra, una reflexión interesante en Alessandra Bocchetti, *Discorso sulla guerra e sulle donne*, Roma, Centro Culturale Virginia Woolf B, 1984.

Teresa de Cartagena, en el tratado que ella tituló *Admiraçión Operum Dey (Admiracion de las obras de Dios)*, escribió sobre esta cuestión:

> «Yo, con mi sinpleza, atrévome a dezir que lo fizo el çelestial Padre por que fuese conservaçión e adjutorio lo vno de lo ál. Ca todo lo qu'el Señor crió e hizo sobre la haz de la tierra, todo lo proveyó e guarnesçió de maravillosas provisyones e muy firmes guarnesçiones. E sy queredes bien mirar las plantas e árboles, veréys cómo las cortezas de fuera son muy rezias e fuertes e sofridoras e las tenpestades que los tienpos hazen, aguas e yelos e calores e fríos. Están asy enxeridas he hechas por tal son que no paresçen syno un gastón firme e rezio para conservar e ayudar el meollo que está encercado de dentro. E asy por tal horden e manera anda lo vno a lo ál, que la fortaleza e rezidunbre de las cortezas guardan e conservan el meollo, sufriendo esterioramente las tenpestades ya dichas. El meollo asy como es flaco e delicado, estando yncluso, obra ynterioramente, da virtud e vigor a las cortezas e asy lo vno con lo ál se conserva e ayuda e nos da cada año la diversidá o conposidad de las frutas que vedes. E por este mismo respeto creo yo quel soberano e poderoso Señor quiso e quiere en la natura vmana obrar estas dos contraridades, conviene a saber: el estado varonil, fuerte e valiente, e el fimíneo, flaco e delicado.»[27]

La flaqueza y delicadeza femeninas, estas autoras las interpretan positivamente, no como signo de inferioridad (he sugerido que se mide con lo divino, no con los hombres)[28] sino como eje organizativo de una sociedad nueva (sociedad ahora femenina) fundada no en la violencia y en la competitividad (en ese interés fálico en ser pionero, en dejar a otros atrás), sino en el trabajo interior, en la amistad y en la cooperación.[29] Este argumento lo completó la veneciana Lucrezia Marinelli (1571-1653), planteando a la obra de Aristóteles (especialmente al *De qeneratione*

---

27. Existen un manuscrito y una edición de los tratados de Teresa de Cartagena, *Arboleda de los enfermos y Admiraçión Operum Dey*, a cargo de Lewis Joseph Hutton, Madrid 1967 (Anejos del «Boletín de la Real Academia Española» XVI); p. 117.

28. Véase antes, nota 18.

29. Constance Jordan, *Renaissance Feminism. Literary Texts and Political Models*, Ithaca y Londres, Cornell University Press, 1990, 257.

animalium) una crítica historicista; un tipo de crítica que el humanismo italiano había aplicado a los textos bíblicos y que relativiza, situándola en la parcialidad de su época histórica, la autoridad inmune al paso del tiempo de que gozaban esos textos.[30]

4. La autoridad y la autoría

Fueron muchas las mujeres que intervinieron en la Querella en Europa. A pesar de ello, a pesar de que fueron muchas, nos plantean a las historiadoras de hoy problemas de visibilidad; y, sobre todo, nos plantean problemas de relación intelectual y política, de cómo hacer de ellas o de algunas de ellas un pasado y una genealogía que reconozcamos como propia en el presente. Esta cuestión tiene que ver con el reconocimiento de autoridad femenina: reconocimiento de autoridad femenina en mi vida y en la historia. Porque no se trata de recuperar mediante la erudición una tradición femenina para poner al lado y medir con la que nos han enseñado en la escuela. Pienso que para muchas historiadoras de hoy, a las que siete siglos de triunfo de la «revolución aristotélica» han dejado casi sin palabras para decir el mundo originalmente, es sobre todo importante encontrar en el pasado pautas de decibilidad de nuestra experiencia presente, estar también nosotras vivas en nuestros escritos históricos.[31] La mediación viva de la autora de hoy, el ponerse en juego en primera persona, es necesario para que exista escritura femenina, para que la escritura no sea neutra y huérfana, no se le aparezca a la lectora como huérfana de autora.[32]

Se suele decir que, en la mayoría de los casos, los nombres y las obras de las autoras que participaron en la Querella no nos resultan familiares, eclipsadas por las voces dominantes de hombres con poder social,

---

30. Lucrezia Marinelli, *La nobiltà et eccellenza delle donne co' diffetti et mancamenti de gli huomini*, Venecia, Ciotti Senese, 1600.

31. Me hago eco del título del libro de Marie Cardinal, *Las palabras para decirlo* (trad. de Marta Pessarrodona, Barcelona, Noguer, 1976), un libro que fue importante en mi proceso de autoconciencia.

32. Me ha sugerido esta última reflexión la lectura de Wanda Tommasi, *La tentazione del neutro*, en Diótima, *Il pensiero della differenza sessuale*, Milán, La Tartaruga, 1987, 81-103.

pensadores y transmisores de discurso con intención de ubicuidad. Se dice también que, ocasionalmente, nos suena que existieron porque alguna cadena de eruditos se vio en la necesidad de demostrar tozudamente que sus obras se las había escrito su padre o que habían plagiado a uno o a varios autores: porque los textos del pasado con los que los sabios no establecen mediación porque quedan fuera de su régimen, necesitan cancelarlos para evitar su desorden simbólico.

Es decir, sabemos, porque nos lo ha enseñado la investigación feminista, que el saber de las mujeres, en el siglo XV como en el siglo XX, ha tenido y tiene problemas muy graves de transmisión y de visibilidad, problemas que le han llevado a Gerda Lerner a escribir, un poco exageradamente, que antes del siglo XX ellas han tenido que reinventar constantemente la rueda.[33] Digo esto porque cuando, después de pasar por los filtros y laberintos del patriarcado, llegamos a conocer a las autoras de la Querella, nuestro conocimiento de ellas suele con frecuencia carecer de contexto, como si no debieran aparecer más que en forma de excepciones a la regla de los padres. Excepciones porque esas autoras no se citan casi nunca entre sí, y excepciones también porque su público no acabamos de percibirlo con claridad, excepto en los monasterios y en los conventos.

Sin embargo, si prescindo de los filtros y laberintos del patriarcado (lo cual es difícil para una mujer emancipada como yo) y, desarmada, me dejo empapar por los textos de las autoras de la Querella, la impresión de la reinvención constante de la rueda es sustituida por otra bastante más interesante y matizada. Veo entonces que la diversidad de posturas que las mujeres adoptaron ante una cuestión común es grande, y veo también que no hace ninguna falta establecer entre esas posturas jerarquías de novedad, progresía u ortodoxia porque ellas no hacían más que usar su libertad de pensar y, sobre todo, de hablar (lo cual, por lo demás, es siempre subversivo del orden patriarcal).

Una cuestión muy importante política e históricamente en la cual ese dejarse empapar desarmada ha cambiado la mirada de la que esto escribe es la del uso de la palabra pública por parte de las mujeres de la Querella (uno de esos indicadores que atraviesan diacrónicamente la historia, a que antes me refería).

---

33. Gerda Lerner, *The Creation of Feminist Consciousness. From the Middle Ages to Eighteen-seventy*, Nueva York y Oxford, Oxford University Press, 1993.

Con mis armas de mujer emancipada en la mano yo hubiera escrito que el primer problema que tuvieron que resolver las autoras de la Querella fue el de que les dejaran hablar en público. Hubiera añadido que, quizá, antes de buscar un público o una genalogía propias, esas pensadoras tuvieron que demostrar que el discurso típicamente renacentista que decía que sexo femenino y conocimiento eran incompatibles, era un discurso falso. Y hubiera llegado a la conclusión de que en rebatir el argumento que decía que las mujeres no podían ni hacer filosofía ni hacer ciencia modernas se dilapidó una parte importante de la energía de las intelectuales de la época.

De esta manera, hubiera dejado en el lado sombrío de mi análisis lo que ellas efectivamente pensaron y dijeron, prestándole así un involuntario servicio al patriarcado, ya que yo miraba desde dentro de su régimen de mediación.

Porque las autoras de la Querella tomaron la palabra antes de entrar en el debate –un debate que preocupó sobre todo a los hombres sobre si las mujeres eran o no eran capaces de decir algo original. Pienso, por ello, que es más interesante y menos debilitante estudiar sus textos buscando las pautas de decibilidad de su experiencia y de sus deseos que cada autora aporta, pautas que las convierten precisamente en autoras, en vez de detenerme en las reacciones hostiles de los hombres de su época o de otras épocas; reacciones hostiles inteligentes porque las autoras que se separan del régimen de mediación por ellos impuesto desnutren al patriarcado. Todo ello sin pretender en absoluto ignorar la persecución que ellas sufrieron para anular su originalidad ni pretender tampoco negar obstáculos añadidos y siempre presentes en el patriarcado (la Inquisición, por ejemplo y otras muchas operaciones de política sexual) para acallarlas.[34] Pero mi acento deseo ponerlo ahora en lo que ellas efectivamente crearon.

¿Cómo dicen las participantes en la Querella que ellas son autoras, que tienen autoridad y palabras para decir la realidad, lo que no está nombrado en su presente, lo que Chiara Zamboni ha llamado lo «inaudito»? [35]

---

34. He tratado el último tema en *Las escritoras de Europa. Cuestiones de análisis textual y de política sexual,* en Celia del Moral, ed., *Arabes, judías y cristianas: Mujeres en la Europa medieval,* Granada, Universidad de Granada, 1993, 195-207.

35. Chiara Zamboni, *L'inaudito*, en Diótima, *Mettere al mondo il mondo. Oggetto e oggettività alla luce della differenza sessuale*, Milán, La Tartaruga, 1990, 11-24 (trad. de María-Milagros Rivera Garretas, Madrid, Centro Feminista de Estudios y Documentación, en preparación).

Llama la atención la amplitud de la gama de pautas de decibilidad que manejan. Pautas que recorren un arco en uno de cuyos lados se sitúa, por ejemplo, Leonor López de Córdoba (n. h. 1362) dictándole a un notario de principios del siglo XV:

> «En el nombre de Dios Padre y del Hijo y del Espíritu Santo, tres personas y un solo Dios verdadero en trinidad, al qual sea dada gloria, a el Padre y al Hijo y al Espíritu Santo, así como era en el comienzo, así es agora y por el siglo de los siglos, amen. En el nombre del qual sobredicho Señor y de la Virgen Santa María su madre y señora y abogada de los pecadores, y a honra y ensalsamiento de todos los ángeles e santos y santas de la corte del cielo, amen. Por ende sepan quantos esta esscriptura vieren cómo yo, Doña Leonor López de Córdoba, fija de mi señor el Maestre Don Martín López de Córdoba e Doña Sancha Carrillo, a quien dé Dios gloria y paraíso, juro por esta significanza de cruz en que yo adoro, cómo todo esto que aquí es escrito es verdad que lo vi y pasó por mí y escríbolo a honrra y alabanza de mi Señor Jesu Christo e de la Virgen Santa María su madre que lo parió, por que todas las criaturas que estubieren en tribulación sean ciertos que yo espero en su misericordia que si se encomiendan de corazón a la Virgen Santa María, que Ella las consolará y acorrerá como consoló a mí; y por que quien lo oyere sepan la relación de todos mis echos e milagros que la Virgen Santa María me mostró, y es mi intención que quede por memoria, mandélo escrevir así como vedes.» [36]

Es decir, Leonor López de Córdoba hace uso público de su palabra reconociéndose la autoridad de hacer historia y sin olvidar, entre las autoridades a que ella se encomienda y que le dan lugar de enraizamiento

36. Leonor López de Córdoba, *Memorie*, edición y trad. italiana de Lia Vozzo Mendia, Parma, Pratiche Editrice, 1992. He estudiado esa obra en *Textos y espacios de mujeres*, 159-178; y en *En torno a las «Memorias» de Leonor López de Córdoba*, en *Las mujeres en la historia de Andalucía*, «Actas del II Congreso de Historia de Andalucía», Córdoba, Junta de Andalucía y Cajasur, 1994, 101-111. Una reflexión en torno al atractivo de la adoración de la cruz para algunas mujeres en: Luisa Muraro, *Commento alla «Passione secondo G.H.»*, 70-73.

en el mundo, a Jesucristo y a la virgen María «su madre que lo parió», así como a todas las santas de la corte celestial. Al otro lado del arco, situaría a una María de Cazalla la cual, en palabras de Rosa Rossi, adoptó «para sí mujer, y en público, el uso de la palabra "poderosa", la palabra relativa a los estratos más profundos de la cultura, tal como vienen definidos por las Escrituras en el mundo cristiano.» [37] Su manera extraordinaria de tocar «lo inaudito» provocó la reacción de la Inquisición de Toledo, que la procesó por luteranismo entre 1532 y 1534 y fue causa de la destrucción total de la obra de María de Cazalla.

Dentro de ese amplio arco de maneras de hacer realidad lo inaudito, hay muchas autoras, autoras que vamos conociendo gracias a las investigaciones en historia de las mujeres a que ha dado lugar el feminismo. Me referiré a algunas de esas autoras.

5. La confesión y lo inaudito

Una de las autoras más tempranas que conocemos en lengua castellana para el período de la Querella que estoy tratando aquí es Teresa de Cartagena. Una mujer de la que (hoy por hoy) apenas sabemos nada más que lo que ella nos dice en sus obras.

Teresa de Cartagena perteneció a una familia ilustre de judíos conversos del Reino de Castilla. Vivió en el siglo XV, fue hija de Pedro de Cartagena y nieta de Pablo de Santa María, un rabino que llegó a ser obispo de Burgos a finales del siglo XIV.[38] Ella explica en su confesión (su primera obra conocida), titulada *Arboleda de los enfermos*, que estudió unos pocos años en la Universidad de Salamanca, que fue una joven ambiciosa y pecadora, que vivió de religiosa en una Orden que el manus-

---

37. Rosa Rossi, *Los silencios y las palabras de María de Cazalla*, «Mientras Tanto» 28 (nov. 1986) 53-67; p. 61.

38. He estudiado su obra en: *La «Admiración de las obras de Dios» de Teresa de Cartagena y la Querella de las mujeres*, en Cristina Segura Graiño, ed., *La voz del silencio, I. Fuentes directas para la historia de las mujeres (siglos VIII-XVIII)*, Madrid, Al-Mudayna, 1992, 277-299; *Una pensatrice castigliana del XVo secolo: Teresa de Cartagena*, en Marisa Forcina *et al.*, eds., *Filosofia Donne Filosofie*, 603-622; y en *Las prosistas castellanas del Humanismo y del Renacimiento (1400-1550)*, en Myriam Díaz-Diocaretz e Iris M. Zavala, eds., *Breve historia feminista de la literatura española (en lengua castellana)*, Barcelona, Anthropos, 1993– (vol. 3, en prensa).

crito no especifica y que escribió esa confesión después de veinte años de sordera, una enfermedad que, al impedirle hablar con la gente, cambió radicalmente su vida durante su juventud, después de la adolescencia. La *Arboleda de los enfermos* es un análisis en primera persona del dolor y del rechazo de sí provocados por la enfermedad, hasta dar a esa experiencia terrible un sentido que le permite a la autora seguir amando su cuerpo y seguir viviendo en él.

La difusión pública de la *Arboleda*, que Teresa de Cartagena dedicó a una «virtuosa señora» que era seguramente doña Juana de Mendoza, provocó reacciones muy hostiles entre los intelectuales castellanos (hombres y mujeres, nota la autora) de la época. Para rebatirles, Teresa de Cartagena escribió otro tratado, la *Admiración Operum Dey*, a petición de la misma noble Juana de Mendoza (m. 1495), esposa del poeta y corregidor de Toledo, Gómez Manrique (h.1412 h.-1490). En él, la autora identifica la causa de esas críticas sencillamente en su cuerpo femenino, ese cuerpo que (decía yo al principio de este capítulo) es materia principal de la política y del pensamiento de las mujeres a lo largo de la historia:

> «Muchas vezes me es hecho entender, virtuosa señora, que algunos de los prudentes varones e asy mesmo henbras discretas se maravillan o han maravillado de vn tratado que, la graçia divina administrando mi flaco mugeril entendimiento, mi mano escriuió. E, como sea vna obra pequeña, de poca sustançia, estoy maravillada. E no se crea que los prudentes varones se ynclinasen a quererse marauillar de tan poca cosa, pero sy su marauillar es çierto, hien paresçe que mi denuesto non es dubdoso, ca manifiesto no se faze esta admiraçión por meritoria de la escritura, mas por defecto de la abtora o conponedora della, como vemos por esperençia quando alguna persona de synple e rudo entendimiento dize alguna palabra que nos paresca algund tanto sentida: maravillámonos dello, no porque su dicho sea digno de admiraçión mas porque el mismo ser de aquella persona es asy reprovado e baxo e tenido en tal estima que no esperamos della cosa que buena sea [...]. Asy que, tornando al propósyto, creo yo, muy virtuosa señora, que la causa porque los varones se maravillan que muger aya hecho tractado es por no ser acostunbrado en el estado fimíneo, mas solamente en el varonil. Ca los varones hazer libros e aprender çiençias e vsar dellas, tiénenlo asy en vso de antiguo tienpo que

paresçe ser avido por natural curso e por esto ninguno se marauilla. E las henbras que no lo han avido en vso, ni aprenden çiençias, ni tienen el entendimiento tan perfecto como los varones, es auido por maravilla.»[39]

Al mostrarse públicamente como autora original, Teresa de Cartagena tocó una fibra sensible de su cultura, tan sensible que llevó a sus contemporáneos a acusarla de plagio, de tomar su voz prestada de otros. Ella respondió poniendo directamente a la divinidad, a la divinez reconocida en sí, como pauta y medida para decir su experiencia femenina y crear para su forma un espacio libre en la realidad humana:

> «Maravíllanse las gentes de lo que en el tractado escreuí e yo me maravillo de lo que en la verdad callé; mas no me maravillo dudando ni fago mucho en me maravillar creyendo. Pues la yspirençia me faze çierta e Dios de la verdad sabe que yo no oue otro Maestro ni me consejé con otro algund letrado, ni lo trasladé de libros, como algunas personas con maliçiosa admiraçión suelen dezir. Mas sola ésta es la verdad: que Dios de las çiençias, Señor de las virtudes, Padre de las misericordias, Dyos de toda consolaçión, el que nos consuela en toda tribulaçión nuestra, Él solo me consoló, e Él solo me enseñó, e Él solo me leyó.»[40]

Como Celie –la protagonista de *The Color Purple* de Alice Walker-Teresa de Cartagena recurre a Dios en la soledad de su incomunicación. Y recurre a Dios directamente, sin mediación sacerdotal. Para ello se sirve de un argumento del cristianismo de los primeros siglos que desarrolló ampliamente el gnosticismo y que ha dejado huella preferente en diversas religiosas que escribieron durante el Renacimiento: el de la distribución de la «industria y la gracia» divina (las ganas de vivir y el talento creador) indistintamente a cualquiera, sin la intervención de atributo sociocultural alguno.[41] En palabras de Teresa de Cartagena en su *Admiraçión operum Dey:*

---

39. Teresa de Cartagena, *Admiraçión*, 113 y 115.

40. *Ibid.*, 131.

41. Sobre el gnosticismo y sus actitudes hacia las mujeres y lo femenino, véase Elaine Pagels, *Los evangelios gnósticos*, Barcelona, Crítica, 1982. Ead., *Adam Eve, and the*

«E yo así lo digo, pero segund esto, bien paresçe que la yndustria e graçia soberana exçeden a las fuerças naturales e varoniles, pues aquello que grant exérçito de onbres armados no pudieron hazer, e fízolo la yndustria e graçia de vna sola muger. E la yndustria e graçia, ¿quién las ha por pequeñas preminençias syno quien no sabe qué cosas son? Çiertamente son dos cosas asy syngulares que a quien Dios darlas quiere, agora sea varón o sea henbra, marauillosas cosas entenderá e obrará con ellas sy quisiere exerçitarse e no las encomendar a oçiosidad y nigligençia. Pues sy Dios negó al estado fimíneo graçia e yndustria para hazer cosas dificultosas que sobran a la fuerça de su natural condiçión, ¿cómo los negará la graçia suya para que con ella e mediante ella sepan e puedan fazer alguna otra cosa que sea más fáçile o ligera de fazer al sexu fimíneo? Que manifiesto es que más a mano viene a la henbra ser eloquente que no ser fuerte, e más onesto la es ser entendida que no osada, e más ligera cosa le será vsar de la péñola que del espada. Asy que deven notar los prudentes varones que Aquél que dio yndustria e graçia a Iudit para fazer vn tan marauilloso e famoso acto, bien puede dar yndustria o entendimiento e graçia a otra cualquier henbra para fazer lo que a otras mugeres, o por ventura algunos del estado varonil no sabrían.»[42]

Al sostener que la gracia divina la podían recibir indistintamente mujeres y hombres, ricas y pobres, y que su concesión era personal e individual (es decir, indiferente al sexo, clase social, etc.), Teresa de Cartagena reconoció en sí una dimensión infinita; con ella se abrió un camino de acceso directo a lo inaudito. Dios es la dimensión infinita que ella descubre en sí, un espacio despejado en el cual reflejarse, un mediador en su diálogo consigo misma que la gente de su época podía, ciertamente no sin dificultad, aceptar. Un mediador que se desvanece cuando ella llega a la culminación de su camino, culminación que consiste en ser

---

Serpent, Nueva York, Random, 1988 (trad. Barcelona, Crítica, 1990); y la reseña crítica de Judith Ochshorn, *The Triumph of Pessimism*, «The Women's Review of Books» VI-7 (abril 1989) 21-22. Véase también: Marvin W. Meyer, ed., *Las enseñanzas secretas de Jesús. Cuatro evangelios gnósticos,* Barcelona, Crítica, 1986.

42. *Admiraçión*, 119-120.

ella Dios:[43] «Mi Dios se hizo carne» –había escrito Angela de Foligno (h. 1248-1309)– «para hacerme a mí Dios.»[44] No estoy segura de si es adecuado que yo cite aquí que Herralda de Hohenbourg, la autora en el siglo XII de una enciclopedia ilustrada titulada *Hortus deliciarum* (*El jardín de las delicias*) define a Dios precisamente como «el especulador», término que yo entendería como «el máximo reflejo de un ser». Dice Herralda:

> «La ética se divide en dos partes: teórica y práctica. El griego *Theos*, en latín, se dice *deus*, esto es, el especulador. La teórica es la vida contemplativa y especulativa; *bractos* en griego, se dice en latín *actus*; *bractica* se le llama a la vida activa. Así pues, la filosofía es el conocimiento de las cosas divinas y humanas.»[45]

Contemplar y especular: esto se diría que es lo que hizo Teresa de Cartagena con su enfermedad, contemplarla y reflejar, desplegar en ella un yo adecuado a esa situación vital, a ese cuerpo nuevo suyo. «La actitud que lleva a la salvación no se parece a ninguna actividad» –ha escrito Simone Weil–. «Viene expresada por la palabra griega *hupomone* que *patientia* traduce bastante mal. Es la espera, la inmovilidad atenta y fiel que se prolonga indefinidamente y a la que ningún impacto puede hacer estremecer. [...] Las nociones de gracia por oposición a la virtud volun-

---

43. La cuestión de la superación o no del régimen de la mediación en las místicas del XIII es difícil para mí. Una voz autorizada, Simone Weil, identifica al Logos o Verbo con '«Relación, Mediación» (*A la espera de Dios*, trad. de María Tabuyo y Agustín López, Madrid, Trotta, 1993, 142).

44. Angela de Foligno, *Liber qui dicitur... in quo ostendit nobis vera via qua possumus sequi vestigia nostri redemptoris*, ed. de Toledo, Hagenbach, 1505, fol. 60r, dice: «Secundam est quod reddit nos certos de nostra salute. Quam ineffabilis hec charitas: supra istam vere non est maior quod Deus meus omnium creator fiat caro ut me faceret Deum.» Traduce Francisca de los Ríos (*Vida*, Madrid, Juan de la Cuesta, 1618, 320-321): «La segunda es que nos hace ciertos de nuestra salud. O quan inefable es esta caridad, y verdaderamente sobre esta no la hay mayor, por la cual mi Dios, Criador de todas las cosas se hizo hombre para hazerme a mi Dios.»

45. Herralda de Hohenbourg, *Hortus deliciarum*, reconstrucción a cargo de Rosalie Green, Londres, The Warburg Institute y Leiden, E.J. Brill, 1979, 2 vols.; vol. 2, p. 54. Véase Montserrat Cabré i Pairet, *La ciencia de las mujeres en la Edad Media. Reflexiones sobre la autoría femenina*, en Cristina Segura Graiño, ed., *La voz del silencio, II. Historia de las mujeres: compromiso y método*, Madrid, Al-Mudayna, 1993, 41-74.

taria y de inspiración por oposición al trabajo intelectual o artístico expresan, si son bien entendidas, esa eficacia de la espera y el deseo.»[46]

El contacto directo con la divinidad que estas autoras reivindican y hacen suyo se manifiesta en la experiencia personal. Para nombrar ese contacto directo, usan la metáfora del «libro vivo», una metáfora que aparece algo distinta en Margarita Porete (quemada en 1310) y que hizo definitivamente famosa Teresa de Avila (1515-1582).[47] A Teresa de Jesús le dijo Dios al anunciarle sus futuras visiones: «No tengas pena, que yo te daré libro vivo.»[48] Más de un siglo antes, Teresa de Cartagena recibía también de Dios precisamente un diálogo al oído y una lectura:

> «Él solo me consoló, e Él solo me enseñó, e Él solo me leyó. Él ynclinó su oreja a mí que çercada de grandes angustias e puesta en el muy hondo piálago de males ynseparables, le llamaua con el Profecta diziendo: «Sáluame Señor, ca entra el agua hasta el ánima mía».» (P. 131)

El «libro vivo» se convierte de esta manera en el «libro de la vida», en escritura próxima a la palabra oral, en escritura femenina y no neutra ni huérfana porque su autora está viva en el texto escrito. El contact:o directo con lo divino es el lugar de enraizamiento de la palabra que dice la experiencia femenina y personal. Un lugar de enraizamiento que no es la genealogía de *auctoritates*, de textos clásicos y menos clásicos en que se apoyaba el conocimiento masculino de la época. Porque ellas sencillamente reivindican que Dios las ha tocado, dándoles la lucidez de ver, de ver su vida existiendo en el mundo: éste es (sin anacronismos) su modo de decir su proceso de autoconciencia. Y, al ver con sus propios ojos, al mirar con intención de interpretar libremente desde sí, sin mediación masculina, lo que están haciendo es nombrar la realidad, una

46. Simone Weil, *A la espera de Dios*, 120.

47. Margarita Porete habla de Amor haciendo el libro «a fin de que oigáis, para valorar mejor, la perfección de lá vida...» (en Margarita Porete, *El espeio de las almas simples* y Anónimo, *Schwester Katrei*, trad. y estudio de Blanca Garí y Alicia Padrós Wolff, Barcelona, en prensa; cap. II).

48. Cit. por Francisco Rico en su introducción a Santa Teresa de Jesús, *Libro de la vida*, ed. de Jorge García López, Barcelona, Círculo de Lectores, 1989, 16.

realidad sobre la que ellas –que hablan desde su posición y conciencia de mujeres– pueden y desean ejercer soberanía.[49]

A veces, como era el caso de Leonor López de Córdoba definiéndola como «su madre que lo parió», las autoras de la Querella recurrieron a una semi-divinidad femenina, la Virgen María, para que fuera ella (una mujer histórica semejante a ellas) quien con su experiencia de vida radicara su necesidad y su deseo de hacer oír su voz en libertad, de ejercer soberanía sobre lo real. Un ejemplo muy interesante lo proporciona Isabel de Villena (1430-1490), abadesa del convento de clarisas de la Trinidad de Valencia, que hizo de María la verdadera protagonista de su *Vita Christi* y Doctora de la Iglesia con atributos de sabiduría y capacidad de predicación, capacidad que no le había querido reconocer Tomás de Aquino.[50] La resistencia viril a admitir que María (a pesar de los datos históricos) difundiera públicamente sus conocimientos tenía que ver con su sexo de mujer: un obstáculo que le fue puesto también a Teresa de Jesús durante su vida y durante siglos después de su muerte (hasta el siglo XX) para poder enseñar lo que sabía y para ser proclamada Doctora de la Iglesia (lo fue en 1970).[51]

6. Autoras de ciencia

Uno de los campos del conocimiento humano en que las mujeres de la Querella se proclamaron autoras utilizando como pauta de decibilidad el criterio de la libre distribución entre la gente de la gracia divina, fue el que vagamente se suele denominar «la ciencia». Efectivamente, la ciencia

---

49. La idea de la soberanía de lo real construido desde la conciencia femenina y de su proyección hasta la divinidad la he aprendido de las filósofas de Diótima en *Mettere al mondo il mondo*, especialmente de Diana Sartori, *Perché Teresa* (p. 25-60) y de Luisa Muraro, *La nostra comune capacità d'infinito* (p. 61-76). Véase también: Luce Irigaray, *Femmes divines*, en Ead., *Sexes et parentés*, París, Minuit, 1987, 69-85.

50. Así lo afirma Rosanna Cantavella en su introducción (p. XII-XIII) a Isabel de Villena, *Protagonistes femenines a la «Vita Christi»*, Barcelona, La Sal, 1987 (cita *Summa Theologica*, 3, q. 27 a.5). He tratado de esta obra en: *El cuerpo femenino y la «querella de las mujeres» (Corona de Aragón, siglo XV)*, en G. Duby y M. Perrot, dirs., *Historia de las mujeres*, vol 2: *La Edad Media*, Madrid, Taurus, 1992, 592-605. El texto: Isabel de Villena, *Vita Christi*, ed. de R. Miquel i Planas, Barcelona, Biblioteca Catalana, 1916, 3 vols.

51. Rosa Rossi, *Teresa de Avila. Biografía de una escritora*, trad. de Marieta Gargatagli y Albert Domingo, Barcelona, Icaria, 1984.

parece ser desde el Humanismo y el Renacimiento, desde que está claramente definido el proyecto de igualdad entre los sexos, una medida clave de la viabilidad real de este proyecto político, un campo en que se decide quién tiene el poder de nombrar la realidad presente en ese modelo de convivencia social; un campo en el cual, el ejercicio de autoridad femenina a las mujeres se nos hurta todavía hoy.[52] De entre las ciencias, las mujeres de la época de la Querella se establecieron especialmente como autoras en la medicina; esto fue así seguramente porque la lucha por el control masculino de esta ciencia y de su práctica, lucha que había comenzado en las universidades del siglo XII, no había sido ganada todavía con seguridad suficiente (es decir, ellas podían aducir a su favor las herencias y genealogías de las sanadoras); y, también, porque la gestión del cuerpo humano no es sexualmente neutra en el orden patriarcal, como he dicho ya. Un ejemplo cualquiera de tensiones entre los sexos en este contexto y del mostrarse de la libertad femenina es el proceso que fue incoado en Munich contra Katharina Carberiner en 1522. En su testificación ante el Común de Munich, Katharina Carberiner declaró lo siguiente:

> «Yo uso mis capacidades femeninas, que me han sido concedidas por la gracia de Dios, sólo cuando alguien acude a mí seriamente, y nunca hago propaganda de mí misma; solamente cuando alguien ha sido dado por perdido, y si me lo piden muchas veces. Hago todo lo que puedo por amor y caridad cristianas, utilizando sólo medios sencillos y accesibles, que no estarían en absoluto ni prohibidos ni proscritos. Ni una sola persona que haya estado a mi cuidado tiene ni una queja o agravio contra mí. Si los médicos, boticarios o cirujanos-barberos han levantado esta acusación contra mí, es exclusivamente por despecho y por celos.»[53]

---

52. Véase Ipazia, *Autorità scientifica autorità femminile*, Roma, Editori Riuniti, 1992; Gemma Beretta, *Ipazia d'Alessandria*, Roma, Editori Riuniti, 1993. Sobre la cuestión de «ejercer» y de «mostrar» autoridad, véase: *La autoridad femenina. Encuentro con Lia Cigarini*, 80-82; Dolors Reguant, *Carta a Duoda*, «Duoda» 5 (1993) 15-17; y Clara Jourdan, *Notas sobre la práctica de la autoridad*, «Duoda» 7 (1994) 83-85.

53. El texto y su análisis en Merry Wiesner, *Women's Defense of Their Public Role*, en Mary Beth Rose, ed., *Women in the Middle Ages and the Renaissance: Literary and Historical Perspectives*, Syracuse, NY, Syracuse University Press, 1986, 1-28; p. 9.

De nuevo aparece el argumento de la gracia divina como fuente de autorización para las mujeres en un contexto de tensión en las relaciones sociales entre los sexos. La gracia es la unidad de medida de un orden simbólico distinto del patriarcal. «Gracia», pues, frente a «fuerza», porque la fuerza es el canon de un orden sociosimbólico (el patriarcal) que es el de los que se hacen a sí mismos o a sí mismas, ignorando la existencia de la necesidad, olvidando que han sido traídos al mundo.

Otras europeas del siglo XVI se tomaron la libertad de intervenir en la producción teórica de ciencia. Un ejemplo impresionante es el de Oliva Sabuco de Nantes Barrera (1562-h. 1622), hija de Francisca de Cózar y de Miguel Sabuco. En 1587, Oliva Sabuco de Nantes publicó uno de los libros famosos de la medicina del Renacimiento, un libro que ella tituló *La Nueva Filosofía de la Naturaleza del Hombre*, un tratado que fue reimpreso varias veces durante la vida de su autora y en los siglos sucesivos hasta el siglo XX. Lo que interesa aquí de esta filósofa de la naturaleza del cuerpo humano es que la autoría de su obra no le fue discutida ni por los científicos ni por otros escritores de su época (Lope de Vega la describió como «Doña Oliva de Nantes, Musa décima»);[54] sino que su autoría le fue reclamada por su padre y por una línea de hombres que fue iniciada en la época del movimiento sufragista. Y que también ella recurre a la gracia divina –no a la academia– como fuente de su talento y de su saber.

Que la *Nueva Filosofía* la escribiera Miguel Sabuco lo dijo él mismo en 1588, poco después de la publicación de la obra.[55] Ninguna de las personas de su entorno familiar o cultural –ninguna de las personas que podían saber la verdad– le hizo caso ni entonces ni durante más de tres siglos. Sólo en 1903, cuando un registrador de la propiedad descubrió el testamento de Miguel Sabuco, un testamento en el que éste amenazaba a su hija con maldecirla (es decir, con usar contra ella su poder viril sobre la palabra pública) si no admitía que él había escrito la *Nueva Filosofía*, sólo entonces encontró un público dispuesto (hasta hoy) a desautorizar a

---

54. Lope de Vega, *El hijo pródigo*, en *Obras*, II, Madrid, Rivadeneyra, 1892, 57.

55. Un resumen crítico de esta polémica y un análisis de los contenidos de la obra de Oliva Sabuco de Nantes en: Mary Ellen Waithe, *Oliva Sabuco de Nantes Barrera*, en Ead., ed., *A History of Women Philosophers*, vol. 2/500-1600, Dordrecht, Kluwer Academic Publishers, 1989, 261-284.

Oliva Sabuco de Nantes.[56] No es casualidad que la necesidad de demostrar que Oliva Sabuco no escribió filosofía de la ciencia ni pensó el cuerpo humano coincidiera con una etapa de la historia de Europa en que las mujeres empezaban a acceder efectivamente a las universidades y en que el movimiento feminista tenía una fuerza de masa desconocida hasta entonces. En tales circunstancias sociales, resultaría tranquilizador y políticamente útil, para proteger privilegios masculinos tradicionales, el eliminar un eslabón genealógico de científicas.[57]

El recurso a la gracia divina como autoridad originaria de saberes femeninos lo utiliza Oliva Sabuco de Nantes para suplantar a la autoridad del padre cuando éste le exige con amenazas que le coloque a él de autor de la *Nueva Filosofía.* Como ha escrito Mary Ellen Waithe, cuando, en el diálogo titulado *Vera medicina,* es el campesino Antonio –que ha recibido su ciencia de Dios, no de la academia– quien instruye al Doctor, Oliva Sabuco (a quien Antonio personifica) está sosteniendo «que es posible ser autodidacta, estudiar filosofía y teoría médica independientemente y enseñar filosofía de la medicina a los profesionales» y está también atribuyendo «el desarrollo de su teoría a la habilidad natural que Dios le ha dado, y no a su padre».[58] Oliva Sabuco de Nantes se definió como autora en el prólogo a la Nueva filosofía, un prólogo que dedicó al rey Felipe II. Lo hizo declarándose a un tiempo autora de texto y autora de vida, como Orlando:[59]

> «Una humilde sierva, y vassalla, hincadas las rodillas en ausencia, pues no puede en presencia, osa hablar. Dióme esta osadía,

---

56. J. Marco Hidalgo, *Doña Oliva Sabuco no fue escritora*, «Revista de Archivos, Bibliotecas y Museos» 7 (1903) 1-13. Véase también: «Al-Basit. Revista de Estudios Albaceteños» XI,I-22 (1987), monográfico dedicado a Miguel Sabuco. He tratado de esta autora en *Oliva Sabuco de Nantes Barrera*, en Myriam Díaz-Diocaretz e Iris M. Zavala, eds., *Breve historia feminista de la literatura española*, vol. 3 (en prensa).

57. Una obra reciente que estudia a las científicas de la época moderna (a partir del siglo XVII) desde la hipótesis de la tensión secular entre la ciencia y lo que en Occidente se define como femenino: Linda Schiebinger, *The Mind Has No Sex? Women in the Origins of Modern Science*, Cambridge, MA, Harvard University Press, 1989. Véase también la reseña de Anne Fausto-Sterling, *Making science masculine*, «The Women's Review of Books» VII-7 (abril 1990) 13-14.

58. Mary Ellen Waithe, *Oliva Sabuco*, 282. Su subrayado.

59. Véase antes, nota 8.

y atrevimiento aquella ley antigua de alta cavallería, a la cual los grandes señores, y cavalleros de alta prosapia, de su libre, y espontánea voluntad, se quisieron atar, y obligar, que fue favorecer siempre a las mugeres en sus aventuras [...]. Pues assí yo con este atrevimiento, y osadía oso ofrecer, y dedicar este mi libro a V. Cathólica Magestad [...] y pedir el amparo, y sombra de las Aquilinas alas de V. Cathólica Magestad, debaxo de las quales pongo este mi hijo, que yo he engendrado, y reciba V. Magestad este servicio de una muger, que pienso es el mayor en calidad, que quantos han hecho los hombres, vassallos o señores, que han desseado servir a V. Magestad; y aunque la Cesárea, y cathólica Magestad tenga dedicados muchos libros de hombres, a lo menos de mugeres pocos, y raros, y ninguno de esta materia. »[60]

Detengámonos un momento otra vez en el tema de la atribución a la divinidad del origen de palabras femeninas y de saberes que al orden patriarcal parecen incomodarle. Yo contrapuse al principio de este capítulo dos atribuciones de origen para el cuerpo humano: la *polis*, la ciudad, para el cuerpo masculino de la democracia; y la divinidad, para los cuerpos –masculinos y femeninos– del cristianismo en su acepción originaria. Algunas autoras de la Europa feudal cristiana desarrollan entonces, feminizándolo, el tema de la encarnación del verbo, encarnación que es ahora explícitamente encarnación del logos –que es la divinidad y que es la palabra– en una mujer, la María histórica de los textos bíblicos y evangélicos.[61] Progresivamente, lo de la «gracia divina» como lugar originario y autorizado del cuerpo y de la palabra se convierte en un código femenino que las autoras usan una y otra vez, sobre todo en situaciones de conflicto con instancias de poder del orden sociosimbólico patriarcal: la gracia es entonces, como he dicho ya, la unidad de medida, la clave de sentido de un orden simbólico destinto del patriarc:al. Nadie, sin embargo, parece atribuirle nada a *su* madre: ni la vida, ni la palabra, ni la memoria. Se diría que Antígona sigue desaparecida.

---

60. Oliva Sabuco de Nantes, *Obras*, prólogo de Octavio Cuartero, Madrid, Ricardo Fe, 1888, p. XLI-XLVII.

61. He desarrollado este tema en *Placer y palabra femenina en la Europa feudal*, en Cristina Segura Graiño, ed., *De leer a escribir. La educación como arma de liberación de las mujeres*, Madrid, Al-Mudayna, (en prensa).

7. Autoras de teología

Algunas de las autoras que participaron en la Querella se enfrentaron al tema de su dimensión infinita personal de modo distinto, aunque sin abandonar la atribución de su palabra a la gracia divina: ellas pensaron y polemizaron en torno a los atributos de esa divinidad en la que ellas se enraizaban. Es decir, hicieron teoría en su sentido más puro. Al hacerlo, intervinieron provocadoramente en lo real. Provocadoramente porque en la Europa cristiana (especialmente en la católica, al parecer) el contacto con el pensamiento teológico ha estado y está en manos que deben ser primero masculinas y después sacerdotales.[62] Un ejemplo muy interesante es el de Juana Inés de la Cruz.

Juana Ramírez de Asbaje (1651-1695) fue una mujer autodidacta y muy culta. Nació en Nueva España y vivió de monja en México, primero de carmelita descalza, después de jerónima (la Orden religiosa a la que habían ido a parar un número significativo de beguinas y beatas). Eligió esta forma de vida porque amaba la libertad y el estudio y, con gran realismo, reconoció que aborrecía menos la vida en comunidad que la vida matrimonial. Lo explica con las palabras siguientes:

> «Entréme religiosa, porque aunque conocía que tenía el estado cosas (de las accesorias hablo, no de las formales), muchas repugnantes a mi genio, con todo, para la total negación que tenía al matrimonio, era lo menos desproporcionado y lo más decente que podía elegir en materia de la seguridad que deseaba de mi salvación; a cuyo primer respeto (como al fin más importante) cedieron y sujetaron la cerviz todas las impertinencillas de mi genio, que eran de querer vivir sola; de no querer tener ocupación obligatoria

62. Entre la mucha bibliografía sobre este tema, citaré nada más: Mary Daly, *The Church and the Second Sex. With the Feminist Postchristian Introduction and New Archaich Afterwords by the Author*, Boston, Beacon Press, 1985 (la la. ed. es de 1968). *La dona en una església femenina*, Montserrat, Abadía de Montserrat, 1988. El monográfico *Donne e trascendenza* de «I Quaderni dell'Associazione Culturale Livia Laverani Donini» 3-5 (Turín 1989). Ivana Ceresa, ed., *Donne e divino*, Mantua, Scuola di Cultura Contemporanea, 1992. Mercedes Navarro, de., *Diez mujeres escriben teología*. Estella, Editorial Verbo Divino, 1993.

que embarazase la libertad de mi estudio, ni rumor de comunidad que impidiese el sosegado silencio de mis libros.»[63]

En 1691, Juana Inés de la Cruz escribió en la *Respuesta a Sor Filotea de la Cruz* una decidida apología del talento de las mujeres para pensar y escribir sobre cualquier tema. Esta apología era una defensa de una obra suya anterior, la *Carta Atenagórica*, en la cual ella se había atrevido a opinar sobre algunos atributos de Cristo; y a opinar discrepando de un conocido sermonista de la época, el jesuita Antonio de Vieyra.[64] En su defensa de la sabiduría de las mujeres, de su soberanía sobre lo real, Juana Inés de la Cruz traza una amplia genealogía de mujeres cultas del pasado, proclama su libertad de enseñar a otras mujeres y de expresar sus opiniones también en materia de religión:

> «Si el crimen está en la Carta Atenagórica, ¿fue aquélla más que referir sencillamente mi sentir con todas las venias que debo a nuestra Santa Madre Iglesia? Pues si ella, con su santísima autoridad, no me lo prohíbe, ¿por qué me lo han de prohibir otros? ¿Llevar una opinión contraria de Vieyra fue en mí atrevimiento, y no lo fue en su Paternidad llevarla contra los tres Santos Padres de la Iglesia? Mi entendimiento tal cual ¿no es tan libre como el suyo, pues viene de un solar? [...] Si es, como dice el censor, herética, ¿por qué no la delata? [...] Si está bárbara –que en eso dice bien–, ríase, aunque sea con la risa que dicen del conejo, que yo no le digo que me aplauda, pues como yo fui libre para disentir de Vieyra, lo será cualquiera para disentir de mi dictamen.»[65]

No me suena que nadie haya intentado nunca canonizar a Juana Inés de la Cruz.

63.. Sor Juana Inés de la Cruz, *Respuesta a Sor Filotea de la Cruz*, en *Obras completas*, Mexico, Porrúa, 1977 («Sepan cuantos» 100) p. 831. Sobre Juana Inés de la Cruz y su época, puede verse Octavio Paz, *Sor Juana Inés de la Cruz o Las trampas de la fe*, Barcelona, Seix Barral, 1982; y Fátima Páramo, *Juana Inés de la Cruz. ¿Diversa de sí misma?,* «Duoda» 6 (1994) 43-73. Véase también *Antología poética de escritoras de los siglos XVI y XVII,* ed. de Ana Navarro, Madrid, Castalia-Instituto de la Mujer, 1989.

64. Este texto en sus *Obras completas*, 811-827.

65. *Respuesta a Sor Filotea*, en *Obras completas*, 844.

Digo esto porque su canon, su medida radical de libertad femenina, de libertad para intervenir plenamente en el mundo, coexistió, aunque sin mucha comunicación recíproca, con la de otras autoras también muy cultas que prefirieron hacer suyo el canon, parcialmente nuevo en la cultura occidental, que proponía la Ilustración.[66]

8. La igualdad y la lucha entre los sexos

El racionalismo (René Descartes, el del *cogito ergo sum*, murió en 1650) favoreció especialmente el desarrollo teórico del proyecto de igualdad entre los sexos que había comenzado (o recomenzado) durante el Humanismo en Europa. De los textos de las ilustradas va desapareciendo el cuerpo y va desapareciendo también la atribución de orígenes a la divinidad. El lugar de enunciación parece ser ahora el alma, el alma racional, que es neutra, que no tiene sexo. Se diría que el alma es ahora la sede privilegiada de la palabra; pero una sede autónoma, sin orígenes, sin madre, sustentada por el solo acto de pensar. Así lo escribió, por ejemplo, la novelista de Madrid, María de Zayas y Sotomayor (m. d. 1660), en sus *Novelas amorosas y ejemplares* (1637), con unos argumentos que mezclan a Teresa de Cartagena con Descartes:

> «Las almas ni son hombres, ni mujeres; ¿qué razón hay para que ellos sean sabios y presuman que nosotras no podemos serlo? Esto no tiene a mi parecer más respuesta que su impiedad o tiranía en encerrarnos, y no darnos maestros; y así, la verdadera causa de no ser mujeres doctas, no es defecto del caudal, sino falta de la aplicación, porque en nuestra crianza como nos ponen el Cambray en las almohadillas y los dibuxos en el bastidor, nos dieran libros y preceptores, fuéramos tan aptas para los puestos y para las cátedras como los hombres, y quizá más agudas.»[67]

---

66. Un original estudio que trata en parte de esta época: Emma Baeri, *I Lumi e il cerchio. Una esercitazione di storia*, Roma, Editori Riuniti, 1992. Véase también: Celia Amorós, ed., *Feminismo e Ilustración. Actas del Seminario Permanente, 1988-1992*, Madrid, Universidad Complutense y Comunidad Autónoma, 1992.

67. Cit. por Ana Navarro en su introducción a *Antología poética de escritoras de los siglos XVI y XVII*, 26 (da la referencia: María de Zayas, *Novelas amorosas y ejemplares*,

Se suele considerar que la formulación más lúcida de los argumentos en favor de la igualdad entre hombres y mujeres en los procesos de acceso, producción y control del conocimiento que trajo consigo la Ilustracion, es la que publicó en 1622 Marie de Gournay. Marie le Jars de Gournay (1565-1645) fue una autora de muchas obras literarias y filosóficas que pasó su vida acompañada de su criada, su gata y sus libros.[68] Se ha hecho famosa en la historia tradicional de la filosofía como hija adoptiva de Montaigne y como editora de los *Ensayos* de éste. En 1622 publicó un breve tratado titulado *Égalité des Hommes et des Femmes,* un texto al que siguió, en 1626, el titulado *Grief des dames*, título que indica ya una distancia importante de *La Cité des Dames.* Ambos los dedicó a demostrar que era falso el argumento secular que sostenía que existía alguna relación entre sexo y conocimiento. En la formulación divertida y lúcida de Marie de Gournay:

> «Además, el Anirnal humano no es ni hombre ni mujer, mirándolo bien: los sexos estando hechos no simplemente, ni para constituir una diferencia de especies, sino para la sola propagación. La única forma y diferencia de este Animal consiste solamente en el alma racional. Y si está permitido reír al hacer camino, el *quolibet* no estará fuera de temporada, el que nos enseña; que no hay nada más parecido al gato en la ventana, que la gata. El hombre y la mujer son uno de tal manera que si el hombre es más que la mujer, la mujer es más que el hombre.»[69]

A pesar de ello, la sociedad priva a las mujeres de libertad. Comienza así el *Grief des dames:*

Madrid, Real Academia Española, 1948, 21-22). Una ed. más reciente de algunas de ellas: *Tres Novelas amorosas y ejemplares y tres Desengaños amorosos*, a cargo de Alicia Redondo Goicoechea, Madrid, Castalia-Instituto de la Mujer, 1989).

68. Sobre esta autora: Elyane Dezon-Jones, *Marie de Gournay. Fragments d'un discours féminin*, París, Librairie José Corti, 1988. Beatrice H. Zedler, *Marie le Jars de Gournay*, en M.E. Waithe, ed., *A History of Women Philosophers*, vol. 2, 285-307. Mercè Otero Vidal, De *«La Ciudad de las Damas» al «Agravio de las Damas»*, en Fina Birulés, ed., *Filosofía y género. Identidades femeninas*, Pamplona-Iruña, Pamiela, 1992, 93-111.

69. Los dos tratados en: Marie de Gournay, *Égalité des Hommes et des Femmes*, prólogo de Milagros Palma, París, Coté femmes, 1989; la cita en p. 74-75.

«Feliz tú, Lector, si no perteneces a ese sexo al que se niegan todos los bienes al privarle de la libertad, de la misma manera que se le niegan también todas las virtudes, apartándolo de los cargos, los oficios y funciones públicas, en una palabra excluyéndolo del poder en cuya moderación se forman la mayor parte de las virtudes; para concederle como única felicidad, como virtudes soberanas y únicas, la ignorancia, la servidumbre y la facultad de hacer el tonto, si este juego le place. Feliz también el que puede ser sabio sin crimen: tu condición de hombre te concede, por la misma razón que se les priva a las mujeres, cualquier acción de alto destino, cualquier juicio sublime y cualquier discurso de exquisita especulación.»[70]

Marie de Gournay introduce en este fragmento conceptos muy importantes en el proyecto de igualdad entre los sexos, conceptos que inspirarán más tarde la práctica política del movimiento de emancipación de las mujeres. Entre estos conceptos están: a) la no existencia social de la experiencia femenina, su incapacidad, por tanto, de convertirse en materia política, en lugar de libertad; b) lo masculino (entendiendo como masculino lo que hacen los hombres en la sociedad) como medida de libertad para las mujeres, como objetivo al que aspirar; y c) la necesidad de la lucha entre los sexos, una lucha a ser iniciada ahora por las mujeres.

El tema de las consecuencias que tenía en la vida de las mujeres de la Ilustración la falta de libertad (entendiendo aquí la libertad como lo que pueden hacer los hombres en la sociedad del momento) lo desarrolló con gran originalidad otra pensadora del mismo siglo XVII: Gabrielle Suchon.

Gabrielle Suchon (1631-1703), una filósofa que abandonó la vida religiosa porque no le gustaba, publicó en Lyon en 1693, bajo el pseudónimo G.S. *Aristophile*, un voluminoso *Traité de la morale et de la politique*. Constaba de tres partes: *La Liberté, La Science* y *L'Autorité*.[71] Se considera que este tratado presenta la gran novedad de introducir el sexo

70. *Ibid.*, 108. La traducción de este fragmento es de Mercè Otero Vidal, *De «La Ciudad de las Damas»*, 103.

71. Ha sido editada críticamente la primera: Gabrielle Suchon, *Traité de la morale et de la politique. La Liberté*, prólogo de Séverine Auffret, París, Des femmes-Antoinette Fouque, 1988.

como categoría de análisis filosófico, y de introducirlo sistemáticamente en todos los aspectos que estudia. Para hacerlo, la autora sigue el método de analizar críticamente en la primera parte de cada capítulo la tradición filosófica dominante sobre el tema, demostrando seguidamente al final cómo no se cumple en las mujeres (que ella llama *le Sexe* porque incluye en esta categoría a todas las edades sociales femeninas) apenas ninguna de las premisas secularmente consideradas universales por el pensamiento masculino. Por ejemplo, en el capítulo dedicado a la libertad de lugar, después de glosar a las *auctoritates* convencionales sobre el tema, Gabrielle Suchon añade:

> «Pero todos estos maravillosos privilegios con que se puede disfrutar y aprovechar por la vista y por el uso tantas cosas tan admirables que deberían de ser comunes a toda la naturaleza humana, parece que no son propias más que de una sola parte, y que la otra queda en un entumecimiento perpetuo por la privación de todo lo que puede perfeccionar el espíritu y la razón. Y, para hablar en términos de *Philosophe*, se puede decir que las mujeres y las jóvenes son tratadas como seres negativos, a los cuales no se pueden aplicar las formas de las cosas excelentes, porque los hombres las juzgan totalmente incapaces, y quieren que todo lo que es grande e ilustre sea en su consideración una verdadera negación, y no una privación injusta. Pues ya que es muy cierto que no se sabría llegar a un fin sin la aplicación de los medios que ahí nos conduzcan, ¿qué luces podrán jamás tener las personas del Sexo (*les personnes du Sexe*), que no ven nada notable y que miran su Patria y su Pueblo como una tumba en la que están amortajadas, y como el sepulcro del cual no les está permitido salir para tener el uso y el conocimiento de lo que hace el bienestar y la felicidad de la mayor parte de los hombres?»[72]

La novedad de introducir sistemáticamente el sexo como categoría de análisis filosófico marca un punto importante en el desarrollo del pensamiento de las autoras feministas de la Querella de las mujeres. Un punto que es, además, importante para entender los modelos feministas

---

72. Gabrielle Suchon, *Traité*, 91.

de análisis de la sociedad elaborados en el siglo XX. Porque si las propuestas políticas que ya formularan las humanistas del siglo XV y que muy lúcidamente enunció Marie de Gournay en su *Égalité des Hommes et des Femmes* (1622) sostenían que las mujeres pueden, si se lo proponen, pensar y crear con su ingenio como piensan y crean los hombres, Gabrielle Suchon demuestra que ese pensamiento y esa creatividad que ellas pretenden alcanzar no son universales sino masculinas. Es decir sexuadas, y no precisamente en femenino. Esos objetivos que marca la Ilustración no se obtendrán, por tanto, sin un desplazamiento de la identidad y del deseo femeninos; es decir, no serán conseguidos por las mujeres sin sufrimiento, alienación y lucha.

Precisamente la cuestión de la lucha entre los sexos, la lucha en el marco de la reivindicación por ellas y de la cesión por ellos de derechos, se convertirá en práctica política clave del movimiento de emancipación de las mujeres a partir del siglo XVIII, a partir de la época en que concluye la Querella de las mujeres.[73]

Porque la Revolución Norteamericana y la Revolución Francesa modificaron en Occidente el panorama intelectual y social que he resumido hasta aquí. Como ha escrito Joan Kelly, desde el último cuarto del siglo XVIII la teoría ético-política y la acción social, ya fuera esta acción institucional o de masas, se asociaron en Europa y en los Estados Unidos. Y lo mismo ocurrió en el feminismo, que pasó de ser fundamentalmente teoría a combinar la teoría con la lucha social organizada.[74] Por tanto, si antes de las revoluciones norteamericana y francesa las pensadoras humanistas e ilustradas de la Querella habían buscado soporte teórico en el principio que decía que las mujeres eran tan dignas y valiosas como los hombres, desde el último cuarto del siglo XVIII este pensamiento se desarrolla para fomentar y reivindicar (violentamente, si es necesario) el cambio social a través de la acción, de la acción en las instituciones de poder social y en la calle. Es cierto que no siempre se escribe en estos términos, pero pienso que se trata de un cambio significativo. Exponente de este cambio son las obras y la militancia política de Olympe de Gouges (1748-1793), que publicó en 1791 *Los derechos de la mujer y de la*

73. Esta periodización en el trabajo ya clásico de Joan Kelly, *Early Feminist Theory and the «Querelle des femmes»*, «Signs» 8 (1982) 4-28, reed. en su *Women, History, and Theory,* Chicago, The University of Chicago Press, 1984, 65-109.

74. Joan Kelly, *Early Feminist Theory*, 68-69.

ciudadana, y fue guillotinada el 3 de noviembre de 1793 por pensarlos y defenderlos; y las de Mary Wollstonecraft (1759-1797) reivindicando los derechos de las mujeres y luchando activamente por ellos *(Vindicación de los derechos de la mujer*, 1792).

En el preámbulo a *Los derechos*, Olympe de Gouges entendió de la siguiente manera las dimensiones políticas y de acción del pensamiento feminista:

> «Las madres, las hijas, las hermanas, representantes de la nación, piden ser constituidas en asamblea nacional. Considerando que la ignorancia, el olvido o el desprecio de los derechos de la mujer son las únicas causas de las desgracias públicas y de la corrupción de los gobiernos, han resuelto exponer en una solemne declaración los derechos naturales, inalienables y sagrados de la mujer a fin de que esta declaración, constantemente presentada a todos los miembros del cuerpo social, les recuerde sin cesar sus derechos y sus deberes a fin de que los actos del poder de las mujeres y los del poder de los hombres, pudiendo ser comparados a cada momento con la finalidad de toda institución pública, sean así más respetados a fin de que las reclamaciones de las ciudadanas, fundadas desde ahora en principios simples e incontestables, colaboren siempre en el mantenimiento de la constitución, de las buenas costumbres, y en la felicidad de todos.
>
> En consecuencia, el sexo superior tanto en belleza como en coraje, en los sufrimientos maternales, reconoce y declara, en presencia y bajo los auspicios del Ser supremo, los Derechos siguientes de la Mujer y de la Ciudadana.»[75]

Un significativo salto ideológico se observa, pues, entre los planteamientos de Christine de Pizan y los de Olympe de Gouges. Christine de Pizan proyectó su experiencia y la de otras mujeres en una ginecotopía,

---

75. En *1789-1793. La voz de las mujeres en la Revolución Francesa. Cuadernos de quejas y otros textos*, introd. de Isabel Alonso y Mila Belinchón, pról. de Paule-Marie Duhet, trad. de Antònia Pallach, Barcelona, La Sal-Des femmes, 1989, 132. Sobre el mismo tema, puede verse el libro (superficial) de Linda Kelly, *Las mujeres de la Revolución Francesa*, trad. de Aníbal Leal, Buenos Aires, Javier Vergara, 1989. La hipótesis de Joan Kelly, en *Early Feminist Theory*.

en una ciudad de las damas construida partiendo de lo que ellas tenían.[76] Olympe de Gouges considera en cambio viable la acción política directa sobre la sociedad y sobre el Estado que entonces tenía Francia.

A las declaraciones de derechos y de constitución política de Olympe de Gouges les dio un soporte ético complejo Mary Wollstonecraft en su obra *Vindicación de los derechos de la mujer*. En este libro, un libro clave en la historia del movimiento de emancipación de las mujeres, Wollstonecraft recoge y desarrolla muchos de los argumentos teóricos que las humanistas y las ilustradas habían ido formulando desde el siglo XV en defensa del sexo femenino. Entre estos argumentos, es fundamental el que atribuye la subordinación, la ignorancia y la escasa presencia pública de las mujeres en la sociedad a los intereses y a la ambición de poder de los hombres, intereses y ambición de poder que ellos colman a costa de las mujeres. Las mujeres viviríamos, pues, engañadas, educadas para creer que nuestra subordinación en todos los aspectos de la vida social es una prueba de amor y no de explotación. Lo dice así Mary Wollstonecraft:

> «En todas partes, las mujeres están en este deplorable estado; porque con el fin de preservar su inocencia, como es cortésmente denominada la ignorancia, se les oculta la verdad y se les obliga a adoptar un carácter artificial antes de que sus facultades hayan adquirido fuerza. Enseñadas desde la infancia que la belleza es el cetro de una mujer, la mente se conforma con el cuerpo y, vagando por su jaula de oro, sólo intenta adorar su cárcel [...]. Así pues, sosteniendo que la distinción sexual en que los hombres tan duramente han insistido, es arbitraria, me he referido a una observación que varios hombres sensatos con los que he conversado sobre el tema han considerado bien fundada; y es sencillamente ésta: que la poca castidad que se encuentra entre los hombres y el consiguiente desprecio de la modestia tienden a degradar a los dos sexos; y, además, que la modestia de las mujeres, caracterizada como tal, será a menudo nada más que el velo artificioso de la fatuidad en vez de ser el reflejo natural de la pureza, hasta que la

---

76. He estudiado la ginecotopía de Christine de Pizan en *Textos y espacios de mujeres*, 179-207.

> modestia sea universalmente respetada. Creo firmemente que la mayoría de las insensateces femeninas proceden de la tiranía del hombre; y el artificio que admito que en la actualidad forma parte de su carácter, he procurado asimismo reiteradamente probar que está producido por la opresión.»[77]

¿Qué es eso de la modestia, en labios de una escritora laica y revolucionaria? Pienso que, como en las moralistas de otras épocas, la modestia está muy cerca de lo que hoy llamamos automoderación.

En cuanto a la «distinción sexual» de que habla Mary Wollstonecraft en este texto, es necesario comentar que no es la «diferencia sexual» del postmodernismo, ni tampoco un precedente suyo; ella se refiere a lo femenino tal como lo define el orden patriarcal, en función de y subordinado a lo masculino.

Mary Wollstonecraft luchó durante toda su vida contra sus dudas de que el acceso a la cultura y la independencia económica garantizaran por sí solas el final de la subordinación de las mujeres a los hombres. Ella soñó con una sociedad en la que mujeres y hombres modificaran sus funciones tradicionales y se respetaran mutuamente, sin explotaciones ni extorsiones por cuestiones de «distinción sexual». Es decir, el futuro estaría en la participación libre de las mujeres, convertidas legalmente en sujetos políticos, en todas las relaciones sociales.

Este proyecto, especialmente en lo que tiene de lucha por el reconocimiento de la mujer como sujeto político, fue llevado a un desarrollo impresionante, un siglo después de la publicación de *Vindicación de los derechos de la mujer*, por el movimiento sufragista.

Entre aproximadamente 1875 y 1930, principalmente pero no sólo en Inglaterra y en los Estados Unidos, muchas mujeres se identificaron con los ideales democráticos y (más o menos) igualitarios de la Revolución Norteamericana y de la Revolución Francesa y lucharon por su aplicación también a las mujeres. Estos ideales igualitarios habían sido formulados por hombres y para hombres. Al asumirlos, ellas intentaron introducirse en las instituciones políticas viriles más destacadas de su nación

---

77. Mary Wollstonecraft, *Vindication of the Rights of Woman*, ed. de Miriam Kramnick, Harmondsworth, UK, Penguin Books, 1975, 131 y 318. Véase también: Dale Spender, *Women of Ideas (and What Men Have Done to Them). From Aphra Behn to Adrienne Rich*, Londres, Ark Paperback, 1983, 44-156.

con el propósito de modificar desde dentro el funcionamiento del Estado y de las relaciones sociales. Un proyecto de titanes en cuyo marco general de pensamiento y de acción nos movemos todavía las mujeres occidentales cuando ha transcurrido un siglo desde su planteamiento como proyecto político claro. Un proyecto, sin embargo, que no ha perdido nunca de vista que el principal problema que la teoría y la acción feministas tienen que resolver es el de la subordinación social de las mujeres a los hombres. En palabras de una sufragista famosa, Elizabeth Cady Stanton (1815-1902) en un discurso pronunciado en 1890:

> «Algunos hombres nos dicen que tenemos que ser pacientes y persuasivas; que tenemos que ser femeninas. Amigas mías, ¿qué cree el hombre que es la feminidad? Es tener una forma de hacer que le agrade: quieta, deferente, sumisa, que se le acerque como sirviente a su amo. Él no quiere autoafirmación por nuestra parte, ni desafío, ni la acusación vehemente de su persona como ladrón y criminal... cuando todos los derechos que han logrado los oprimidos han sido arrancados por la fuerza a los tiranos; cuando la página más oscura de la historia humana son los crímenes contra las mujeres, ¿todavía nos dirán los hombres que seamos pacientes, persuasivas, femeninas?»[78]

El fragmento de Elizabeth Cady Stanton deja muy claro que el modelo de participación activa e igualitaria de hombres y mujeres en las relaciones sociales que imaginara Mary Wollstonecraft no era posible sin lucha. Una lucha de resultados inciertos entonces y de resultados inciertos en la actualidad. Una lucha, la lucha entre los sexos, cuyo sentido sigue siendo uno de los grandes interrogantes que la política y el pensamiento feministas tienen planteados hoy en Occidente.

---

78. Cit. en: Miriam Schneir, ed., *Feminism. The Essential Historical Writings*, Nueva York, Vintage Books, 1972, p. 155. Sobre E.C. Stanton puede verse: Dale Spender, *Women of Ideas*, 270-309. Sobre el movimiento sufragista, entre otros muchos títulos: Clara Campoamor, *El voto femenino y yo*, Barcelona, La Sal, 1981; Geraldine M. Scanlon, *La polémica feminista en la España contemporánea*, Madrid, Siglo XXI, 1976; Aileen S. Kraditor, *The Ideas of the Woman Suffrage Movement, 1890-1920*, Nueva York, Norton, 1981 (la ed. 1965); Concha Fagoaga, *La voz y el voto de las mujeres. El sufragismo en España, 1877-1931*, Barcelona, Icaria, 1985.

II

EL PENSAMIENTO FEMINISTA CONTEMPORANEO: CATEGORIAS DE ANALISIS DE LA SOCIEDAD Y DE LA HISTORIA

Sumario: 1: Categorías y modelos.– 2: La categoría mujeres.– 3: Mujer sujeto político y ginecocentrismo.– 4: El patriarcado.– 5: El género.– 6: La diferencia sexual.

1. Categorías y modelos

Si de esta breve panorámica de la historia del pensamiento de las mujeres pasamos a ver cuál es la situación presente, se puede decir que siguen en vigor las premisas básicas que preocuparon a Christine de Pizan: el carácter social de la subordinación de las mujeres a los hombres en las formaciones patriarcales y la necesidad de buscar un orden simbólico nacido de mediaciones femeninas, de las relaciones entre mujeres,[1] independiente (en lo posible) del orden dominante. Pero también hay que decir que el pensamiento feminista contemporáneo ha llegado a un grado de refinamiento metodológico y a una diversificación de posturas teóricas que le han permitido casi olvidar esos orígenes renacentistas. No obstante lo cual, ciertas corrientes de pensamiento de nuestro siglo como la sociobiología o los ataques contra la autonomía de los autores por parte de la filosofía postmoderna, han obligado a la política y al pensamiento de las mujeres a volver sobre aquellos viejos problemas del de-

1. Luisa Muraro, *Sobre la autoridad femenina*, en Fina Birulés, ed., *Filosofía y género*, 53-63.

terminismo biológico o de la necesidad de partir de sí, de constituirnos las mujeres en sujetas de discurso.

Si se observa en general el pensamiento contemporáneo de las mujeres, se ve enseguida que ha llegado a crear y a teorizar un número significativo de categorías de análisis de la sociedad y de la historia. Se trata de categorías de análisis muy variadas, que han sido elaboradas desde distintas materias del conocimiento académico, como pueden ser la antropología, la historia, la filosofía, el arte, la sociología, la psicología, el análisis literario, la teoría psicoanalítica, la teoría económica y política, etc., pero sin perder nunca de vista la interdisciplinaridad (o la metadisciplinaridad) y, sobre todo, sin perder de vista al movimiento de mujeres. Es decir, sin perder nunca de vista la práctica política; porque se trata de instrumentos de análisis y de creación de saber de las mujeres, no de saber sobre las mujeres, que nos objetivice dejándonos en la situación de subordinación y de mudez que era el punto de partida del análisis y de la acción política. Estas categorías de análisis son, cuando logran separarse del orden simbólico patriarcal superando el régimen de mediación en él vigente, códigos culturales con que dar a la relación con una misma, con el presente y con el pasado, con la experiencia histórica de quienes han vivido antes que nosotras, un orden simbólico autónomo femenino, un simbólico que nos permita establecer entre las mujeres relaciones libres. La teoría se convierte así (y ésta es una definición de Luisa Muraro) en las palabras que hacen ver lo que es.[2]

Las categorías o instrumentos de análisis a que voy a referirme se agrupan en combinaciones diversas hasta constituir modelos de interpretación de la realidad y de la historia.[3] Yo diría que, en el pensamiento feminista occidental, se pueden distinguir (al menos) cuatro corrientes teóricas, cuatro modelos de interpretación ya claramente desarrollados. Estos modelos son: 1) El feminismo materialista; 2) Los estudios lesbia-

---

2. Luisa Muraro, *L'ordine simbolico della madre*, 45.

3. Entre las aproximaciones generales recientes a la historiografía de mujeres: *Le genre de l'histoire*, monográfico de «Les cahiers du Grif» 37-8 (1988). Uta Lindgren, *Wege der Historischen Frauenforschung*, «Historisches Jahrbuch» 109 (1989) 211-219; Judith P. Zinsser, *History and Feminism. A Glass Half Full*, Nueva York, Twayne Publishers, 1993; Ann-Louise Shapiro, ed., *Feminists Revision History*, New Brunswick, NJ, Rutgers University Press, 1994; Gerda Lerner, ed., *Scholarship in women's history rediscovered and new*, Brooklyn, NY, Carlson Publishing, 1994.

nos; 3) La teoría de los géneros; y 4) El pensamiento de la diferencia sexual. Se trata de modelos distintos entre sí en muchos sentidos; de modelos que, además, han surgido en culturas políticas diversas dentro del mundo occidental o de sectores de otras sociedades aculturadas por Occidente. Y son, como decía, obra de mujeres cuya formación intelectual, experiencia política y especialización profesional son muy variadas.

Mi presentación de categorías de análisis no pretende ser, en absoluto, exhaustiva. Quiero nada más ofrecer un panorama general, panorama que será después parcialmente ampliado al tratar por separado cada uno de los modelos de interpretación que he citado. Intentaré darle a mi presentación un mínimo orden cronológico (una cronología cadenciada por mi práctica y aprendizaje personales en el feminismo) y, cuando esto no me sea posible, intentaré combinarlo con un mínimo de coherencia temática.[4]

2. La categoría mujeres

La primera categoría de análisis, la más difícil de todas, aunque quizá no dé esta impresión a primera vista, es la categoría *mujeres*.[5] Es una categoría difícil porque no tenemos pistas claras para determinar ni con seguridad ni duraderamente qué es lo que en ella procede del orden sociosimbólico patriarcal, ni qué es lo que en ella procede de la resistencia al patriarcado, ni qué es lo que en ella procede del pensar en otros términos la experiencia personal de vivir en un cuerpo sexuado en femenino; o, incluso (pues hay autoras que sostienen esta posibilidad histórica) qué es lo que en ella procede de un vivir y de unos saberes previos a la irrupción violenta del patriarcado, vivir y saberes que habrían perdurado parcialmente en los márgenes del conocimiento hegemónico o en el inconsciente colectivo a lo largo de los siglos.

---

4. Una aproximación al tema en: Montserrat Cabré, Montserrat Carbonell y Milagros Rivera, *La història de les dones*, «L'Avenç» 134 (feb. 1990) 57-63.

5. Rosi Braidotti, *Teorías de los estudios sobre la mujer: algunas experiencias contemporáneas en Europa*, «Historia y Fuente Oral» 6 (1991) 3-17; p. 13-14. Judith Butler, *Bodies that Matter. On the Discursive Limits of «Sex»*, Nueva York y Londres, Routledge, 1993, 29, destaca la operación de exclusión que subyace a la formulación de esta categoría.

Es importante decir ya que en esa frase tan sencilla que acabo de decir («pensar en otros términos la experiencia personal de vivir en un cuerpo sexuado en femenino») está bosquejado un problema importante de la política y del pensamiento de las mujeres; puesto en otras palabras, se trata del problema de precisar, de definir de qué hablamos cuando hablamos de nosotras, cuando hablamos de mujeres.

Al plantear la dificultad de la categoría «mujeres» he distinguido entre lo que en ella procede de la resistencia al patriarcado y lo que procede de pensar en otros términos la experiencia personal de vivir en un cuerpo sexuado en femenino; es decir, entre la lucha contra el poder y lo que cada mujer tiene, aquello de lo cual cada mujer parte cuando se adentra en la realidad, cuando intenta dialogar con el mundo.

A este planteamiento se le pueden hacer inmediatamente algunas críticas. La primera consiste en cuestionar si de la resistencia a un sistema de opresión puede resultar algo nuevo. Yo pienso que sí, aunque sea algo nuevo dentro del orden simbólico vigente; pienso que el materialismo histórico, especialmente los escritos de Antonio Gramsci sobre la hegemonía, ha demostrado que es posible, pero la cuestión sigue abierta y seguramente sólo es resoluble en términos políticos. Una segunda crítica, más compleja, consiste en deconstruir concepto por concepto la frase «pensar en otros términos la experiencia personal de vivir en un cuerpo sexuado en femenino».

Como es sabido, el postmodernismo ha negado la posibilidad de que exista una identidad de mujer, simplemente porque se ha cargado la posibilidad de existencia de identidades estables en absoluto. Por nuestra parte, las feministas sabemos que la categoría «mujeres» es muy importante para el movimiento político.[6] A su vez, desde el feminismo contemporáneo se ha criticado duramente el postmodernismo.[7] No obstante lo cual, se acepta también generalmente que el feminismo no puede prescindir sin más de uno de los movimientos filosóficos más importantes de nuestra época como es el postmodernismo, a pesar de la misoginia de algunas de sus figuras más famosas.[8]

---

6. También en Judith Butler, *Bodies that Matter*, 29.

7. Linda J. Nicholson, ed., *Feminism / Postmodernism*, Nueva York y Londres, Routledge, 1990 (trad. Buenos Aires, Feminaria, 1992).

8. Un interesante análisis de esa misoginia en: Rosi Braidotti, *Patterns of Dissonance. A Study of Women in Contemporary Philosophy*, Cambridge, Polity Press, 1991.

¿Cómo medir la validez, el sentido de la frase que he citado? Su primera afirmación: *pensar en otros términos* plantea el problema de si es posible pensar desde fuera de la cultura, desde fuera del orden simbólico en el que las mujeres hemos sido socializadas, desde fuera del orden patriarcal en este caso. Hay quien sostiene que no, que nada escapa a la marca de la cultura que tenemos, pues es ésta la que nos humaniza; añadiendo, por tanto, que es ilegítimo barajar tal posibilidad. Hay quien sostiene que es posible un «pensamiento del afuera», fuera del espacio cerrado clásico de las representaciones. Michel Foucault, en *El pensamiento del afuera*, sugiere refiriéndose a la literatura la posibilidad de un lenguaje cuyo ser no aparece por sí mismo más que con la desaparición del sujeto, un pensamiento cuyas categorías están todavía por construir. Ha escrito Foucault:

> «Nos encontramos, de repente, ante una hiancia que durante mucho tiempo se nos había ocultado: el ser del lenguaje no aparece por sí mismo más que en la desaparición del sujeto. ¿Cómo tener acceso a esta extraña relación? Tal vez mediante una forma de pensamiento de la que la cultura occidental no ha hecho más que esbozar, en sus márgenes, su posibilidad todavía incierta. Este pensamiento que se mantiene fuera de toda subjetividad para hacer surgir como del exterior sus límites, enunciar su fin, hacer brillar su dispersión y no obtener más que su irrefutable ausencia, y que al mismo tiempo se mantiene en el umbral de toda positividad, no tanto para extraer su fundamento o su justificación, cuanto para encontrar el espacio en que se despliega, el vacío que le sirve de lugar, la distancia en que se constituye y en la que se esfuman, desde el momento en que es objeto de la mirada, sus certidumbres inmediatas, –este pensamiento, con relación a la interioridad de nuestra reflexión filosófica y con relación a la positividad de nuestro saber, constituye lo que podríamos llamar en una palabra «el pensamiento del afuera».»[9]

9. Michel Foucault, *El pensamiento del afuera*, trad. de Manuel Arranz, Valencia, Pre-textos, 1988, 16-17.

La fórmula de prescindir del sujeto, agitar y ver qué pasa le ha ayudado al pensamiento feminista contemporáneo a criticar el androcentrismo, a situar en su parcialidad a un sujeto masculino que se presumía neutro universal.[10] Ayuda, pues, a despejar el horizonte de mediaciones viriles, pero no basta para crear saber original porque desde los márgenes del conocimiento se lucha contra un centro de poder, pero sin salir del orden simbólico que este poder define.

El pensamiento de las mujeres ha buscado y hallado, sin embargo, siglo tras siglo, tenazmente, vías de salida de este callejón. Me he referido antes a la acusación de plagio que fue levantada en la Castilla del siglo XV contra Teresa de Cartagena por escribir la *Arboleda de los enfermos*, un tratado sobre su experiencia personal de vivir en un cuerpo enfermo, el estilo de cuerpo femenino que menos desean conocer los hombres de Occidente.[11] Teresa de Cartagena respondió a la acusación de plagio aclarando que era lo divino en ella quien le proporcionaba palabras para decirse, no la cultura dominante, con su peculiar régimen de mediación, un régimen de mediación que ella había tenido el privilegio social de aprender en la Universidad de Salamanca y que le resultaba poco sensato: «los pocos años que yo estudié en el estudio de Salamanca, los quales más me hazen dina de remisyón plenaria en la sinpleza de lo sobredicho que no me otorgan sabiduría en lo que dezir quiero.»[12] Pero ¿por qué precisamente plagio? Pienso que las y los cultos de la época que así criticaron a Teresa de Cartagena por su «espiritual obra,»[13] percibieron que esta autora ponía en peligro el orden simbólico establecido al hacer suyo a su manera un método de conocimiento que se pretendía que fuera exclusivamente viril, deshaciéndose con este acto de libertad de la ley y del nombre del padre.[14] Su plagio consistió en estar su palabra femenina viva en su escritura, en ser autora que se puso en juego en primera persona, no como residuo ni como neutro que deja huérfanos los textos de mujeres.[15]

---

10. Un ejemplo ya clásico: Amparo Moreno, *El arquetipo viril protagonista de la historia. Ejercicios de lectura no androcéntrica*, Barcelona, La Sal, 1986.
11. Véase antes, Cap. I-5.
12. Teresa de Cartagena, *Arboleda*, 103.
13. *Arboleda*, 103.
14. María-Milagros Rivera, *Una pensatrice castigliana del XVo secolo*, 615-617.
15. Véase antes, Cap. I-4.

«Pensar en otros términos», pensar fuera del sistema es, pues, posible.

Sigue la frase que comento refiriéndose a «la experiencia personal». La experiencia personal, su estatuto de originalidad, está muy desprestigiada en nuestra época. A su desprestigio han contribuido sobre todo el estructuralismo y la crisis de la subjetividad, el desmoronamiento de la identidad estable, todo eso que se suele llamar «la muerte del autor»: un pensamiento que antepone las estructuras del discurso al individuo que habla, acusando de esencialista el recurso a la propia experiencia como justificación de algo. La experiencia femenina personal vive, en cambio, en la práctica política del movimiento de mujeres. En el Occidente contemporáneo adquirió vida pública en los grupos de autoconciencia de los años sesenta y setenta. En los ochenta, la tiene en lo que se suele llamar la política en primera persona. La necesidad contemporánea de dar vida pública a la experiencia femenina surgió de la conciencia de subordinación social sexuada que algunas feministas percibimos después de haber sido educadas en el proyecto de igualdad. Surgió también del darnos cuenta de que el lenguaje que tenemos no registra adecuadamente (y no registra porque no quiere) muchas cosas que las feministas habíamos vivido: no las registra sino que las mete en lo que Luisa Muraro ha llamado el cuerpo salvaje, un cuerpo sin representaciones, contraponiéndolo al cuerpo social.[16] Porque la experiencia personal no forma parte de la filosofía sino de la poesía, como dice María Zambrano, sustrayéndose así a la muerte del sujeto. Del hablar de la experiencia personal en la confesión ha escrito esta autora que es «el lenguaje de alguien que no ha borrado su condición de sujeto; es el lenguaje del sujeto en cuanto tal. No son sus sentimientos, ni sus anhelos siquiera, ni aún sus esperanzas; son sencillamente sus conatos de ser.»[17]

Queda, finalmente, el fragmento, «vivir en un cuerpo sexuado en femenino». Este fragmento es, seguramente, el que más inquieta, el que más se parece a un círculo vicioso si nos mantenemos en la organización

16. Luisa Muraro, *Per il senso di sé: piacere – libertà –azione*, en Associazione D.I. Firenze, ed., *Inviolabilità del corpo femminile*, Florencia 1990, 13-32; p. 16. Véase también: Ead., *Maglia o uncinetto. Racconto linguistico-politico sulla inimicizia tra metafora e metonimia*, Milán, Feltrinelli, 1981, 69-74, 82-84, 111; y *L'ordine simbolico della madre*, 103-104.

17. María Zambrano, *La Confesión: Género literario* (1943), Madrid, Mondadori España, 1988, 16.

clásica racional del conocimiento. ¿Existe el cuerpo antes de ser pensado, fuera de su representación? ¿Existe la sexuación en femenino o en masculino antes de que el lenguaje –patriarcal– nos haya enseñado cómo mirar? ¿Somos unas esencialistas recalcitrantes?[18]

A complicar el problema contribuye el hecho de que desde el pensamiento lesbiano, que ha sido una de las vanguardias del movimiento feminista, se cuestione si las lesbianas son mujeres.[19] Monique Wittig y Teresa de Lauretis, por ejemplo, han sostenido que no lo son; con la frase: «Las lesbianas no son mujeres» concluyó Monique Wittig su presentación pública de *The Straight Mind* en un congreso celebrado en Nueva York en 1978.[20] Se ha cuestionado también que la crítica feminista hecha desde la práctica social de la heterosexualidad (la mayor parte de la que existe) sea una crítica verdaderamente feminista.[21] Por otra parte, una estudiosa reciente del cuerpo lesbiano y del pensamiento de género, Judith Butler, opina que las identidades de género, el ser «hombre» o «mujer» tal como las conocemos, son necesarias para la perpetuación y para la inteligibilidad del sistema de géneros y no al revés, como se pensaba antes.[22]

Cuando Monique Wittig escribe que las lesbianas no son mujeres, está diciendo (entre otras cosas) que sólo son mujeres las que viven de acuerdo con el sistema de géneros patriarcal, con su orden simbólico. Y que es, por tanto, posible construir el cuerpo sin género, ni femenino ni masculino. No hay, pues, aquí lugar para el esencialismo, esa etiqueta que la filosofía occidental corriente teme como si tuviera la facultad de

---

18. Sobre esta cuestión, en mi opinión sin resolverla, ha escrito, entre muchas otras y otros, Denise Riley, *Am I That Name? Feminism and the Category «Women» in History*, Londres, Macmillan, 1988. Vuelvo sobre ella, luego, Cap. VII-1.

19. Ti Grace Atkinson acuñó el lema: «El feminismo es la teoría, el lesbianismo la práctica» (cit. Sabine Hark, *Eine Lesbe ist eine Lesbe, ist eine Lesbe... oder? Notizen zu Identität und Differenz*, «Beiträge zur Feministischen Theorie und Praxis» 25-26 (1989), 59-70; p. 65.

20. Monique Wittig, *The Straight Mind and Other Essays*, Nueva York y Londres, Harvester Wheatsheaf, 1992, 32 y VIII. Teresa de Lauretis, *Eccentric Subjects: Feminist Theory and Historical Consciousness*, «Feminist Studies» 16-1 (1990) 115-150.

21. Becky Birtha, *Is Feminist Criticism Really Feminist?*, en Margaret Cruikshank, ed., *Lesbian Studies. Present and Future*, Nueva York, The Feminist Press, 1982, 148-151.

22. Judith Butler, *Gender Trouble. Feminism and the Subversion of Identity*, Nueva York y Londres, Routledge, 1990, 16-17.

destruir automáticamente todo pensamiento, como si tuviera la facultad de negar la filosofía misma, de corroer su base y su sustento.[23]

¿Estoy sugiriendo ahora que solamente las lesbianas se salen del patriarcado? ¿O que la identidad sexual es fija y estática? No. A donde pienso que pueden llevar las propuestas de Monique Wittig es a afirmar que es posible pensar el cuerpo sexuado en femenino en términos distintos (no solamente opuestos) de los que marca el patriarcado.

Acabo de decir también que la acusación de esencialismo asusta porque parece que niegue la facultad de pensar, que niegue lo cultural frente a lo natural, que corroa las bases mismas de la filosofía. Es importante notar aquí que el fantasma del esencialismo se despliega casi siempre cuando se habla del cuerpo humano o de la experiencia individual de ese cuerpo; cuando se recurre a la vivencia del propio cuerpo como lugar de enraizamiento del sentido de sí y del mundo. Esto hace pensar que lo que se cuestiona, lo que se intenta ocultar o negar no es la naturaleza frente a la cultura, sino el origen del cuerpo, el origen del cuerpo humano, y con el origen del cuerpo el nacimiento, y con el nacimiento la madre.[24] Madre que ha sido definida como lo que viene antes que nosotras.[25] Esa operación filosófica ha sido calificada de profundamente idealista, idealista en sentido literal, al estilo del mito de la caverna de Platón, en que la materia se transforma en idea, idea que es a su vez imagen que copia la realidad.[26] En Descartes, en cambio, ese autor que tan fuertemente influyó en el feminismo de tradición humanista, en su *cogito ergo sum*, en el yo que con esta evidencia nace, ha visto María Zambrano un yo que ya no es copia, sino que pasa a ser el mismo original. Escribió María Zambrano (en 1943):

---

23. Teresa de Lauretis, *The Essence of the Triangle or, Taking the Risk of Essentialism Seriously: Feminist Theory in Italy, the U.S., and Britain*, «Differences» 1-2 (1989) 3-37 [una trad., a veces imprecisa, en «Debate Feminista» 1-2 (1990) 77-115].

24. Adriana Cavarero, *Dire la nascita*, en Diótima, *Mettere al mondo il mondo*, 93-121.

25. Librería de Mujeres de Milán, *No creas tener derechos. La generación de la libertad femenina en las ideas y vivencias de un grupo de mujeres*, trad. de María Cinta Montagut Sancho y Anna Bofill, Madrid, horas y HORAS, 1991, 143.

26. Luisa Muraro, *L'ordine simbolico della madre*, 6; María Zambrano, *La Confesión*, 44.

«El hombre nuevo que irá a surgir ya no se sentirá hijo de nadie. Irá perdiendo la memoria de su origen y se irá sintiendo cada vez más original. Soledad inaccesible a la filiación y que en su desamparo le forzará a hacer algo para sentirse creador, a que la acción que ejecute lleve evidencia de su condición creadora. Y para la creencia en la condición humana se tendrá –como no podía ser menos– a la vista, aún sin decirlo, la creación divina, es decir, desde la nada.»[27]

¿Por qué se siente original el yo racional? Porque ha cancelado definitivamente el reconocimiento del origen de su cuerpo (y de su lengua), el origen sencillo y elemental. Lo ha visto de la siguiente manera Luisa Muraro (en 1991):

«No hay duda de que la historia de la filosofía, como la cultura de que es parte, muestra los signos de una rivalidad con la obra y la autoridad de la madre. El relato simbólico de Platón que ha modelado la *forma mentis* de antiguos, medievales y modernos, es la metáfora evidente de un segundo nacimiento y, aparte de metáfora, un aparte que el texto no deja a la intuición del lector sino que delínea explícitamente, es una concepción política de lo justo y de lo verdadero que quiere suplantar otro orden simbólico, que Platón llama el reino de la generación y presenta como intrínsecamente injusto y engañoso. Esta operación será repetida innumerables veces. Es una operación muy simple, se confunde casi con la operación de la metáfora, la más común de las figuras: consiste en transferir a la producción cultural (como la ciencia, el derecho, la religión, etc.) los atributos de la potencia y de la obra de la madre, desnudándola y reduciéndola a ella a naturaleza opaca e informe, sobre la cual el sujeto (cognoscente, legislador, creyente, etc.) debe subirse para dominarla.»[28]

Precisamente aquí es posible recuperar la categoría «mujeres», con todo su contenido político y su validez como instrumento de análisis de

27. María Zambrano, *La confesión*, 45-46.
28. Luisa Muraro, *L'ordine simbolico della madre*, 10.

la sociedad y de la historia. Mujeres serían las hijas, las que nacemos como hijas, por más diversidad y disparidad que expresen nuestras existencias después. Quizá lo que da cierta coherencia a esa categoría es una carencia, una carencia de orígenes culturalmente representados, de orígenes socialmente codificados; nos uniría el ser hijas de mujeres la relación primera con las cuales ha sido cortada para entrar en el orden patriarcal. Esta relación primera con la madre sería, en opinión de Luisa Muraro, una relación de amor y de gratitud. De amor y de gratitud no en sentido psicológico o moral, sino como estructura; una estructura simbólica que puede tener contenidos positivos o negativos, no importa, pero estructura de relación con el origen materno concreto y personal que nos dé a las mujeres un lugar de enraizamiento en el mundo.[29]

3. Mujer sujeto político y ginecocentrismo

Otra categoría importante del pensamiento feminista es la de *mujer sujeto político*. Es una categoría antigua, claramente definida en el marco de la Revolución norteamericana y sobre todo de la Revolución francesa. Mary Wollstonecraft y Olympe de Gouges son aquí nombres fundamentales, y Marie de Gournay un precedente clave de esos nombres. En la etapa renacentista de la Querella de las mujeres, algunas de las polemistas que participaron en ella habían trabajado para definirse como sujeto que habla e interviene por sí en la heterorrealidad. Para definirse ahora como sujeto político, las ilustradas adoptarían para sí las reivindicaciones de la clase revolucionaria del momento, una clase revolucionaria que era la burguesía.[30] De ahí la reivindicación apasionada de la igualdad, de la igualdad de derechos con los sujetos políticos ya existentes en las sociedades occidentales y con los que estaban luchando para llegar a serlo. La lucha por constituirse en sujeto político perduró durante el movimiento sufragista. Y es una lucha y, por tanto, una categoría de análisis de la

---

29. Luisa Muraro, *Inviolabilità del corpo femminile*, 17. Ead., *L'amore come pratica politica*, «Via Dogana» 3 (diciembre 1991) 18-19 [trad. «El viejo topo» 74 (abril 1994) 13-14].

30. Lidia Falcón (remontándose a Marx) en *Mujer y poder político. (Fundamentos de la crisis de objetivos e ideología del Movimiento Feminista)*, Madrid, Vindicación Feminista, 1992, 56.

sociedad que sigue vigente en la actualidad.[31] Sigue vigente en la actualidad para interpretar la historia y el mundo en que vivimos porque tanto desde el feminismo de la igualdad de derechos y oportunidades como desde la práctica política de la diferencia femenina se entiende que los contenidos que tiene la categoría «sujeto político» son insuficientes cuando se trata de las mujeres. Se entiende que, dos siglos después de la Revolución francesa y dos o tres generaciones después de la obtención del derecho al voto, ser sujeta política no da acceso a lo mismo que ser sujeto político (no hay, por tanto, igualdad), ni significa tampoco diferencias exentas de subordinación (no hay, por tanto, cabida para las diferencias que sean resultado de la búsqueda y del ejercicio de la libertad femenina).[32] Esta categoría es, pues, importante para estudiar las relaciones sociales de nuestra época y también para entender su historia: su historia desde la lucha o desde la carencia de derechos políticos, su historia desde la separación de la *polis*, de la democracia que no otorga, como decía Adriana Cavarero, un cuerpo a las mujeres libres.[33]

Un concepto también antiguo en el pensamiento, en la política y en la historia de las mujeres es el de *ginecocentrismo*. El ginecocentrismo consiste en pensar la realidad y en pensar su historia desde el punto de vista de las mujeres. Es decir, en desplazar a las mujeres de los márgenes del conocimiento y de los márgenes del campo de visión, que es donde estaban tradicionalmente, y situarlas en el centro: ver el mundo y la historia desde la o las perspectivas de ellas. En este sentido, escribía hace ya más de quince años Gerda Lerner: «La pregunta central que plantea la historia de las mujeres es: cómo sería la historia si se mirara con los ojos de las mujeres y la ordenaran los valores que ellas definen.»[34]

---

31. Una nota interesante sobre la cuestión del sujeto y del sujeto político en Luisa Muraro, *L'ordine simbolico della madre*, 137-138.

32. Una reflexión reciente en torno a esta cuestión: Antoinette Fouque, *Il y a deux sexes*, en Mara Negrón, ed., *Lectures de la différence sexuelle*, París, Des femmes-Antoinette Fouque, 1994, 283-317; p. 301-305.

33. Véase antes, Cap. I-1. Un análisis de esta cuestión especialmente en el siglo XIX: Geneviève Fraisse, *Musa de la razón. La democracia excluyente y la diferencia de los sexos*, trad. y presentación de Alicia H. Puleo, Madrid, Cátedra, 1991.

34. Gerda Lerner, *The Majority Finds Its Past. Placing Women in History*, Oxford y Nueva York, Oxford University Press, 1979, 162. Una crítica marxista a este libro en: Raya Dunayevskaya, *Women's Liberation and the Dialectics of Revolution: Reaching for the Future*, Atlantic Highlands, NJ, Humanities Press, 1985, 104-106.

El concepto de ginecocentrismo ha sido matizado posteriormente. Hay incluso autoras que lo han rechazado porque piensan que se limita a sustituir a los hombres por las mujeres en el centro del discurso, manteniendo intacto un modelo discursivo hecho de oposiciones binarias, modelo que las mujeres sabemos muy bien (porque lo explicó ya definitivamente Simone de Beauvoir) que es jerárquico y excluyente.[35] Es decir, se ha observado críticamente que se trata de un concepto demasiado dependiente del pensamiento masculino, en el sentido de que se limitaría a invertir una operación básica de la filosofía corriente. En este sentido, al concepto de ginecocentrismo le ha ocurrido algo parecido a lo que le ha ocurrido al concepto mismo de feminismo: algunas autoras se han negado a asumir el término feminista porque lo consideran una inversión demasiado simple de machismo y machista. Hoy día se suele matizar la categoría «ginecocentrismo» aunque sin rechazarla, porque sigue teniendo valor político en el contexto de la acción del movimiento de mujeres y porque es una operación de resultados brillantes (aunque no necesariamente duraderos) a la hora de escribir historia de la heterorrealidad. Se suele matizar el concepto de ginecocentrismo porque esa frase que he formulado al principio «el punto de vista de las mujeres» condensa en pocas palabras un tema muy complejo: ni el punto de vista de las mujeres es único ni se sabe con claridad quién podría representarlos.

4. El patriarcado

Otra categoría de análisis fundamental para la política, el pensamiento y la historia de las mujeres ha sido y es la de *patriarcado*. La popularidad del concepto de patriarcado ha pasado por altibajos importantes. Pasó por una fase de euforia a finales de los años sesenta y durante los setenta. Durante los ochenta hubo reacciones fuertes en contra de esta categoría de análisis; en los últimos años ha sido recuperada de nuevo, porque su valor explicativo es muy grande. Se rechazó porque había provocado tanto entusiasmo que, en cierta manera, todo se atribuía al patriarcado, especialmente todo lo negativo de la experiencia pasada y presente de las mujeres. Y pareció de pronto como si el patriarcado resul-

35. Simone de Beauvoir, *El segundo sexo*, trad. Buenos Aires, Siglo XXI, 1977.

tara inamovible, como si no tuviera historia; de manera que su preponderancia en el análisis llevó a que predominara un tipo de visión de la realidad y de la historia de las mujeres que se suele llamar «victimista» y que dejó de interesar cuando disminuyó la fuerza de masa del movimiento político de los años 60 y 70. En la actualidad, con el concepto de patriarcado se ha reivindicado no la historia victimista sino la crítica al patriarcado en todas sus facetas, aunque no sea ya esta tendencia (la de crítica al patriarcado) la predominante en la política y en la historiografía de mujeres.

Victoria Sau ha definido el patriarcado como «una toma de poder histórica por parte de los hombres sobre las mujeres cuyo agente ocasional fue de orden biológico, si bien elevado éste a la categoría política y económica. Dicha toma de poder» –prosigue Victoria Sau– «pasa forzosamente por el sometimiento de las mujeres a la maternidad, la represión de la sexualidad femenina, y la apropiación de la fuerza de trabajo total del grupo dominado, del cual su primer pero no único producto son los hijos.»[36]

Gerda Lerner lo ha definido, en sentido amplio, como «la manifestación e institucionalización del dominio masculino sobre mujeres y niños(as) en la familia y la extensión del dominio masculino sobre las mujeres a la sociedad en general. Implica» –sigue diciendo esta autora– «que los hombres ostentan el poder en todas las instituciones importantes de la sociedad y que las mujeres son privadas de acceso a ese poder. *No* implica que las mujeres carezcan totalmente de poder ni que estén totalmente privadas de derechos, influencia y recursos.»[37] Por su parte, Sylvia Walby ha definido el patriarcado como «un sistema de estructuras sociales interrelacionadas a través de las cuales los hombres explotan a las mujeres.»[38]

La autora sueca Anna Jónasdóttir ha propuesto una superación de la teoría feminista tradicional del patriarcado en las sociedades occidentales contemporáneas. Su propuesta de superación va en el sentido de despla-

---

36. Victoria Sau, *Diccionario ideológico feminista*, 2a. ed., Barcelona, Icaria, 1989, 237-238.

37. Gerda Lerner, *The Creation of Patriarchy*, 239. Su subrayado.

38. Sylvia Walby, *Patriarchy at Work. Patriarchal and Capitalist Relations at Work*, Cambridge, Polity Press, 1986, 51. Véase también, Ead., *Theorizing Patriarchy*, Londres, Basil Blackwell, 1990.

zar del centro del análisis del patriarcado la explotación socioeconómica de las mujeres por los hombres y colocar, en cambio, en el centro el amor. «La forma de relación socio-sexual que domina actualmente es una en la que el poder del amor de las mujeres, entregado libremente, es explotado por los hombres. El amor es una especie de poder humano alienable y con potencia causal, cuya organización social es la base del patriarcado occidental contemporáneo. El amor hace referencia a las capacidades de los seres humanos (poderes) para hacer y rehacer "su especie", no sólo literalmente en la procreación y socialización de los niños, sino también en la creación y recreación de los adultos como existencias socio-sexuales *individualizadas y personificadas*.»[39]

Al patriarcado no se contrapone el matriarcado. Las madres como grupo no han dominado nunca a los padres como grupo, aunque puedan haber existido o puedan existir formaciones sociales de mujeres dominadas por mujeres, lo cual se llamaría ginecosociedad o ginecocracia, según fuera la organización del poder. Pero, sobre todo, el concepto de matriarcado tiene poco sentido porque, hasta hoy mismo, la reproducción humana se ha llevado a término siempre exclusivamente dentro del cuerpo de las mujeres. Por tanto, el «poder de las madres», si existe o cuando exista, no podrá ser simétrico al patriarcado ni tampoco un patriarcado vuelto del revés.

El concepto de patriarcado se difundió pronto en los Estados Unidos; ahí era una categoría de análisis ampliamente aceptada en 1970. Poco después se afianzó en Europa. Donde más tardó en ser asumida por las mujeres fue en lo que mal llamamos Tercer Mundo, donde no fue aceptada hasta mediados de la década de los 80. Estas diferencias de cronología no tienen que ver con dificultades mecánicas en la transmisión de ideas sino que tienen una lectura marcadamente política. Están relacionadas con la vigencia misma del patriarcado en los tres sectores en que Occidente ha clasificado la tierra y, también, con las luchas entre el colonialismo y las fuerzas de izquierda en las partes del mundo más afectadas por el imperialismo occidental. Es decir, la dificultad de aceptación de este concepto tuvo que ver con el peligro de que la lucha contra el

39. Anna G. Jónasdóttir, *El poder del amor. ¿Le importa el sexo a la Democracia?* trad. de Carmen Martínez Jimeno, Madrid, Cátedra, 1993, 314 y 311. Su subrayado.

patriarcado quebrantara la solidaridad de las mujeres de izquierda con sus hombres en las guerras por la liberación nacional.

Porque precisamente una de las estructuras fundamentales del patriarcado es esa forma básica de organización de las relaciones sociales llamada parentesco. Concretamente, los modelos de parentesco en cuyo centro se halla la pareja heterosexual, pareja que no es simplemente heterosexual sino que comporta jerarquía en el sentido de que el marido domina sobre la mujer. Pues los sistemas de parentesco no tienen por qué ser necesariamente causa de subordinación de las mujeres; lo son cuando los maridos/padres se apropian de la capacidad materna femenina y de la producción de ellas y del resto de las personas a ellos subordinadas. Es decir, cuando en la relación heterosexual lo viril ha introducido una forma de violencia contra lo femenino.[40]

El concepto de patriarcado se aplica también al Estado. Se aplica al Estado cuando prerrogativas importantes de los padres (el derecho de vida y muerte sobre los miembros de su familia, por ejemplo), pasan de la *manus* del *paterfamilias* (como decían los romanos) a uno de los brazos del Estado. Pero, muy especialmente, el concepto de patriarcado se aplica al Estado cuando éste garantiza sistemáticamente a través del derecho, de la ley, la no constitución de las mujeres precisamente en sujeto político. Es decir, cuando custodia exclusiva y excluyentemente el acceso de los hombres o de algunos hombres a esa categoría «sujeto político» a que antes me he referido.

En la base de la categoría «patriarcado» hay dos conceptos y dos instituciones muy importantes para la vida y la historia de las mujeres. Uno es el de *heterosexualidad obligatoria*; el otro, el de *contrato sexual*. Dos conceptos estrechamente vinculados entre sí, dos instituciones necesarias para la continuidad misma del orden sociosimbólico patriarcal.

Empezaré por el segundo, la institución y el concepto de contrato sexual. He dicho antes que los sistemas de parentesco en cuanto tales no tienen por qué ser causa de subordinación. Lo son cuando se fundan en el contrato sexual.

---

40. Una estremecedora lectura del asesinato de Petra Kelly (1947-1992), en clave de la relación que existe en el patriarcado de hoy entre contrato sexual «libre», amor y violencia contra las mujeres: Alice Schwarzer, *Eine tödliche Liebe. Petra Kelly und Gert Bastian*, Colonia, Kiepenheuer & Witsch, 1993.

Ya en la época de la Revolución francesa, algunas pensadoras observaron que las mujeres estaban excluidas del contrato social, ese famoso pacto originario fundador de las sociedades humanas que se ha hecho famoso en la formulación de Jean-Jacques Rousseau.[41] El mayor esfuerzo de elaboración de este concepto se ha hecho, sin embargo, en los años ochenta de nuestro siglo, concretamente desde la teoría política.[42] El contrato sexual sería, según Carole Pateman, el pacto entre hombres –o entre algunos hombres– sobre el cuerpo de las mujeres. Un pacto desigual y, seguramente, no pacífico, porque no sería un acuerdo libre entre mujeres y hombres. Un pacto siempre implícito, que es esencial para entender el patriarcado, el género, la subordinación social y el desorden simbólico en que vivimos las mujeres en cualquier época histórica de predominio masculino.[43]

El contrato sexual es, pues, previo al contrato social en las formaciones patriarcales. Es, por tanto, previo a la aparición de las desigualdades en las relaciones de producción que determinan la pertenencia de clase de las personas; lo cual supone, para las mujeres, la incorporación a una clase social en condiciones marcadas siempre por la subordinación, una subordinación que ahora describimos con la obscura frase: «en razón de sexo». El contrato sexual comporta, para las mujeres, una pérdida muy importante de soberanía sobre sí y sobre el mundo. Una soberanía que se refiere a las funciones que su cuerpo tiene capacidad de desempeñar en la sociedad y también a las codificaciones simbólicas que definen lo que el sexo femenino es en la cultura de que se trate.

Intimamente relacionadas con la institución del contrato sexual están la práctica y la institución de la heterosexualidad obligatoria. Se trata de una institución –como decía– necesaria para la continuidad del patriarcado. Es una institución que afecta a hombres y a mujeres mediante el recurso a la definición y, por tanto, a la limitación de los contenidos de su sexualidad. Yo voy a referirme a sus consecuencias para las mujeres.

---

41. Una lúcida crítica en Monique Wittig, *On The Social Contract*, en Ead., *The Straight Mind*, 33-45 [pub. antes en «Feminist Issues» 9-1 (1989)].

42. Una obra clásica es: Carole Pateman, *The Sexual Contract*, Stanford, CA, Stanford University Press, 1988.

43. He aplicado estas ideas a ciertas formas de la espiritualidad femenina medieval en: *Parentesco y espiritualidad femenina en Europa. Una aportación a la historia de la subjetividad*, «Revista d'Història Medieval» 2 (1991) 29-49.

La heterosexualidad normativa como eje de las relaciones de parentesco expresa la obligatoriedad de la convivencia entre hombres y mujeres en condiciones de tasa de masculinidad / feminidad numéricamente equilibrada. Expresa esta obligatoriedad también en las sociedades que –en el pasado o en el presente (Roma clásica, Dinamarca)– han tolerado o toleran formalmente la homosexualidad hasta el punto de permitir en el derecho el matrimonio entre personas del mismo sexo.[44] Pienso que es importante esta idea para tranformar la sociedad y para escribir su historia porque nos hallamos ante un caso en el que, curiosamente, lo que se suele denominar «naturaleza» y lo que se suele llamar «cultura» se identifican en una institución que, como todas las instituciones, es de carácter puramente social. Es decir, el hecho natural de que la tasa de masculinidad sea prácticamente equilibrada al nacer se calca en el hecho social de la convivencia obligada en los mismos términos numéricamente hablando. Aunque con una diferencia cualitativa fundamental en lo que se refiere a la organización del poder en las sociedades con tasas de masculinidad equilibradas: la relación de dependencia del hijo de la madre se invierte en la edad adulta del hijo, que domina entonces a su madre.

La práctica y la institución «heterosexualidad obligatoria» expresan asimismo la imposición sobre las mujeres del modelo de sexualidad reproductiva como único modelo que ellas deben conocer y practicar: que ellas deben, pues, hacer propio. Este modelo comporta la definición del cuerpo femenino –nunca del cuerpo masculino– como un cuerpo violable, un cuerpo idealmente siempre accesible para los hombres.

La heterosexualidad ha sido definida por la pensadora feminista contemporánea Carla Lonzi como una forma de sexualidad masculina que a las mujeres nos sería impuesta en las sociedades patriarcales.[45] Esta definición, que fue una definición revolucionaria cuando fue formulada en 1972, yo la sigo sosteniendo en su segunda parte: efectivamente la heterosexualidad es obligatoria en las sociedades patriarcales, y a las mujeres

---

44. John E. Boswell, *Christianity, Social Tolerance, and Homosexuality. Gay People in Western Europe from the Beginning of the Christian Era to the Fourteenth Century*. Chicago, The University of Chicago Press, 1980 (trad. Barcelona, Muchnik, 1993)

45. Carla Lonzi, *Escupamos sobre Hegel. La mujer clitórica y la mujer vaginal*, trad. de Francesc Parcerisas, Barcelona, Anagrama, 1981. Sobre esta autora: Maria Luisa Boccia, *L'io in rivolta. Vissuto e pensiero di Carla Lonzi*, Milán, La Tartaruga, 1990.

nos viene impuesta. En cuanto a que sea una forma masculina de sexualidad, me parece importante y útil el matiz siguiente: lo femenino y lo masculino no son conjuntos cerrados de atributos que circulan por la sociedad y por la historia impenetrables entre sí y con vida propia; pensar así no hace más que reforzar, en un círculo vicioso, un sistema de géneros que es opresivo para las mujeres. Cualquier atributo se hace femenino en mí o en cualquier otra mujer que haya asumido por decisión política el hecho casual y necesario de haber nacido en un cuerpo sexuado en femenino. Es decir, el deseo que llamamos heterosexual es femenino cuando una mujer lo entiende libremente como una parte de su sentido de sí y del mundo, no obstante la innegable indoctrinación desde las instancias del poder social.

En los últimos años, el concepto «heterosexualidad obligatoria» ha sido ampliado por Teresa de Lauretis para dar cabida a las implicaciones que ella piensa que esa institución está teniendo entre las propias pensadoras feministas (o entre una parte de ellas). Teresa de Lauretis ha hablado de *fundamentalismo heterosexual.*[46] Con esta expresión alude a las resistencias, por parte también de mujeres, a aceptar espacios femeninos separados, ya sean éstos espacios materiales o espacios simbólicos.

Directamente vinculada con las categorías de contrato sexual y de heterosexualidad obligatoria está la de *política sexual.* Se trata de un concepto que formuló pronto el movimiento feminista de la segunda mitad del siglo XX (la obra clásica sobre el tema sigue siendo *Sexual Politics*, de Kate Millett, publicada en 1969). Es un concepto que, como el de patriarcado, provocó entonces enorme entusiasmo por su gran capacidad explicativa de la subordinación social y de la historia de las mujeres. Política sexual se refiere a las relaciones de poder que se han establecido y se establecen entre hombres y mujeres sin más razón que el sexo. Al hablar de poder me refiero a cualquier relación social privilegiada.

Las relaciones de política sexual son previas a las que regula el contrato social; son, por tanto, previas a los tipos de relaciones sociales de producción que definen la pertenencia de clase de las personas. Esto no quiere decir que las relaciones de política sexual estén fuera de lo social; quiere decir, simplemente, que están fuera de lo social tal como lo social

46. Teresa de Lauretis, *The Essence of the Triangle*, 29-30.

es tradicionalmente entendido en el orden patriarcal. En los orígenes y en la base de las relaciones de política sexual se sitúa, históricamente, la cancelación de la genealogía materna. Este hecho es fundamental para entender, interpretar y escribir la historia de las mujeres. Detrás de esta cancelación de genealogía está la falta de una estructura elemental de relación de la hija con su madre concreta y personal.

El concepto de patriarcado ha sido muy importante para el desarrollo del feminismo materialista. Lo ha sido porque permitió articular otra categoría de análisis importante (aunque menos universalmente admitida que las anteriores), que es la de *mujer como clase social y económica.* Lidia Falcón es aquí un nombre fundamental.[47] Esta autora ha demostrado extensamente que, en la familia patriarcal, los padres controlan ese medio de producción y de reproducción que es el cuerpo femenino. Y se apropian de los frutos del trabajo productivo y del trabajo reproductivo de las mujeres. De esta forma, el patriarcado se organizaría en un *modo de producción doméstico.* Un modo de producción doméstico articulado en torno a una clase explotada que seríamos las mujeres.

5. El género

Otra categoría del pensamiento feminista importante para la política y para la historia de las mujeres es la de *género.* El género fue, como el patriarcado, una categoría de análisis tremendamente liberadora cuando fue acuñada a principios de la década de 1970. Luego, con la experiencia acumulada de los resultados de su utilización, se ha podido constatar que es menos revolucionaria de lo que pareció en un primer momento; e, indudablemente, está claro ahora que es una categoría menos revolucionaria que las de patriarcado o de política sexual. Es, por otra parte, una categoría analítica que ha tenido gran éxito en ambientes académicos y en ambientes intelectuales liberales.

Fue un concepto muy liberador hace veinte años porque nos permitió a las mujeres deshacernos definitivamente del biologicismo, del discurso de «lo natural», y con ello nos permitió confiar en que era posible libe-

---

47. Lidia Falcón, *La razón feminista*, 1: *La mujer como clase social y económica. El modo de producción doméstico*, 2: *La reproducción humana*, Barcelona, Fontanella, 1981 y 1982. Véase también la revista «Poder y Libertad» 1-24 (1980-1994).

rarse de hacer una política marcada por el aborto o por el coste de la cesta de la compra, y de una historia de las mujeres que parecía que tenía que tratar siempre del parto, de la maternidad, de la dote, del espacio doméstico y del cuidado de los enfermos y los muertos. Y nos permitió liberarnos de todo eso con un discurso que salía del centro mismo del pensamiento dominante. En realidad, este hecho, el salir el discurso de género del centro mismo del pensamiento masculino (es decir, de la academia), es ahora una de las trabas más importantes del concepto de género y de la teoría de los géneros, pero no lo fue hace veinte años.

El género ha sido definido por Joan W. Scott como «un elemento constitutivo de las relaciones sociales basado en las diferencias percibidas entre los sexos, y género es un modo primario de significar las relaciones de poder.»[48] Es una definición que parece asumir que los sexos son algo natural y no algo socialmente construido (lo socialmente construido sería sólo el género): como si las madres dieran a luz sin pensar, es decir, fuera de la cultura. Gerda Lerner, por su parte, ha descrito el género como «la definición cultural de la conducta definida como apropiada a los sexos en una sociedad dada en una época dada. Género es una serie de roles culturales. Es» –prosigue– «un disfraz, una máscara, una camisa de fuerza en la que hombres y mujeres bailan su desigual danza.»[49] Todo esto quiere decir que lo que conocemos como «hombre» y lo que conocemos como «mujer» no consiste en un conjunto de atributos, en un conjunto de objetos predominantemente naturales, sino que se trata en gran parte de construcciones culturales. Es precisamente este punto el que fue muy liberador para las feministas de los años setenta.

Pero ¿dónde se construye y se transmite el género? Un avance teórico en mi opinión fundamental en el contexto de esta doble cuestión, el medio de elaboración y de transmisión del género, lo ha proporcionado la antropología. Se trata de una hipótesis que dice que el género es una categoría analítica que no tiene existencia separada de otra categoría

---

48. Joan W. Scott, *Gender. A Useful Category of Historical Analysis*, «The American Historical Review» 91 (1986) 1053-1975; p. 1067. [Hay trad. en James Amelang y Mary Nash, eds., *Historia y Género. Las mujeres en la Europa moderna y contemporánea*, Valencia, Alfons el Magnànim, 1990, 23-56].

49. Gerda Lerner, *The Creation of Patriarchy*, 238.

analítica, que es el parentesco.[50] Es decir, género y parentesco son dos dominios analíticos inseparables; dos dominios analíticos y dos conceptos que se construyen mutuamente, que no tienen vida ni sentido independientemente el uno del otro. Esta hipótesis, que es de Jane F. Collier y Sylvia J. Yanagisako, dice también que tanto los estudios de género como los estudios de parentesco han tratado de «entender los derechos y deberes que ordenan las relaciones entre personas definidas por una o más diferencias.»[51] Pero, tradicionalmente, al operar analíticamente por separado, tanto los estudios de parentesco como los estudios de género daban la diferencia por supuesta, por «natural». Y no llegaban a la raíz del problema que estaban intentando estudiar.

La hipótesis de la dependencia mutua entre género y parentesco me parece revolucionaria porque contribuye a explicar por qué, a diez o quince años vista, la historia de los géneros o la historia cuyo eje metodológico es el concepto de género parece resultar insatisfactoria e insuficiente (no digo, en absoluto, inútil). En otras palabras, si género y parentesco se construyen mutuamente, el eje del discurso de género es discurso masculino, discurso masculino coherente con el modelo de parentesco patriarcal, de manera que el eje de la historia escrita desde la teoría de los géneros es primariamente un eje discursivo patriarcal. Esta conclusión hay que relacionarla con la práctica y la institución de la heterosexualidad obligatoria, que estaría en el centro de los modelos de parentesco patriarcales, y que conlleva jerarquía entre los sexos y un modelo preferente de convivencia social cuyas tasas de masculinidad / feminidad son equilibradas. No estoy sosteniendo que la convivencia en tasas de masculinidad equilibradas comporte necesariamente subordinación de las mujeres, porque ninguna tasa de masculinidad es necesariamente causa de subordinación; pero sí parece serlo en las sociedades patriarcales.[52]

---

50. Jane F. Collier y Sylvia J. Yanagisako, eds., *Gender and Kinship. Essays Towards a Unified Analysis*, Stanford, CA, Stanford University Press, 1987.

51. Sylvia J. Yanagisako y Jane F. Collier, *Toward a Unified Analysis of Gender and Kinship*, en Eaed., eds., *Gender and Kinship*, 14-50; p. 29.

52. Susan Cavin, *Lesbian Origins*, 81-96

6. La diferencia sexual

Una última categoría analítica importante de la política y de la historia de las mujeres es la de *diferencia sexual.* El concepto de diferencia sexual fue formulado en el pensamiento y en la política de las mujeres por los mismos años que otros conceptos fundamentales a que me he referido, como los de patriarcado o política sexual; a pesar de lo cual, ha tardado más tiempo en hallar aceptación. Fue mirado con desconfianza en los años setenta porque parecía conllevar un riesgo entonces considerado importante: que el concepto de diferencia sexual, mal entendido, entendido de forma reduccionista, fuera utilizado para justificar con nuevos argumentos, con argumentos lila, los viejos planteamientos del determinismo biológico. Es decir, que sirviera para eliminar a las mujeres de los espacios de poder social conseguidos tras siglos de lucha por la igualdad, precisamente cuando la igualdad parecía haber sido formalmente obtenida en muchos países de Occidente. El miedo a ese riesgo provocó la aparición, en los años setenta, de dos tipos enfrentados de feminismo: por una parte, el que se llamó el «feminismo de la igualdad» y, por otra, el que fue denominado el «feminismo de la diferencia»;[53] dos feminismos que se contraponen mal porque lo contrario de igualdad es, en primer lugar, desigualdad, no diferencia; y porque la práctica política de la diferencia femenina rechaza lo que «feminismo» tiene de dependencia (dependencia en la lucha) del modo en que los hombres han definido el mundo. En la actualidad, la política y el pensamiento de la diferencia sexual se están convirtiendo progresivamente en una práctica y en un discurso imprescindibles dentro del marco del movimiento y del pensamiento de las mujeres.

Diferencia sexual se refiere directamente al cuerpo; al hecho de que, por azar, la gente nazcamos en un cuerpo sexuado: un cuerpo que llamamos femenino, un cuerpo que llamamos masculino. A este nacer en un cuerpo sexuado, el pensamiento de la diferencia sexual le ha llamado «un hecho desnudo y crudo».[54] Un hecho sin cobertura simbólica, sin ropaje que lo interprete, un hecho que no ha sido mínimamente humanizado,

---

53. A este tema le ha sido dedicado el dossier: *Feminismo. Entre la igualdad y la diferencia*, «El viejo topo» 73 (marzo 1994) 25-44. Años antes apareció el titulado: *Masculino / femenino*, «El viejo topo» extra 10.

54. Adriana Cavarero, *Dire la nascita*, 93.

como resulta serlo el alimento crudo una vez pasado por el fuego. Un hecho, pues, desnudo y crudo porque es fundamental a nuestras vidas pero que se ha quedado fuera de la cultura; fuera del pensamiento, fuera de la filosofía tal como la conocemos, fuera, incluso, del lenguaje. «La diferencia sexual representa uno de los problemas o el problema que nuestra época tiene que pensar», escribió Luce Irigaray en 1984.[55]

Esto quiere decir que en la epistemología corriente, en la organización dominante del conocimiento, las mujeres hemos quedado fuera. Porque, tradicionalmente, el sujeto del pensamiento, el sujeto del discurso, el sujeto de la historia, el sujeto del deseo es un ser masculino que se declara universal, que se proclama representante de toda la humanidad. Según el pensamiento de la diferencia sexual, el sujeto del conocimiento no sería un ser neutro universal, sino sexuado; y el conocimiento que ese sujeto pretendidamente universal ha producido a lo largo de la historia, sería solamente conocimiento masculino, conocimiento en el que las mujeres no nos reconocemos. Porque, en las sociedades patriarcales, los hombres habrían construido su identidad masculina como única identidad posible, y nos habrían negado a las mujeres una subjetividad propia. De ahí la condena ancestral al silencio. Por tanto, lo que conocemos como femenino en el patriarcado, no sería lo que las mujeres son o han sido en el pasado, sino lo que los hombres –o algunos hombres– han construido para ellas, han dicho que ellas son. Y lo son en relación especular con lo masculino, vacías por tanto de contenidos independientes. Precisamente esta carencia de subjetividad femenina independiente sería necesaria para la perpetuación del patriarcado, para que las mujeres aceptemos nuestra subordinación social en el marco de una familia fundada en el contrato sexual. Y explicaría la histeria, la tendencia femenina a convertir el cuerpo en texto, a falta de otro lenguaje con que decirnos.

Que la diferencia femenina haya quedado fuera del conocimiento dominante no quiere decir, sin embargo, que no haya sido practicada por mujeres de épocas anteriores a la segunda mitad del siglo XX. Pienso que siempre ha habido en el orden patriarcal mujeres que han buscado y han hallado un sentido de sí y del mundo en femenino en la reflexión y en la escritura de su experiencia personal. Es decir, que han dado libremente

55. Luce Irigaray, *Étique de la différence sexuelle*, París, Les Éditions de Minuit, 1985, p. 13.

significados a ese sexo que –lo na dicho Luce Irigaray– «no es uno.»[56] Al hacerlo, se han separado del modelo de género femenino vigente y han actuado como de-generadas, como mujeres sin género. Han actuado como de-generadas no en la crítica ni en la lucha contra el orden soscio-simbólico patriarcal, sino en el apartamiento de este orden y en la búsqueda de otras mediaciones, de mediaciones no viriles, para intentar estar en el mundo en femenino. Esta de-generación no ha consistido ni consiste en una reforma de los contenidos de lo femenino sino en un cambio radical de la naturaleza de la relación consigo mismas, con las otras mujeres y con los hombres.

La escritora Christa Wolf ha imaginado desde el siglo XX una «razón» de mujeres distinta en la época preateniense, concretamente en la Troya en guerra con los griegos. Ha descrito, en la novela *Casandra*, el abismo que separa la razón masculina de la razón de las «hembras mujeres», en el contexto del pacto entre los hombres de la familia real de Troya para asesinar a Aquiles el griego, pacto que pasaba por la destrucción de la hija del rey, Políxena, pacto para el que se exige la complicidad de la sacerdotisa Casandra, hermana de Políxena. Dice Casandra:

> «Así pues, aunque inesperado, aquel era el momento que yo había temido. No estaba desprevenida. Por qué me resultaba tan difícil. Rápidamente, con una velocidad fantástica, consideré que podían tener razón. Qué quería decir tener razón. Que la razón –la razón de Políxena, mi razón– no entraba siquiera en cuenta, porque un deber, el de matar a nuestro peor enemigo, se tragaba esa razón. ¿Y Políxena? Iba a su ruina, de eso no se podía dudar. No había ya esperanza.
>
> «Bueno Casandra. Serás sensata, verdad.
>
> «Yo dije: no.
>
> «¿No estás de acuerdo?
>
> «No.
>
> «Pero guardarás silencio.

56. Luce Irigaray, *Ese sexo que no es uno* (1977), trad. de Silvia Tubert. Madrid, Saltés, 1982.

«No, dije. Temerosa, Hécuba mi madre me agarró del brazo. Sabía lo que vendría ahora, y yo también. El rey dijo: prendedla.»[57]

Que la formulación teórica más completa de la práctica de la libertad femenina en términos de diferencia sexual se haya producido en la Europa del siglo XX tiene que ver con la filosofía postmoderna y, antes, tiene que ver con la culminación formal del proyecto de igualdad entre los sexos de raigambre humanista e ilustrada. Cuando las primeras generaciones de alumnas que accedieron a la universidad sin trabas legales se pusieron a estudiar sistemáticamente el conocimiento corriente, percibieron sus grandes vacíos, no se reconocieron en él, no hallaron en la tradición filosófica dominante un lugar en que significarse, un lugar donde establecer con libertad su sentido de sí. Y les pusieron nombre a las cosas que ellas efectivamente percibían. El relato que hizo en 1986 María Zambrano (1904-1991) de su génesis de la razón poética (quizá la razón que –decía Casandra– «no entraba siquiera en cuenta») expone dramáticamente la sensación de ajenidad al orden patriarcal que probablemente han compartido en algún momento de su vida bastantes genias muy cultas y emancipadas del siglo XX:

«Yo siempre he ido al rescate de la pasividad, de la receptividad. Yo no lo sabía, pero desde hacía muchos años yo también andaba haciendo alquimia. La cosa comenzó hace ya muchos años. Mi razón vital de hoy es la misma que ya aparece en mi ensayo *Hacia un saber sobre el alma* [...]. Yo creía, por entonces, estar haciendo razón vital y lo que estaba haciendo era razón poética. Y tardé en encontrar su nombre. Lo encontré precisamente en *Hacia un saber sobre el alma*, pero sin tener todavía mucha conciencia de ello. Yo le llevé este ensayo, que da título al libro, al propio don José Ortega, a la *Revista de Occidente*. Él, tras leerlo, me dijo: "Estamos todavía aquí y usted ha querido dar el salto al más allá." Esto lo cuento por primera vez, es inédito. [...]. Yo salí llorando por la Gran Vía, de la redacción de la *Revista*, al ver la acogida que encontró en don José lo que yo creía que era la razón

57. Christa Wolf, *Casandra*, trad. de Miguel Sáenz. Madrid, Alfaguara, 1986, 150.

> vital. Y de ahí parten algunos de los malentendidos con Ortega, que me estimaba, que me quería. No lo puedo negar. Y yo a él. Pero había... como una imposibilidad. Es obvio que él dirigió su razón hacia la razón histórica. Yo dirigí la mía hacia la razón poética. Y esa razón poética –aunque yo no tuviera conciencia de ella– aleteaba en mí, germinaba en mí. No podía evitarla, aunque quisiera. Era la razón que germina, una razón que no era nueva, pues ya aparece antes de Heráclito. No ya como medida, sino como fuego, como nacimiento: la razón naciente un libro que no llegó a publicar, *La aurora de la razón vital.* Luego puede decirse que no faltaban las coincidencias. Los dos seguimos el rastro de la aurora, pero cada uno de una aurora distinta. (O de la misma, pero vista de otra manera).»[58]

El otro mundo, el «más allá», como dice Ortega y Gasset, no es el paraíso ni el purgatorio sino la trascendencia, trascendencia a la que está abierto el cuerpo femenino porque puede dar a luz, hacer nacer criaturas que vienen «del más allá».[59]

---

58. *María Zambrano, pensadora de la aurora*, «Anthropos» 70-71 (1987) 37-38. Relata una impresión parecida, más de cincuenta años después, la también filosofa Wanda Tommasi, *La tentazione del neutro*, en Diótima, *Il pensiero della differenza sessuale*, 83-87.

59. Esta lectura de la trascendencia en Ida Magli, *Viaje en torno al hombre blanco. Notas sobre mi itinerario a la antropología y en la antropología*, «Duoda» 4 (1993) 83-124.

III

EL FEMINISMO MATERIALISTA

Sumario: 1: La explotación de las mujeres por los hombres.– 2: Ortodoxia y heterodoxia marxista.– 3: Las materialistas feministas.-4: La clase mujer y el modo de producción doméstico.– 5: El feminismo materialista en la escritura de historia.

1. La explotación de las mujeres por los hombres

El feminismo materialista ha llevado a su desarrollo radical y global el proyecto político de igualdad entre los sexos de la Ilustración europea y americana. Su propuesta de análisis de la historia y de revolución de las relaciones sociales, una propuesta profundamente crítica y vigilante, sigue viva sobre todo en Europa, en los Estados Unidos y en algunos de los países que han sufrido el imperialismo del capitalismo industrial, también después del hundimiento del comunismo de Estado en 1989.

Históricamente, el feminismo influyó muy pronto en el materialismo histórico y en el comunismo, tanto en su teoría como (aunque menos) en sus propuestas de acción política revolucionaria. Esta influencia se explica en el contexto de la fuerza social del movimiento sufragista (a pesar de que comunistas importantes lo despreciaran por ser, según ellos, burgués),[1] y de la importancia de otras actividades feministas en las que seguía muy viva la lucha de las revolucionarias francesas del siglo XVIII. Pero la relación del feminismo con el materialismo histórico (que es un

1. Lidia Falcón, *Mujer y poder político*, 115.

método de conocimiento) y con la acción comunista (que es una propuesta de aplicación del modelo en la práctica política) no ha sido ni es todavía en absoluto fácil ni está exenta de conflicto. Más bien al contrario, hay que decir que la interacción entre el pensamiento y la política feministas, por una parte, y el pensamiento marxista y la política socialista-comunista, por otra, ha estado y está llena de desacuerdos y de violencias.

Por eso puedo adelantar ya una afirmación importante: no hay un solo modelo de aplicación del materialismo histórico a la interpretación de las relaciones sociales y de la historia de las mujeres, sino varios. Varios modelos, entre los cuales se sitúa una amplia gama de propuestas menos sistematizadas. Hay autoras y autores que han elaborado su teoría feminista siguiendo directa y literalmente las líneas de pensamiento marcadas por Marx, por Engels y, sobre todo, por Lenin. Estas autoras y autores podrían ser encuadradas en esa gran escuela marxista que ha sido llamada marxismo científico, una versión del marxismo «fundada en los axiomas de la célebre metafísica de la Unión Soviética, el materialismo dialéctico».[2] Se trata, pues, de una lectura bastante rígida porque es metodológicamente cerrada, es decir, no da cabida a aportaciones procedentes de otras corrientes de pensamiento: una lectura que se ocupa principalmente de buscar la abolición del capitalismo. Otras autoras, en cambio, se han servido de los escritos de Marx y de Engels como método de conocimiento básico sobre o desde el cual han elaborado interpretaciones que, posiblemente, no habrían sido aceptadas por los viejos maestros (quizá sobre todo no habrían sido aceptadas por Lenin): el ejemplo más obvio es aquí la definición de mujer como clase social y económica, de la que luego hablaré; aunque hay otros ejemplos importantes, como las definiciones y propuestas de acción que han ido formulando las mujeres del Partido Comunista Italiano (PCI).[3] Todas estas autoras se encuadrarían en la otra gran escuela marxista, la llamada marxismo crítico, más plural y

2. Michael Ryan, *Marxism and Deconstruction. A Critical Articulation*, Baltimore y Londres, Johns Hopkins University Press, 1982, p. XIII.

3. Véase su interesante revista: «Reti. Pratiche e saperi di donne», publicada en Roma entre noviembre de 1987 y mayo de 1993. Cerró, en el contexto de la transformación del PCI en PdS, por voluntad de las entonces responsables de la revista; véase Stefania Giorgi, *La scelta di «Reti»*, «Il manifesto» 4 de abril de 1993; (me ha proporcionado este texto Paola Bono).

abierto que el marxismo científico. A ellas no les basta con la abolición del capitalismo: buscan también y especialmente la abolición del patriarcado.[4]

A pesar de las diferencias más o menos profundas que existen, esas interpretaciones materialistas y feministas tienen, sin embargo, algunas premisas o bases ideológicas fundamentales en común, premisas que las unen entre sí y que, a su vez, las distinguen en bloque de otros modelos de interpretación y de crítica de la subordinación histórica de las mujeres.

La primera y más significativa de las premisas ideológicas comunes consiste en localizar las causas últimas de la subordinación o subordinaciones de las mujeres en la vida material; concretamente, en las relaciones de producción y de reproducción en que entramos las mujeres, y no en la forma de pensar. La subordinación de las mujeres a los hombres no es, por tanto, «cuestión de mentalidad» sino cuestión de quién crea y cómo se crea, en una formación social determinada, la vida material real, y de quién controla y cómo se controla lo que para crearla se produce. Es decir, las ideologías no crearían relaciones de producción, las ideologías no nos cambiarían radicalmente la vida material (a pesar de que las mujeres las suframos muy especialmente); lo que harían las ideologías es reflejar y expresar, de forma muy complicada, las relaciones de producción existentes o la necesidad de cambiarlas; y también, intervendrían en la aceleración o retardamiento de los procesos de transformación de esas relaciones de producción y de reproducción.

La segunda premisa que comparten (aunque menos clara en algunos autores y autoras que la primera) es que a la asimetría que se observa en las formaciones sociales patriarcales entre hombres y mujeres, entre lo masculino y lo femenino, no le llaman ni opresión ni subordinación sino explotación: explotación de las mujeres por los hombres. Es decir, la experiencia histórica colectiva de las mujeres estaría marcada por desigualdades estructurales, por explotaciones específicas que toman formas y contenidos que pueden variar en las distintas épocas y lugares pero que, en alguna de sus formas, existen siempre y redundan en beneficio de los hombres, sean estos hombres de la misma clase social o de la clase social

4. Sobre planteamientos generales, véase Roberta Hamilton y Michèle Barrett, *The Politics of Diversity: feminism, marxism, nationalism*, Londres, Verso, 1986; y Michèle Barrett y Anne Philips, *Destabilizing Theory. Contemporary Feminist Debates*, Stanford, CA, Stanford University Press, 1992.

antagónica. En realidad, este punto de vista es propio del materialismo histórico desde sus orígenes aunque, por motivos diversos entre los cuales destacan los intereses patriarcales de los propios pensadores materialistas y activistas comunistas, no haya sido suficientemente destacado ni en la teoría ni en la práctica revolucionaria. Se trata de un punto de vista antiguo porque aparece ya en Engels, concretamente en su obra (de 1884) *El origen de la familia, la propiedad privada y el Estado*, una obra influida por las investigaciones del antropólogo L. H. Morgan.[5] En este estudio, Engels llegó a la conclusión de que en ciertos movimientos considerados globalmente movimientos de progreso, de progreso para la humanidad, parecían darse razones, razones que este autor llama «institucionales», que provocaban el avance de un sexo y la opresión del otro. En la lectura de Engels, la revolución neolítica sería un ejemplo paradigmático de esta relación desequilibrada entre intereses de las mujeres e intereses de la «humanidad». La revolución neolítica, que Engels describió como «la gran derrota histórica del sexo femenino», comportaría grandes adelantos para esa supuesta humanidad neutra pero, también, favorecería la creación de instituciones como la propiedad privada o la familia que, por su parte, determinarían en el futuro (un futuro en el que todavía vivimos) la sumisión de las mujeres a los hombres con el pretexto de la necesidad de éstos de controlar la legitimidad de su heredero.

Aunque esta lectura de la revolución neolítica no ha resistido a la crítica feminista, perdura, sin embargo, el principio del reparto desigual entre hombres y mujeres de la misma clase social de los beneficios que traen consigo los movimientos considerados de progreso social general. Estas «razones institucionales» se refieren a lo que he llamado, siguiendo a Carole Pateman, el contrato sexual, aunque Engels no lo vea o no quiera nombrarlo.[6] En estas sociedades, el padre pasa por ser, como es sabido, el verdadero autor de la vida humana.

El tercer supuesto es la precariedad del estatuto de originalidad de la experiencia personal. Se entiende que la experiencia femenina individual está determinada por condicionamientos económicos y políticos de carácter general propios del modo de producción en que esa o esas experiencias estén históricamente situadas. Habría, pues, poco espacio para la

5. Madrid, Ayuso, 1980 (5a ed.).
6. Véase antes, Cap. II-4.

libertad femenina en el mundo, y mucho, en cambio, para la lucha por la liberación de la propia condición. En palabras de Iris M. Young:

> «Tanto en filosofía como en la lengua corriente, «experiencia» suele aludir a un origen o fundamento del conocimiento. En el habla de cada día solemos distinguir cuándo una persona habla desde su propia experiencia y cuándo habla de segunda mano, desde el charlar con otra gente, leer, ver la televisión. En este sentido, «experiencia» significa a menudo conocimiento que es más inmediato y de fiar que el conocimiento de segunda mano. El habla de cada día valora también la expresión por parte de la gente de sus experiencias; la gente dice que se conoce y se entiende entre sí cuando oye sus experiencias. Aquí, "experiencia" significa representación auténtica de sí. Ambos significados, que privilegian que la experiencia es auténtica, verdadera, real, son sospechosos. El discurso que usamos cuando describimos nuestra experiencia no es más directo ni inmediato que cualquier otro discurso.»[7]

Algunas activistas y pensadoras materialistas han sentido, sin embargo, la necesidad de compaginar premisas del materialismo, del postmodernismo y del feminismo que tienen que ver con el estatuto de originalidad del sujeto individual. Un sujeto cuya existencia el feminismo exige, y niegan tanto el materialismo como el postmodernismo, aunque de modos distintos. Históricamente, el materialismo se interesa por sujetos colectivos con conciencia de clase, no singulares: «El marxismo ha negado a los miembros de las clases oprimidas el atributo de ser sujeto», ha escrito Monique Wittig.[8] Para el postmodernismo, el ser humano es una variable menor, superada siempre por la importancia de la política de los discursos, que operan a un nivel que a ese ser le supera. El feminismo, en cambio, ha destacado, en sus distintas tendencias, la necesidad de existir singularmente en el colectivo mujeres, la necesidad de la concienciación

7. Iris M. Young, *Throwing Like a Girl and Other Essays in Feminist Philosophy and Social Theory*, Bloomington e Indianapolis, Indiana University Press, 1990, 12.

8. Monique Wittig, *On is not born a woman*, en Ead., *The Straight Mind,* 17 [pub. antes en «Feminist Issues» 1-2 (1981)].

femenina individual, hasta formular la consigna de que «lo personal es político».

Un esfuerzo parcial para resolver este problema lo representa la obra de Rosemary Hennessy.[9] Esta autora intenta responder desde el materialismo a la vieja pregunta de «por quién habla el feminismo», de quién es el sujeto del feminismo. Considera que la llamada «política del discurso» interviene en la construcción del sujeto; pero propone definir el discurso como una instancia material, que no sólo crea sujetos sino que es creado por ellos. Definir la materialidad del discurso le permite salvar los objetivos emancipatorios del feminismo. De manera que entiende que discurso es ideología, es decir «el conjunto de prácticas para dar sentido que constituyen lo que cuenta como *lo que son las cosas* en un momento histórico.»[10] Las ideologías, una de las cuales sería el feminismo, están insertas en lo que Hennessy denomina *global analytic*, un análisis sistémico y, en cuanto tal, no totalitario, que se refiere a «dos registros indeterminados pero distintos de relaciones sociales: el alcance mundial (global) de los mercados del capital y un modo (global) de leer sistémicamente.»[11] La subjetividad femenina tiene en este marco de análisis un lugar, aunque bastante limitado:

> «Las vidas de las mujeres están formadas por la ideología en el sentido de que su experiencia vivida no es nunca servida cruda sino que recibe siempre su sentido desde una miríada de puntos de vista, incluidos los de la mujer que experimenta los acontecimientos y los de la crítica, investigadora o teórica feminista que declara que las vidas de las mujeres son la base de su conocimiento. Las vidas de las mujeres únicamente son inteligibles en tanto que función de los modos de dar sentido al mundo disponibles en cualquier momento histórico. Entendidas siempre como ideológicamente construidas, las vidas de las mujeres pueden ser leídas en términos de la posición contradictoria de la mujer bajo el capitalismo y el patriarcado, donde la economía simbólica de una oposición entre hombre y mujer comprende sólo uno de los anclajes

---

9. *Materialist Feminism and the Politics of Discourse*, Nueva York y Londres, Routledge, 1993.

10. *Materialist Feminism*, 14. Su subrayado.

11. *Materialist Feminism*, 15.

preconstruidos y principios articuladores de las verdades dominantes.»[12]

Se entiende, pues, que el sujeto es construido y está encerrado por estructuras preexistentes e ineludibles, sin que quede sitio significativo para un decirse o un decir el mundo en primera persona.

2. Ortodoxia y heterodoxia marxista

La cuestión de la propiedad privada y de su incidencia en las formas de explotación de unas personas por otras, de una clase social por otra, de un sexo por otro, me lleva a recoger una idea importante que he formulado al principio de este capítulo: que en el marco del materialismo feminista hay teorías explicativas de las relaciones sociales y de la historia de las mujeres que se ajustan al pensamiento de Marx, Engels y Lenin (ese pensamiento que se suele llamar también materialismo clásico) y teorías de la explotación de las mujeres y de su historia que no se ajustan al pensamiento materialista clásico. Para entender el alcance no sólo teórico sino también político de estas diferencias –que son diferencias importantes– volveré de nuevo un momento sobre la hipótesis con que Engels interpretó la revolución neolítica.

Engels, influido por las investigaciones de algunos de los antropólogos europeos de su época, situó –como decía– los orígenes históricos de la explotación de las mujeres en el neolítico, una etapa de la evolución sociocultural que han pasado la mayoría de los pueblos conocidos. Este autor vinculó los orígenes de la explotación de las mujeres con la institución de la propiedad privada, institución que es, a su vez, importante en el marco de la propia revolución neolítica. Para asegurarse de que, al morir, transmitirían esa propiedad a sus hijos y no a los hijos de otro, los hombres en general tendrían que crear mecanismos con que controlar a las mujeres, hacerlas suyas y subordinarlas a sí mismos. Por tanto, a largo, larguísimo plazo (siempre según Engels) la desaparición de la propiedad privada llevaría consigo el final de la opresión de las mujeres. Es decir, parece como si lo que oprimiera a las mujeres no fueran los

12. *Ibid.*, 78-79.

hombres sino la propiedad privada. (Entretanto, no se sabe en qué etapa del camino, ha caído del análisis la familia; y, con la familia, ha caído del análisis el patriarcado).

Esta postura, que desvía de los hombres la responsabilidad en la explotación de las mujeres de su propia clase, es la explicación políticamente correcta en el marco del marxismo-leninismo. Para el proletariado, esta explicación ha tenido la ventaja de aplazar el debate y la lucha en razón de su participación en el sistema de explotación patriarcal y, con ello, la ventaja estratégica de evitar la dispersión de fuerzas en la lucha contra el capitalismo. Para las mujeres, en cambio, esta postura implica sostener que no tendríamos ahora ni tampoco habríamos tenido en el pasado, posibilidad de plantear reivindicaciones sociales propias y específicas frente a los hombres en general ni frente a los hombres de nuestra propia clase en particular. Implica, por tanto, ignorar la existencia de una opresión mayor, a pesar de que el propio Marx la había identificado en la vida social, si bien también esta observación de Marx quedó estacionada en algún lugar poco visible de su sistema de pensamiento. Asimismo, este desvío de responsabilidades contribuye a entender las dificultades de la historiografía marxista clásica para explicar los datos históricos que muestran reiteradamente que las mujeres han participado junto a sus hombres en las luchas sociales; pero luego, una vez concluidas estas luchas, apenas han participado en sus beneficios; lo cual no es ni una paradoja ni una ironía sino parte de la lógica misma de la relación social desigual entre los sexos propia de esa historia.

Esta postura sostiene, pues, que lo que es importante para las mujeres, como para los hombres, es su pertenencia de clase, no su pertenencia de sexo. Por ejemplo, en el modo de producción feudal, lo significativo sería, también para las mujeres, el pertenecer a la servidumbre o a la nobleza; de manera que serían los logros sociales de los siervos, la lucha por la mejora de las relaciones de producción a que estaban sometidos y por el cambio de las formas de propiedad existentes, lo que liberaría también a sus mujeres.

Esta postura teórica y política deja sin explicar un área importante de la historia de las mujeres. Un ejemplo permitirá percibir mejor el alcance de esta carencia, de este olvido.

A primera vista, la vida de una aristócrata franca latifundista del siglo IX no tiene nada que ver con la vida de una campesina dependiente que resida en un punto cualquiera de sus dominios. La aristócrata es culta, sana quizá, propietaria fundiaria por falta de heredero varón del mismo grado de parentesco, tiene poder social sobre muchos hombres y sobre muchas mujeres, posee espacios de libertad y de ocio. La campesina trabaja dentro y fuera de casa desde los cuatro o cinco años, es fácilmente víctima de violencia, carece de espacios de ocio, no posee nada o apenas nada. Y, sin embargo, es casi seguro que, durante una parte o durante toda su vida, tanto la aristócrata como la campesina estarán subordinadas a un hombre de su propia clase en la familia. Y ambas estarán sometidas a las leyes sobre el adulterio, leyes que podrán costarles la vida. Es precisamente este hecho social fundamental de la privatización del cuerpo femenino en la familia (es decir, la existencia del contrato sexual previo al contrato social) el que queda fuera de la dinámica explicativa del modelo materialista clásico.

Hay que decir, no obstante, que esta postura interpretativa no es privativa del siglo XIX. En nuestro siglo, la misma lectura del tema la explicó Lenin, parcialmente en conversaciones con Clara Zetkin, y se diría que es la que ha predominado en Cuba hasta la actualidad y en la Unión Soviética hasta 1989.

3. Las materialistas feministas

Pero la historia del pensamiento materialista muestra que esa postura interpretativa y política, aunque oficial, no ha sido en absoluto la única postura.

Lily Braun (1865-1916) destaca entre las primeras teóricas materialistas bien conocidas que expresaron su acuerdo con muchas de las posturas de las sufragistas. Lily Braun buscó en la filosofía feminista y también en su personal lectura de la historia argumentos que completaran la oferta de liberación política del socialismo.[13] Pero la descalificación por burgués del movimiento sufragista dificultó que las ideas de Lily Braun se abrie-

---

13. Lily Braun, *Die Frauenfrage. Ihre geschichtliche Entwicklung und wirtschaftliche Seite*, Leipzig, S. Hirzel, 1901. Ead., *Memorien einer Sozialistin*, 2 vols. Munich, A. Langen, 1909-1911; Ead., *Selected Writings on Feminism and Socialism*, trad. y ed. de Alfred G. Meyer, Bloomington, Indiana University Press, 1987. Alfred G. Meyer, *The Feminism and Socialism of Lily Braun*, Bloomington, Indiana University Press, 1985.

ran camino en el pensamiento oficial socialista en torno a la explotación de las mujeres.[14]

La activista, escritora y política soviética Alejandra Kollontay (1872-1956) es, probablemente, quien con más fuerza formuló y defendió sus desavenencias con Engels y con Lenin en lo relativo a la interpretación de la explotación de las mujeres y a las directrices políticas a seguir para abolir la explotación sexuada específica. Kollontay se distancia de Engels en la lectura que atribuye a la propiedad privada el origen de la explotación de las mujeres por los hombres. Ella, como muchas feministas de nuestros días, vió una clave interpretativa en la construcción social de la sexualidad; y, más concretamente, en la división del trabajo en razón de sexo. La propiedad privada sería, en su opinión, un factor más que reforzaría la opresión de las mujeres, pero no la causa de esta opresión:

> «Muchos piensan que la esclavitud de las mujeres, su carencia de derechos, nació con el establecimiento de la propiedad privada. Esta actitud es errónea. La propiedad privada sólo contribuyó a esclavizar a la mujer en lugares en los que la mujer había perdido de hecho su importancia en la producción por influencia de la creciente división del trabajo... La esclavitud de las mujeres está relacionada con el momento de la división del trabajo según sexo, cuando el trabajo productivo cae al lote del hombre y el trabajo secundario al lote de la mujer.»[15]

Alejandra Kollontay sostuvo que el socialismo, si era una propuesta liberadora de toda la sociedad, debería abolir la división del trabajo en razón de sexo y, con ella, la familia patriarcal, con el fin de que se produjera, después de la lucha revolucionaria, la liberación también de las mujeres:

---

14. Lidia Falcón, *Mujer y poder político*, 114-145.

15. Cit. en Alexandra Kollontai, *Selected Writings*, trad. e introd. de Alix Holt, Westport, Conn, Lawrence Hill, 1977, 211. Alejandra Kollontay, *Sobre la liberación de la mujer* (1921), trad. Barcelona, Fontamara, 1979; Ead., *Autobiografía de una mujer sexualmente emancipada* (1926), trad. Barcelona, Anagrama, 1980; Ead., *Memorias*, trad. Madrid, Debate, 1979. Sobre Kollontay: Barbara E. Clements, *Bolshevik Feminist. The Life of Aleksandra Kollontai*, Bloomington y Londres, Indiana University Press, 1979 y Ana de Miguel Alvarez, *Marxismo y Feminismo en Alejandra Kollontay*, Madrid, Universidad Complutense, 1993.

«Para la mujer, la solución del problema familiar no es menos importante que la conquista de la igualdad política y el establecimiento de su plena independencia económica.»[16]

A pesar del peso de Kollontay en la acción revolucionaria bolchevique, el socialismo clásico siguió defendiendo que la clave de la liberación de la humanidad no estaba en la abolición de la división del trabajo en razón de sexo, sino en la abolición de la propiedad privada. De este modo, el socialismo defendió la familia patriarcal, y con ello los intereses de todos los hombres en el mantenimiento de su derecho paterno de propiedad sobre el cuerpo femenino, derecho que el socialismo dejó fuera del concepto de propiedad privada. Se abrió así una línea de ruptura teórica y política fundamental entre el materialismo y el feminismo materialista, una ruptura que sigue sin solución en la actualidad. Prueba de ello son los testimonios de mujeres socialistas sobre la explotación adicional de las mujeres en la Unión Soviética y en China.[17] En su día, a Alejandra Kollontay sus opiniones y activismo feministas la llevaron a la marginación del poder político. Y las posturas que gozaron de ortodoxia fueron las que explicó Lenin, parcialmente, como he dicho, en conversaciones con Clara Zetkin, posturas que aplazaron una vez más *sine die* el momento de las reivindicaciones específicas de las mujeres, el momento de la lucha contra el patriarcado.[18]

La historia del pensamiento político y social de Occidente muestra que, cuando Marx y Engels escribieron sus teorías materialistas, tenían a

---

16. Alejandra Kollontay, *Marxismo y revolución sexual*, 11 (cit. por Ana de Miguel, *Marxismo y feminismo*, 39).

17. Véase, por ejemplo, *Feminismo y comunismo*, monográfico de «Poder y Libertad» 15 (1991). También: Batya Weinbaum, *El curioso noviazgo entre feminismo y socialismo* (1978), trad. de Margarita Schuller, Madrid, Siglo XXI, 1984; Lydia Sargent, ed., *Women and Revolution: A Discussion of the Unhappy Marriage of Marxism and Feminism*, Boston, MA, South End Press, 1981; Maxine Molyneaux, *Las mujeres en los estados socialistas actuales*, en Magdalena León, ed., *III Sociedad, subordinación y feminismo. Debate sobre la mujer en América Latina y el Caribe*, Bogotá, ACEP, 1982, 81-106.

18. Véase, por ejemplo, Lenin, *La emancipación de la mujer*, Moscú, Progreso, 1978. Karl Marx et al., *Il marxismo e la donna*, Milán, Edizioni il Formichiere, 1977. Eléna Emélianova, *La révolution, le parti, les femmes*, Moscú, Novosti, 1985. Isabel Larguía y John Dumoulin, *Hacia una concepción científica de la emancipación de la mujer*, La Habana, Editorial de Ciencias Sociales, 1983 (y Barcelona, Anagrama, 1976). Lidia Falcón, *Mujer y poder político*, 241-265.

mano en su ambiente intelectual ideas feministas socialmente revolucionarias que hubieran podido articular en su pensamiento si lo hubieran deseado o considerado conveniente para sus objetivos propios. Me refiero a la obra y a la práctica política de Flora Tristán. Como ha escrito Lidia Falcón, ni sus ideas, ni su obra, ni su activismo político han sido reconocidos por los hombres que aprendieron de ella.[19] Saint-Simon, el propio Engels, todos los que han repetido miles de veces la consigna «Proletarios del mundo entero, uníos», han ignorado precisamente a la autora de esa consigna y la fuerza revolucionaria que hay detrás de ella. Flora Tristán (m. 1844), autora, entre otras obras, de *La unión obrera*, es también la madre de la idea (repetida después por Engels como idea propia), que dice que la mujer es la proletaria del proletario.[20] Como es bien sabido, su pensamiento y su práctica revolucionaria apenas han hecho historia en la genealogía feminista contemporánea. Una marginación que Lidia Falcón atribuye al resentimiento de sus compañeros de lucha hacia el hecho de que Flora Tristán fuera mujer y no hombre.

4. La clase mujer y el modo de producción doméstico

La tradición intelectual y política de Flora Tristán, de Lily Braun y de Alejandra Kollontay ha sido recogida y desarrollada por pensadoras y activistas materialistas de los últimos veinticinco años. Este trabajo teórico se ha llevado a cabo en Occidente, especialmente en Francia, en España, en Inglaterra, en Alemania, en Italia y en los Estados Unidos. Resulta superfluo decir que todo este trabajo teórico feminista está en desacuerdo –mayor o menor según las autoras– con el pensamiento materialista clásico.

De entre los avances teóricos a que han llegado estos estudios, voy a referirme a los siguientes:

a: La definición de un modo de producción doméstico
b: La definición de mujer como clase social y económica

19. Lidia Falcón, *Mujer y poder político*, 115-127. Flora Tristán, *La unión obrera*, trad. Barcelona, Fontamara, 1977. Ead., *Peregrinaciones de una paria*, trad. Madrid, Istmo, 1986.

20. Lidia Falcón, *Mujer y poder político*, 117.

c: El considerar que las relaciones entre marido y mujer en el seno de la familia son relaciones de producción, y no algo privado, al margen de la historia, una relación sin consecuencias económicas y políticas.

d: El entender que en las relaciones entre hombres y mujeres en general, tanto si pertenecen a la misma clase social como a clases antagónicas, hay en el presente y ha habido a lo largo de la historia un componente importante de tensión, de enfrentamiento, de lucha. Es decir, que las relaciones sociales entre los sexos han sido y son conflictivas.

Empezaré la descripción de estos planteamientos teóricos por el final, por el último de los conceptos. Por el concepto que habla de tensión y de lucha en las relaciones sociales en general entre hombres y mujeres.

Se trataría de lucha que es consecuencia de desigualdades de carácter social, no físico o biológico. Se trata, asimismo, de lucha, de tensión que estaría íntimamente vinculada con el mantenimiento de lo que se suele llamar división sexual del trabajo y que debería llamarse, como ha escrito, entre otras, Celia Amorós, división del trabajo en función del sexo.[21] Porque no hay, naturalmente, trabajos de mujeres y trabajos de hombres, no hay trabajos «propios de su sexo» (con la excepción estricta, hoy por hoy, de los procesos de la producción de seres humanos y su amamantamiento); lo que hay son prohibiciones, en función de los contenidos culturales atribuidos a uno u otro sexo, de desempeñar trabajos que, en realidad, sí podrían desempeñar (y que seguramente desempeñan en otras sociedades o en esa misma sociedad en otra etapa de su historia): no se prohíbe a los hombres amamantar, por ejemplo, pero se ha prohibido a las mujeres del pasado ser médicas o notarias.[22] En el capitalismo postindustrial, la división del trabajo por sexo sigue siendo muy rígida. Ha escrito Harriet Bradley:

> «En todo el mundo, las mujeres trabajan, en casa, en el campo, en las fábricas y talleres, al lado de los hombres o separadas de ellos, cultivando productos alimenticios, elaborando bienes de consumo, prestando servicios. Sin embargo, el trabajo que ellas hacen es visto habitualmente como menos importante que el traba-

---

21. Celia Amorós, *Hacia una crítica de la razón patriarcal*, Barcelona, Anthropos, 1985, 226-259. Véase también, Mariarosa Dalla Costa y Selma James, *El poder de la mujer y la subversión de la comunidad*, trad. México, Siglo XXI, 1975.

22. Celia Amorós, *Hacia una crítica*, 236-238.

jo realizado por hombres, puede incluso no ser considerado trabajo "verdadero". Además, en virtualmente todas las sociedades de que tenemos noticia, los hombres y las mujeres desempeñan normalmente tipos distintos de trabajo. Esta "tipificación sexual" de los trabajos, el encomendar tareas específicas a hombres y a mujeres, se ha convertido en algo tan general y omnipresente que raras veces se encuentra a los dos sexos desempeñando exactamente el mismo tipo de trabajo.» [23]

La división del trabajo en función del sexo es –como ya observó Alejandra Kollontay– causa fundamental de la desigualdad social y económica entre hombres y mujeres que se observa en la mayoría de las sociedades conocidas. Desigualdad que, a su vez, explica que existan tensiones y luchas entre hombres y mujeres para abolir o para perpetuar los privilegios que conlleva.

En la Europa llamada medieval se documentan muchas manifestaciones de tensión y de lucha entre hombres y mujeres. Una de ellas sería la violencia entre ambos grupos en general, violencia de la que las mujeres fueron la víctima más frecuente. Esta violencia tomó unas veces forma retórica, de palabra; otras veces tomó forma de agresión física contra el cuerpo femenino. Como es bien conocido, los textos literarios y filosóficos de la época están repletos de diatribas escritas por hombres contra las mujeres, precisamente contraponiendo y enfrentando ambas categorías como si de enemigos irreductibles se tratara: Agustín de Hipona, Jerónimo, Jean de Meun, Francesc Eiximenis, Jaume Roig, el Arcipreste de Talavera, son nombres sacados de una rica tradición. Agustín, gran filósofo del patriarcado y hombre clarividente, escribió en *La ciudad de Dios*:

«Las mujeres podrían haber desesperado de su destino, como responsables del primer pecado, porque el primer hombre fue engañado por una mujer, y podrían pensar que no tenían esperanza alguna en Cristo [...]. El veneno para engañar al hombre le fue ofrecido por una mujer, por lo que la salvación del hombre será

23. Harriet Bradley, *Men's Work, Women's Work. A Sociological History of the Sexual Division of Labour in Employment*, Cambridge, Polity Press, 1989, 1.

actuada a través de una mujer; la mujer enmendará el pecado por el que engañó al hombre dando a luz a Cristo.»[24]

Aunque Agustín no aclara por qué el hombre no hizo uso de su inteligencia para cuestionar la oferta de la mujer, su texto es un ejemplo obvio de la concepción tradicional en Europa de hombres y mujeres como dos grupos enfrentados. Es también un ejemplo –menos obvio en una primera lectura– de una operación de ocultamiento omnipresente en los discursos patriarcales: una operación que consiste en dar por supuesta (y, por tanto, por incuestionable) la convivencia intersexual en tasas de masculinidad / feminidad equilibradas (la mujer condena, la mujer salva, ellas han de estar siempre ocupadas atendiendo al deseo masculino, siempre desplazadas de sí); se trata, en otras palabras, de una operación que vuelve opaca la presencia fundamental del contrato sexual.

Cuando la violencia tomó forma de agresión física contra el cuerpo femenino, sirvió para que las mujeres necesitaran ser protegidas por hombres. Esta necesidad socialmente construida y fomentada contribuyó a agudizar y a perpetuar la subordinación de las mujeres. Esta forma de violencia restringió la movilidad de las mujeres mucho más que la maternidad. Dificultó o impidió su aceso a los medios de producción y justificó la creación de múltiples instituciones restrictivas para las mujeres como, por ejemplo, la clausura monástica.[25] A esta forma de violencia –una de cuyas formas más agudas es la que denominamos violación– se le debería llamar violencia sexuada, no violencia sexual, ya que nada tiene que ver con la sexualidad femenina.[26] Quiero añadir aquí, aunque sea a modo de excurso, que el pensamiento feminista contemporáneo está estableciendo una distinción cada vez más clara entre agresividad y violencia. La agresividad sería una reacción interna inconsciente ante una situación hostil; la violencia, en cambio, se entiende como una acción

---

24. Cit. en Susan Groag Bell, *Women: from the Greeks to the French Revolution. An Historical Anthology*, Belmont, CA, Wadsworth, 1973, 88. Una traducción: San Agustín, *La ciudad de Dios*, México, Porrúa, 1984 (7a ed.).

25. María-Milagros Rivera Garretas, *Textos y espacios de mujeres*, 131-158. María José Arana, *La clausura de las mujeres. Una lectura teológica de un proceso histórico*, Bilbao, Universidad de Deusto, 1992. Véase también: Virginia Maquieira y Cristina Sánchez, eds., *Violencia y sociedad patriarcal*, Madrid, Pablo Iglesias, 1990.

26. Christine Delphy, *Modo de producción doméstico y feminismo materialista* en *Mujeres, ciencia y práctica política*, Madrid, Debate, 1987, 17-32; p. 30.

planificada con el fin de establecer o perpetuar desigualdades. Digo esto porque en el marco de la acción feminista se debate con frecuencia la cuestión de qué postura tomar ante la violencia y, como ocurre con el tema de la autoridad, nos cuesta mucho distinguir entre lo que reivindicamos como propio porque nos reconocemos en ello y lo que rechazamos por considerarlo parte del saber y del orden social patriarcales.

El punto que voy a analizar a continuación es el que sostiene que las relaciones entre marido y mujer en el seno de la familia son relaciones de producción: relaciones de producción, y no solamente de amor o de cooperación. Christine Delphy es, probablemente, la pensadora que ha elaborado con más agudeza esta propuesta de análisis de la institución matrimonial en las sociedades patriarcales. Delphy rechaza una idea de Engels y de muchos antropólogos del siglo XIX y del XX que asume que las relaciones de parentesco son primordialmente relaciones de solidaridad. Y sostiene que las relaciones de parentesco son relaciones de explotación: típicamente, explotación por parte del *paterfamilias* de su mujer o mujeres, hijas e hijos, viejas y viejos. Un precedente de esta opinión lo hallamos ya en la obra de Mary Wollstonecraft *Vindicación de los derechos de la mujer*, obra escrita en el ambiente intelectual y político de las revoluciones norteamericana y francesa.

La esposa entraría en esta relación de producción a través del contrato matrimonial. Y lo que tendría que hacer mientras durara el contrato es lo que se suele llamar trabajo doméstico (gratuito a cambio de sustento pero trabajo productivo) y producir seres humanos. La relación en la que entra la esposa está marcada por la dependencia personal porque ella no tiene derecho al control de la economía familiar, y así lo sanciona la ley. El marido puede exigirle mucho o poco, según le convenga, pero la cantidad de exigencia –siempre en opinión de Christine Delphy– no cambia la naturaleza de la relación que él y ella han establecido al cerrar el contrato matrimonial.[27]

De nuevo puedo decir que Agustín de Hipona, por dar un ejemplo entre muchos, tenía claras algunas de las características del contrato matrimonial en su formación social. En *La ciudad de Dios* cita con aprobación una frase que atribuye a su madre Mónica, frase que ella habría

27. Christine Delphy, *Por un feminismo materialista. El enemigo principal y otros textos*, trad. de Mireia Bofill, Angela Cadenas y Eulàlia Petit, Barcelona, La Sal, 1982.

dicho a unas mujeres que criticaban a sus maridos. Dice esta frase «que debían considerar sus contratos matrimoniales "como formas legales mediante las cuales se habían convertido en esclavas" y comportarse en consecuencia.»[28] El texto se refiere a las mujeres de condición jurídica libre, ya que las esclavas carecían de personalidad ante la ley y no tenían, por tanto, acceso a esa institución central de las sociedades patriarcales que es el matrimonio controlado por el derecho.

Paso ahora a considerar la tesis que sostiene que las mujeres constituimos una clase social y económica. Este concepto es uno de los más duros y más debatidos en el pensamiento materialista dedicado a analizar la explotación de las mujeres. Es también, en mi opinión, uno de los conceptos más clarificadores. Es una tesis que varias autoras y autores han esbozado,[29] pero que muy pocas se han decidido a llevar hasta sus últimas consecuencias. Consecuencias que –no es necesario decirlo– llevan a posturas marcadamente heterodoxas dentro del materialismo histórico.

He dicho antes que Flora Tristán identificó lúcidamente la explotación específica de las mujeres por los hombres de su propia clase al afirmar que la mujer es la proletaria del proletario. Los pensadores clásicos del materialismo repitieron esta idea: Marx en los *Cuadernos etnográficos*, Engels el *El origen de la familia*, Lenin en conversaciones con Clara Zetkin. Pero tendieron a limitar sus sugerencias a las proletarias, sin profundizar más en su análisis. Dicho en otras palabras, entre la afirmación que dice que las proletarias están más explotadas que los proletarios, y la que dice que también las burguesas o las aristócratas son víctimas de formas específicamente femeninas de explotación, hay un camino teórico y sobre todo político muy largo.

Sobre esta cuestión se ha escrito especialmente en los últimos veinticinco años. Aunque ya Alejandra Kollontay formuló la tesis feminista fundamental que dice que todos los hombres, no sólo los capitalistas, ostentan la propiedad privada del cuerpo de sus esposas, y que este cuerpo es un medio básico de producción y de reproducción. Los nombres

28. Cit. por Susan G. Bell, *Women: from the Greeks to the French Revolution*, 85.

29. Annette Kuhn y AnnMarie Wolpe, eds., *Feminism and Materialism. Women and Modes of Production*, Londres, Routledge & Kegan Paul, 1978. Pamela Abbott y Roger Sapsford, *Women and Social Class*, Londres y Nueva York, Tavistock, 1987.

recientes más significativos son los de Christine Delphy (*El enemigo principal*, 1970) y Lidia Falcón (*La razón feminista*, 1981).

Christine Delphy fue llegando a la definición de mujer como clase social y económica desde preguntas como: por qué decidimos a qué clase pertenece una mujer casada sirviéndonos de la profesión de su marido, y no de la suya; y, si no tiene profesión –como ocurre en muchos casos–, por qué no utilizamos, ni la gente ni las estadísticas oficiales, precisamente este criterio de carencia de profesión (aunque ciertamente trabajen como amas de casa). A Christine Delphy le pareció una contradicción metodológica el decir que las mujeres participan de las relaciones de producción de sus maridos –porque no es cierto–; y le parece falso que pertenezcan a la misma clase social.[30] Su hipótesis es, como he sugerido ya, que las casadas establecen con sus maridos una relación de producción. En torno a esta relación de producción específica se articula la clase mujer, ya que los maridos se apropian de la fuerza de trabajo de sus esposas si quieren.

Sobre la pertenencia de clase vicaria, delegada de las mujeres en el modo de producción dominante, es muy explícito un fragmento del derecho feudal catalán, el *usatge* de Barcelona *Unaqueque mulier*. Dice este *usatge*: «Cascuna fembra sie emenada segons la valor de son marit, e si marit no ha ni n'ach, segons la valor de son frare ho de som pare.»[31] Es decir, el valor económico del cuerpo y de la honra de las mujeres, la compensación a pagar por crímenes cometidos contra ellas, dependían de la pertenencia de clase de su marido y, si no tenía uno, de la de los hombres que le fueran más próximos en el sistema de parentesco vigente.

Las hipótesis de Christine Delphy han sido ampliadas por Lidia Falcón. Esta autora entiende que las explotaciones que definen la clase

---

30. Las fuentes jurídicas muestran claramente que las nobles tenían menos privilegios que los nobles de su mismo grupo. He estudiado un caso en: *Las infanzonas de Aragón durante la época de Jaime II*, en: Angela Muñoz Fernández y Cristina Segura Graiño, eds., *El trabajo de las mujeres en la Edad Media hispana*, Madrid, Al-Mudayna, 1988, 43-48.

31. *Usatges de Barcelona. El Codi a mitjan segle XII*, ed. de Joan Bastardas Parera, Barcelona, Fundació Noguera, 1984, 67 (19, Us. 22)). Sobre el tema en general, María-Milagros Rivera, *Dret i conflictivitat social de les dones a la Catalunya prefeudal i feudal*, en Mary Nash, ed., *Més enllà del silenci. Les dones a la història de Catalunya*, Barcelona, Generalitat de Catalunya, 1988, 53-71; e Isabel Pérez i Molina, *Les dones en el dret clàssic català: un discurs sexuat*, «Duoda» 2 (1991) 45-84.

mujer son tres: a) explotación en el trabajo doméstico; b) explotación en la reproducción; y c) explotación en la sexualidad.[32]

En cuanto al trabajo doméstico, también en la tesis de Lidia Falcón, como en la de Christine Dephy, la clave está en la naturaleza de la relación que se establece entre mujeres y hombres, con la consiguiente apropiación por éstos del trabajo gratuito de aquéllas. La descripción del tipo concreto de tareas que desempeñen las mujeres en el espacio doméstico es menos clarificadora, ya que la variedad es enorme a lo largo de la historia y en las distintas culturas. Pero esta variedad –insisten ambas autoras– no modifica la naturaleza de la relación que se establece entre mujeres y hombres en el contrato matrimonial.[33]

Explotación en la reproducción porque tener hijos es un trabajo y, sin embargo, no hay remuneración por hacerlo. (Es interesante recordar aquí que hoy día es posible el alquiler de úteros pero, muy significativamente, este alquiler, con el reconocimiento de la reproducción como trabajo remunerado que conlleva, sólo es posible fuera de la familia). El producto de la reproducción, como es bien sabido, no redunda en beneficio de las madres sino del padre y de su linaje. Al definir la reproducción como trabajo productivo, Lidia Falcón y las demás autoras que hablan en estos términos se distancian abiertamente de Marx, que evitó siempre considerar el vientre materno como lugar de producción.[34]

La explotación de las mujeres en su sexualidad ha sido ampliamente estudiada en la década de los ochenta por Anna Jónasdóttir; entre sus precedentes está la influyente obra de Shulamith Firestone.[35] Jónasdóttir considera que los análisis habituales del patriarcado han llegado a un callejón sin salida teórico en las formaciones capitalistas contemporáneas, formaciones en las cuales las mujeres somos formalmente iguales a los hombres. Entiende que en el centro de la opresión de ellas no puede situarse ya la explotación económica sino la organización política del

32. Lidia Falcón, *La razón feminista*, vols. 1 y 2.

33. Un estado de la cuestión a finales de los setenta en Maxine Molyneux, *Il dibattito sul lavoro domestico*, «DWF» 12-13 (1979) 63-95.

34. Gayatri C. Spivak, *Feminism and Critical Theory*, en Ead., *In Other Worlds. Essays in Cultural Politics*, Nueva York y Londres, Routledge, 1988, 80.

35. Shulamith Firestone, *The Dialectic of Sex. The Case for Feminist Revolution*, Nueva York, Bantam, 1971 (trad. Barcelona, Kairós, 1976). Véase también Rossana Rossanda, *Las otras. Qué piensa la otra mitad del mundo*, trad. de Aurora Arriola, Barcelona, Gedisa, 1982.

amor: amor entendido como práctica sociosexual de creación de personas («cuidado y éxtasis», dice la autora), dotada de poder:

> «La relación social que constituye la base estructural del patriarcado contemporáneo es la relación de poder entre mujeres y hombres *como sexos*. Según este planteamiento, el patriarcado no hace referencia *primordialmente* a las relaciones entre los hombres ni a las relaciones en las que las mujeres se encuentran imbricadas de forma opresiva con otras estructuras o sistemas, como el sistema económico o el Estado. Tampoco el patriarcado hace referencia e.. principio a los sistemas simbólicos de género o a los signos l:ngüísticos genéricos y de este modo sólo significantes / interesantes desde el punto de vista teórico en cuanto que significan *otras* relaciones de poder (económicas, políticas, culturales).»[36]

Sostiene Anna Jónasdóttir que es el amor, que las mujeres entregan libremente a los hombres, y no la violencia sexuada (como se suele pensar) la principal barrera con que se encuentran las mujeres para incorporarse plenamente a la sociedad política en el mundo occidental contemporáneo, esa sociedad que ya les ha otorgado todos los derechos: «El conflicto sexual fundamental es el amor, dado y recibido libremente.»[37]

¿Por qué aman más ellas y, además, libremente? La respuesta, a mi parecer circular, de la autora dice así:

> «La mujer va al encuentro y es, por así decirlo, la "dueña" de la capacidad de amor, que puede dar por propia y libre voluntad. No hay ley ni otras reglas formales que puedan forzarla a una relación con el hombre. Pero de todos modos existen *fuerzas* en esas circunstancias. La mujer necesita amar y ser amada para habilitarse socio-existencialmente, para ser una persona. Pero no tiene un control efectivo sobre cómo o de qué forma puede usar legítimamente su capacidad; carece de autoridad para determinar las con-

36. Anna Jónasdóttir, *El poder del amor*, 306 (sus subrayados). Una lectura distinta en Carmen Magallón, *La plusvalía afectiva. (O la necesidad de que los varones cambien)*, «En pie de Paz» (abril-mayo-junio 1990) 10.

37. *El poder del amor*, 259.

diciones del amor en la sociedad y cómo deben ser sus productos. El hombre, por otro lado, viene a este encuentro, no en gran medida para amar, sino para "dejarme quererle [...] para permitirle a través de mí amarse a sí mismo". Ya cuando viene al encuentro, el hombre tiene derecho y está autorizado a hacer uso de la gama completa de sus capacidades existentes y potenciales como persona.»[38]

En cuanto a la primera de las cuatro aportaciones del feminismo materialista que he enumerado antes, la referida a la definición de un modo de producción doméstico, resulta lógico llegar a esta definición una vez se ha definido a la mujer como clase social y económica. En los años sesenta, el antropólogo norteamericano Marshall Sahlins habló ya ampliamente de un modo de producción doméstico, pero sin identificar con claridad la clase en torno a cuya explotación se constituiría este modo de producción.[39] Lidia Falcón es, sin duda, la pensadora que ha llegado a conclusiones más radicales y más completas en lo que se refiere a la definición del modo de producción doméstico. En su opinión, la clase explotada es, obviamente, la mujer: todas las mujeres, no sólo las siervas o las proletarias. A la superestructura ideológico-política de este modo de producción ella le denomina patriarcado y opina que no ha sido todavía suficientemente estudiado.

Siempre según Lidia Falcón, el modo de producción doméstico ha existido a lo largo de toda la historia de la humanidad. Y es el que ha hecho posible la existencia y el desarrollo de los modos de producción clásicos del materialismo histórico (esclavista, feudal, capitalista, socialista). El modo de producción doméstico es, por tanto, un modo de producción subsidiario; no un modo de producción residual, propio de pueblos «primitivos» o de formaciones sociales en vías de desaparición.

Esta hipótesis implica que, históricamente, las mujeres hemos participado y participamos simultáneamente de dos modos de producción: el doméstico y el dominante en la época y en la sociedad en que vivamos o en la época y en la sociedad que estemos estudiando. Por ejemplo, en la Europa feudal, las mujeres participarían del modo de producción domés-

38. *El poder del amor*, 315. Sus subrayados.
39. Marshall Sahlins, *Stone Age Economics*, Chicago, Aldine, 1972.

tico y del modo de producción feudal simultáneamente. Pertenecerían todas ellas, por tanto, a dos clases sociales a la vez: todas ellas a la clase mujer, y unas a la clase servil y otras a la noble, según el caso.

5. El feminismo materialista en la escritura de historia

Los conceptos y la metodología que ha aportado el feminismo materialista tienen un gran valor explicativo para la historia de las mujeres. No obstante, a este método se le han hecho críticas, una de las cuales yo pienso que es una crítica general que no debe ser ignorada. Del feminismo materialista se ha dicho que analiza lo que llamaríamos la realidad histórica dominante de las mujeres, pero que lo hace sin cuestionar si esa realidad histórica dominante es la más significativa de la experiencia femenina del pasado. En otras palabras, el feminismo materialista seguiría dejando en los márgenes de su análisis a las mujeres que no son la masa, a las mujeres que han cuestionado o cuestionan que la realidad que define el pensamiento androcéntrico sea la única realidad posible. Es decir, sería un método de conocimiento muy dependiente del pensamiento masculino.

Pienso que esta crítica no invalida las aportaciones del feminismo materialista a la escritura de historia de las mujeres. Todavía en 1988, cuando estaba ya en el ambiente político la primera gran crisis del comunismo de Estado en países del Este de Europa, Lourdes Benería volvía a analizar las posibilidades que el materialismo ofrece también para el feminismo, para promover reformas sociales que favorezcan la liberación de las mujeres en las sociedades patriarcales.[40] Ello a pesar de que nadie duda de que en los países en que triunfó el comunismo de Estado las mujeres no han logrado liberarse de la opresión de los padres. Pero pienso que es importante tener en cuenta esa crítica cuando hacemos nuestras investigaciones porque amplía los límites del análisis. Amplía los límites en el sentido de que nos obliga a dar también cabida –o, incluso, protagonismo– a las vidas de mujeres que el materialismo histórico consideraría no representativas; pero que pueden ser muy significativas para las

40. Lourdes Benería, *Capitalismo y socialismo: algunas preguntas feministas*, «Mientras tanto» 42 (sept.-oct. 1990) 65-75 (originalmente publicado en S. Krupps, R. Rapp y M. Young, eds., *Promissory Notes*, Nueva York, Monthly Review Press, 1989).

mujeres. Por ejemplo, ciertos grupos minoritarios, o esas mujeres que nos han acostumbrado a llamar «excepcionales», pero que no son más que excepción a la regla de los padres. Porque ellas reflejan una mutación importante en la sociedad, encarnan la solución de un conflicto social, la conquista de «un modo de ser.» Mujeres que –lo ha escrito María Zambrano– no se limitan a dar su nombre a una hazaña, sino que son el nombre «de una especie». Así lo ha explicado María Zambrano refiriéndose a Eloísa (h. 1100-1163):

> «Eloísa. Tal es el nombre de una hazaña y de una especie; hay hazañas que conquistan un modo de ser. Bajo los nombres esclarecidos pululan criaturas oscuras, anónimos seres que cobran nombre por la gracia de quien supo llevar a cabo la hazaña. Ningún héroe combate para sí sólo; su pasión sería entonces declinable, y no lo es [...]. Las hazañas históricas sólo tienen sentido como nudos que se desatan para todos, dejando modos de ser libres, haciendo asequible para muchos lo antes cerrado, en virtud de la pasión de alguno. Así Eloísa padeció un destino al que acabó venciendo.»[41]

41. María Zambrano, *Eloísa o la existencia de la mujer*, «Sur» 124 (febrero 1945), reimpreso en «Anthropos / Suplementos» 2 (1987) 79-87; p. 81.

IV

«LO PERSONAL ES POLITICO» Y LA RAZON LESBIANA

Sumario: 1: La sexualidad, lugar de enunciación.– 2: La formación del feminismo lesbiano.– 3: La heterosexualidad obligatoria.– 4: La heterorrealidad y el heterosexismo.– 5: La heterosexualidad obligatoria en la escritura de historia.– 6: El *continuum* lesbiano.-7: *Queer Theory* y *S/M Lesbian*.– 8: La cuestión de la identidad lesbiana.

1. La sexualidad, lugar de enunciación

Me he referido antes al «lugar de enraizamiento y de enunciación»,[1] a desde dónde se habla o desde dónde se piensa o desde dónde se hace política al estar en el mundo y al interpretar el presente y la historia (si es que hablamos desde alguna parte bien definida y desde alguna parte que podamos identificar en algún sentido colectivamente). La categoría «lugar de enunciación» es, en realidad, una categoría del postmodernismo a la que el feminismo ha dado un uso particular. Le ha dado un uso particular porque cada uno de los modelos de interpretación que el pensamiento feminista ha desarrollado ha tenido que combinar de forma distinta la categoría «mujeres», una categoría amplia y general de gran importancia para la política feminista pero insostenible para el postmodernismo, con el localismo que exige la categoría «posición de enunciación».

---

1. Cap. I-1 y 2.

Diría tentativamente que el pensamiento lesbiano sitúa su posición de enunciación en la sexualidad. Es cierto que otras pensadoras (Kollontay, Kelly, Jónasdóttir) han puesto el acento en la sexualidad, pero diría que no han desarrollado desde ella un modelo de acción política y de análisis de la sociedad. El feminismo lesbiano habla, pues, desde la sexualidad entendida como práctica erótica y como postura política. Es decir, desde la sexualidad como paradigma social que a un tiempo tiene y no solamente tiene que ver con la relación amorosa, con quién una se acuesta o no se acuesta. Y aquí nos metemos ya en un territorio muy difícil, un territorio que es el de acotar qué se entiende concretamente por sexualidad.

Victoria Sau ha definido la sexualidad como «una adquisición cultural propia de la especie humana que por todos los indicios llevó a cabo la mujer. Mientras la sexualidad masculina» –prosigue– «es de carácter instintivo, tiene por objeto la procreación, y se satisface en un breve espacio de tiempo, la mujer puede permitirse el gran gesto cultural de separar sexualidad de reproducción, placer personal de servidumbre de la especie.»[2] Si, después de leer esta definición, yo pidiera que se me explicara con más detalle qué es la sexualidad femenina, probablemente muchas de las mujeres que leemos esto no sabríamos muy bien qué decir. Saldría quizá el tema de los labios que se hablan, a la manera del trabajo de Irigaray en un libro titulado precisamente *Ese sexo que no es uno* (un sexo que no es uno porque no ha sido codificada su sexualidad por las implicadas y porque está dotado de labrys, de dos labios simétricos siempre en relación entre sí).[3] O el tema del espejo, del narcisismo recuperado, que no lleva a la muerte en el agua (curiosamente el líquido en estado puro), esa agua que refleja y devuelve la propia imagen, facilitando la construcción de sí mediante el reconocimiento de sí, sin necesidad de desplazarse, sin necesidad de poseer a otro fuera de sí como es propio, al parecer, de la sexualidad viril.[4] Este vacío, este no saber qué decir sobre

2. Victoria Sau, *Diccionario ideológico feminista*, 260. Véase también: Mina Davies Caulfield, *Chè cos'è naturale nel sesso? La sessualità nell'evoluzione umana*, «Memoria» 15 (1985) 21-38 [y «Feminist Studies» 2 (1985)]; lo ve distinto Silvia Vegetti Finzi, *Parole e silenzi nel rapporto madre-bambina*, en Centro Documentazione Donna di Firenze, ed., *Verso il luogo delle origini*, Milán, La Tartaruga, 1992, 211-234.

3. *Ce sexe qui n'en est pas un*, París, Minuit, 1977.

4. Ida Magli, *La sessualità maschile*, Milán, Mondadori, 1989.

la sexualidad femenina, lo explica Victoria Sau con las palabras siguientes: «Pero cualesquiera que sean sus características, la sexualidad como tal no existe en el patriarcado, como no existe la maternidad que es su reverso. Si una es esclava, la otra lo es también. Precisamente por basarse el patriarcado en la represión de la sexualidad femenina,» –sigue diciendo Victoria Sau– «no ha podido dar un modelo de sexualidad como tal sino de actos sexuales determinados cuya finalidad es la procreación. El modelo de sexualidad masculina –por llamarlo de alguna manera– está basado» –concluye la autora– «en un solo órgano, el del varón, y en la función reproductora del mismo ya que es la primacía del falo la que hace la sociedad de los Padres, como grupo o clase sexual que domina a la clase sometida de las madres.»[5]

La indefinición de una sexualidad femenina, con su imaginario propio, la denunció también Carla Lonzi en los años setenta:

> «En todas las familias, el pene del niño es una especie de hijo del hijo, al que se alude con complacencia y sin inhibiciones. El sexo de la niña, sin embargo, es ignorado: no tiene nombre, ni afecto, ni carácter, ni literatura. Se aprovecha su ocultamiento fisiológico para acallar su existencia; la relación entre macho y hembra no es, pues, una relación entre dos sexos, sino entre un sexo y su carencia.»[6]

Pienso que se puede afirmar que el pensamiento lesbiano ha cubierto, al menos en parte, el vacío simbólico que Victoria Sau y Carla Lonzi denuncian. Pero ¿qué relación puede tener un imaginario de la sexualidad femenina con un modelo de interpretación de las relaciones sociales y de su historia? ¿Cómo se habla desde la sexualidad? ¿Cómo se hace de la sexualidad un lugar de enunciación? ¿Cambia con el amor la práctica política? ¿Define la relación amorosa una identidad femenina? Voy a intentar analizar estas cuestiones por partes, pero es importante adelantar ya que constituyen las claves más difíciles de aclarar todavía en la actualidad cuando estudiamos el modelo de interpretación de la sociedad y de

5. Victoria Sau, *Diccionario*, 260.
6. Carla Lonzi, *Escupamos sobre Hegel*, 33.

la historia que propone el feminismo lesbiano, no obstante la amplia bibliografía que ha producido este pensamiento.[7]

2. La formación del feminismo lesbiano

Situaré primero el modelo en el tiempo. El pensamiento feminista lesbiano tomó forma clara a partir de lo que se suele mal llamar la segunda oleada (pues hay otras sin numerar) del movimiento de mujeres; es decir, a partir de finales de los años sesenta del siglo XX. El primer proceso que tuvo que recorrer trabajosamente paso a paso fue el de dar sentido a una estructura de identidad colectiva en la cual las feministas lesbianas del mundo pudieran reconocerse; un proceso que requirió, a su vez, el de apoyar esta identidad colectiva en una historia, una historia que las especialistas han ido recuperando y reconstruyendo también paso a paso entre dificultades enormes. De la gran importancia que este primer proceso –el de construcción de una estructura de identidad colectiva en la cual las lesbianas pudieran reconocerse o, dicho de otra manera, el de nombrar el amor entre mujeres como relación social y política– es prueba la gran cantidad de literatura testimonial que este pensamiento ha producido y produce,[8] así como la gran cantidad de teoría y de propuestas de acción política elaboradas desde la vivencia individual y desde la experiencia personal de la represión, de la lucha y de la inexistencia simbóli-

---

7. Una muestra de su magnitud la dan las recopilaciones de bibliografía en lengua inglesa: Dolores J. Maggiore, *Lesbianism: an annotated bibliography and guide to the literature, 1976-1986*, Metuchen, NJ, Scarecrow Press, 1988; y Linda Garber, *Lesbian Sources: a bibliography of periodical articles, 1970-1990*, Nueva York, Garland, 1993. De crítica literaria: Linda Garber con Vilashini Cooppan, *An Annotated Bibliography of Lesbian Literary Critical Theory, 1970-1989*, en Susan J. Wolfe y Julia Penelope, eds., *Sexual Practice / Textual Theory: Lesbian Cultural Criticism*, Cambridge, MA y Oxford, UK, Blackwell, 1993, 340-354; para la etapa anterior: Gene Damon, Jan Watson y Robin Jordan, *The Lesbian in Literature. A Bibliography*, Weatherby Lake, MO, Naiad, 1975.

8. Citaré nada más algunas revistas que publican, aunque no sólo, testimonios en primera o en tercera persona: «Sinister Wisdom» (Berkeley, CA, desde 1976), «Trouble & Strife» (Gran Bretaña, desde 1984), «Nosotras que nos queremos tanto» (Madrid, desde 1984), «Laberint» (Barcelona, desde 1989), «Tribades» (Barcelona, desde 1989), «Lesbian Network» (Australia).

ca.[9] El paso del «yo» al «nosotras», muy importante para todas las mujeres feministas en la etapa de autoconciencia, ha sido especialmente significativo para las lesbianas, que han acuñado incluso un rito de paso propio, el *coming out* (el «salir fuera», que expresa la decisión de «hacerse pública»), un rito que marca el ingreso personal en ese específico colectivo «nosotras».[10]

Porque es la cancelación de existencia, la estrategia que durante siglos ha seguido consistentemente el orden patriarcal para controlar esta forma de deseo femenino; ya que, al parecer, se trata de una forma de deseo femenino que amenaza seriamente la estabilidad del modelo de sexualidad reproductiva que ordena los sistemas de parentesco –y, con ellos, las relaciones sociales primarias– en las formaciones patriarcales. En este sentido, la posición de las mujeres lesbianas es distinta de la de las heterosexuales, ya que las primeras carecen de modelo simbólico en el sistema de géneros, mientras las segundas reciben para que lo hagan propio, durante la socialización, un modelo femenino pensado por hombres y puesto al servicio del orden dominante. En otro sentido, sin embargo, las mujeres de uno y otro grupo comparten la carencia de modelos en los cuales ellas puedan reconocerse en libertad, comparten todas ellas la dureza de la miseria simbólica; porque los modelos femeninos vigentes no han sido pensados por ellas libremente.

La carencia de simbólico no quiere decir que no hayan existido lesbianas con conciencia clara de sí a lo largo de la historia, aunque desmoldadas; ni quiere decir tampoco que la actitud del patriarcado hacia ellas haya sido diacrónica o sincrónicamente siempre la misma. Puesto que he dicho antes que la recuperación de esta genealogía ha sido y es una parte importante del proceso de constitución de una estructura de identidad colectiva en que las lesbianas de la vida real pudieran reconocerse, resumiré ahora algunos de los trazos generales de esa historia.

---

9. Entre tantos títulos, citaré ahora nada más tres obras que reflejan y marcan tres modos distintos de hacer política durante dos décadas: Monique Wittig, *Le corps lesbien*, París, Éditions de Minuit, 1973 (trad. de Nuria Pérez de Lara, Valencia, Pre-textos, 1977); Teresa de Lauretis, *The Practice of Love: Lesbian Sexuality and Perverse Desire*, Bloomington, Indiana University Press, 1994; y Sheila Jeffreys, *The Lesbian Heresy*, Londres, The Women's Press, 1994.

10. Sobre la dinámica «yo» / «nosotras» en el feminismo, unas breves observaciones en Rosi Braidotti, *Teorías de los estudios sobre la mujer*, 3-4.

Se trata de una historia que conocemos todavía sólo a retazos. Y que la conocemos más que nada por las normas promulgadas y por las acciones tomadas desde los poderes públicos y privados para reprimirla. Es una historia, además, que en bastantes casos ha sido recogida como un apéndice indiferenciado de la homosexualidad masculina.[11] No explicaré estos datos con detalle, porque –por lo que se refiere principalmente a Europa– han sido recogidos (entre otras) por Rosanna Fiocchetto, Judith Brown y Lillian Faderman.[12] Me limitaré, pues, a esbozar la evolución general relacionando sus grandes etapas con las líneas básicas de la historia de las mujeres, tal como hoy por hoy conocemos esta historia.

En Grecia, su época clásica marcó la introducción de dificultades mayores para la vida de las mujeres que amaban a mujeres; dificultades que, en la memoria colectiva, simboliza la huida de Safo a Sicilia a principios del siglo VI antes de la era cristiana. Este exilio material y simbólico de las lesbianas de la historia de Occidente ha persistido con tal fuerza a lo largo de los siglos, amputando un área importante del imaginario femenino que, en nuestra época, una escritora tan fantástica como Christa Wolf apenas sabe qué decir cuando imagina, en la Troya de la guerra, a las mujeres que viven entre mujeres en la semioscuridad de unas cavernas; páginas que, en el texto de *Casandra*, han sido consideradas borrosas e indefinidas, como si no lograran expresar lo que la autora quiere.[13] Vida en las cavernas que, no obstante, indica bien el paso a la clandestinidad que será en el futuro la característica existencial más clara y común de estas mujeres o de estos grupos de mujeres. Clandestinidad que el discurso viril (un discurso que desde el siglo III fue en Europa predominantemente religioso) justificó recurriendo al constructo general llamado

---

11. Un ejemplo, John Boswell, *Christianity, Social Tolerance, and Homosexuality.*

12. Rosanna Fiocchetto, *L'amante celeste. La distruzione scientifica della lesbica*, Florencia, Estro, 1987 (trad. de María Cinta Montagut Sancho, Madrid, horas y HORAS, 1993). Judith Brown, *Immodest Acts. The Life of a Lesbian Nun in Renaissance Italy*, Nueva York y Londres, Oxford University Press, 1986 (trad. Barcelona, Crítica, 1989). Lillian Faderman, *Surpassing the Love of Men. Romantic Friendship and Love between Women from the Renaissance to the Present*, Nueva York, Morrow, 1981. Una extensa bibliografía de títulos en inglés de teoría lesbiana que incluye obras de historia en: Diana Fuss, ed., *Inside / Out. Lesbian Theories, Gay Theories*, Nueva York y Londres, Routledge, 1991, 405-423.

13. La observación es de: Librería de mujeres de Milán, *No creas tener derechos*, 160.

diabolización del cuerpo femenino. Un discurso que no parece haber producido explicaciones más específicas, una carencia que es coherente con su proyecto de simple cancelación del tema. Se trata de un discurso –de retórica cristiana eclesiástica– en el que no podían intervenir directamente las mujeres, que tenían prohibido, como es sabido, el acceso no mediado por hombres a la palabra sacra y profética. La clandestinidad, si era quebrantada, podía llevar consigo la condena de muerte por fuego o de prisión perpetua (es el caso de Benedetta Carlini, procesada en el primer cuarto del siglo XVII);[14] aparte de la inevitable condena eterna, que su peso inquietante y estigmatizador debió de tener también.

Cuando el discurso religioso sobre el cuerpo fue sustituido por el científico en la condición de discurso cultural y políticamente dominante, y cuando había concluido el proceso renacentista de exclusión de las mujeres de la producción de ciencia llamada moderna, a la diabolización del cuerpo femenino le reemplazó, en lo que al lesbianismo se refiere, la medicalización. Esta etapa se extiende entre el siglo XVIII y el siglo XX bien entrado. Las lesbianas son convertidas entonces en enfermas físicas o psíquicas, en mujeres a las que se somete a torturas y a mutilaciones quirúrgicas, en mujeres a las que se aparta de la sociedad internándolas en manicomios.[15] La identidad lesbiana se construye entonces como patología. De esta tortuosa historia, de esta «storia crudele», como la define Rosanna Fiocchetto, se empieza a salir en los años ochenta de nuestro siglo: sólo en 1983 se incluye una visión positiva del lesbianismo en un manual general de sexualidad.[16]

Una explicación, calificable de transhistórica y de inherente al patriarcado, para estas formas extremas de política sexual opresiva, la aporta Pedro Abelardo, el famoso filósofo del siglo XII que suele resultar simpático a mucha gente experta. Glosando el texto de la enésima condena del amor entre mujeres (un texto de san Anselmo, en este caso), escribió Abelardo: «Contra la naturaleza, es decir, contra el orden de la naturaleza, que creó los genitales de las mujeres para uso de los hombres, y viceversa, y no de manera que las mujeres pudieran cohabitar con

14. Le ha dedicado una monografía Judith Brown, *Immodest Acts*.

15. Un caso y una obra impresionantes: Helene von Druskowitz, *Una filosofa dal manicomio*, trad. de Maria Grazia Mangione. Roma, Editori Riuniti, 1993.

16. Rosanna Fiocchetto, *L'amante celeste*, passim y p. 112-113. El manual es: Sheila Kitzinger, *Woman's Experience of Sex*, Londres 1983.

mujeres.»[17] Es pertinente recordar aquí que la institución de la heterosexualidad obligatoria comporta la convivencia intersexual en tasas de masculinidad / feminidad equilibradas, identificando excepcionalmente en este caso naturaleza y cultura.

Esta historia de opresión implacable no es una historia sin espacios de construcción de sí y de búsqueda y, a veces, logro de experiencias de libertad. (Es importante esta observación aquí porque un argumento corriente entre algunos representantes suaves de la ciencia patriarcal es que, dada la intensidad tremenda de la explotación femenina, es inútil que las feministas busquemos genealogía. Y es importante para mí hacer esta observación porque cada vez me queda menos paciencia y menos tiempo para la ciencia debilitante). Espacios individuales de plena libertad –aunque siempre amenazados–, unas veces. Espacios colectivos de relativa libertad, otras veces, cuando se trata de espacios limitados por el propio discurso de género patriarcal, porque han sido previamente definidos por éste; me refiero a espacios como el eremitismo, los monasterios y conventos femeninos o el travestismo.

He dicho antes que el primer proceso que han tenido que recorrer la política y el pensamiento feminista lesbiano ha sido el de dar forma a una estructura de identidad colectiva en la cual las lesbianas del mundo pudieran reconocerse; un proceso que requirió, a su vez, el de apoyar esta identidad colectiva en una historia. El segundo paso fue el de dar a la identidad recuperada una dimensión política pública, el dar existencia pública al amor entre mujeres definido ahora como relación social. Charlotte Bunch, una de las pioneras de la política feminista y del pensamiento lesbiano en la etapa del 68, sostuvo a principios de los setenta que el lesbianismo no es una postura sexual sino una postura política. Es entonces cuando se acuñó el famoso lema que dice que «lo personal es político», lema con el que quedó definitivamente claro que lo que se hace en la intimidad de la casa no queda fuera de lo social, sino que es una parte integrante fundamental de lo social y de la organización del poder. Se define entonces el lesbianismo como una opción política que se articula en términos de identificación con otras mujeres. Identificación con otras mujeres en todos los aspectos de la vida, no solamente en el deseo o

---

17. Pedro Abelardo, *Commentarium super S. Pauli epistolam ad Romanos libri quinque*, en J.-P. Migne, *Patrologiae cursus completus: Series Latina*, vol. 178, p. 806 (cit. en Judith C. Brown, *Immodest Acts*, 7).

en el placer/displacer eróticos; porque sólo con la sexualidad –se dice entonces– no se derribaría al patriarcado. Escribió Charlotte Bunch:

> «La lesbiana, la mujer identificada con otra mujer, se compromete con las mujeres no sólo como alternativa a las opresivas relaciones masculino/femenino sino primariamente porque *ama* a las mujeres. Consciente o inconscientemente, con sus actos, la lesbiana se ha dado cuenta de que dando apoyo y amor a los hombres en vez de a las mujeres perpetúa el sistema que le oprime. Si las mujeres no se comprometen entre ellas, en compromiso que incluye el amor sexual, nos negamos a nosotras mismas el amor y el valor tradicionalmente otorgados a los hombres. Aceptamos nuestro estatuto de segunda clase. Cuando las mujeres dan sus energías primarias a otras mujeres, entonces es posible concentrarse plenamente en la construcción de un movimiento para nuestra liberación. El lesbianismo identificado con mujeres es, pues, más que una preferencia sexual; es una opción política. Es política porque las relaciones entre hombres y mujeres son relaciones políticas; implican poder y dominio. Puesto que la lesbiana rechaza activamente esa relación y escoge a las mujeres, desafía el sistema político establecido.»[18]

El sistema político establecido que obliga a que las relaciones entre hombres y mujeres sean relaciones de dominio, sigue diciendo Charlotte Bunch, se basa en esa primera forma de división del trabajo que sería la división en razón de sexo, división que es inherente al patriarcado, ya que impone la sexualidad reproductiva y, seguidamente, marca sexuadamente trabajos cuyo ejercicio nada tiene que ver con el sexo de quien los desempeñe.

Esta visión de Charlotte Bunch ha sido posteriormente ampliada por Catharine MacKinnon. Opina esta autora que la división del trabajo en razón de sexo no bastaría para explicar la subordinación de las mujeres. Es necesario completarla precisamente con el análisis del papel central que la construcción social de la sexualidad ocupa en los sistemas políti-

---

18. Charlotte Bunch, *Lesbians in Revolt*, en Ead., *Passionate Politics, 1968-1986. Feminist Theory in Action*, Nueva York, St. Martin's Press, 1987, 162 [pub. inicialmente en «The Furies» I-1 (enero 1972)]. Subrayado de la autora.

cos. Según esta autora, la construcción social de la sexualidad (heterosexual por definición en las sociedades históricas conocidas) ha producido en las formaciones patriarcales una epistemología que, por su parte, fundamenta el Estado mismo: el Estado impone esta epistemología a través de la ley.[19] Una epistemología en la que las mujeres en general no debemos participar porque no estamos invitadas al famoso banquete del saber, ese *Banquete* que nutrió a Platón y a sus amigos y del que se han querido nutrir durante siglos (vía *alma mater*, vía madre nutricia, esa metáfora de la madre real, del manantial perenne del que bebe el conocimiento masculino que es precisamente la universidad) tantos seguidores.[20] Un banquete que Dhuoda sabía que no era el suyo cuando escribió en el siglo IX:

> «Suele así ocurrir que algunas veces una perrita inoportuna, debajo de la mesa de su amo entre otros cachorros, puede coger y comerse las migas que caen. Pues aquél que hizo hablar a la boca de un animal mudo puede, según su antigua clemencia, abrirme los sentidos y darme inteligencia; y quien prepara para sus fieles una mesa en el desierto, saciándolos en tiempo de necesidad con una medida de trigo, puede también realizar mi voluntad, la de su sirvienta, según su deseo; al menos que pueda yo desde debajo de su mesa, es decir desde dentro de la santa iglesia, observar de lejos a los cachorros, es decir, los ministros de los santos altares, y de las migas de la inteligencia espiritual pueda recoger para mí y para ti, mi bello hijo Guillermo, un discurso bello, lúcido, digno y adecuado.»[21]

---

19. Catharine MacKinnon, *Towards a Feminist Theory of the State*, Cambridge, MA, Harvard University Press, 1989, XI.

20. Esta frase que decía mi madre en clase y que me ha quedado grabada porque nunca entendí por qué la decía (no era una simple cuestión de etimología), se parece a lo que dice Luisa Muraro en *L'ordine simbolico della madre* cuando atribuye a los filósofos el nutrirse de la obra materna y ocultar luego el origen de su saber en eso innombrable que sería «el mundo de la generación».

21. Dhuoda, *Liber manualis Dhuodane quem ad filium suum transmisit Wilhelmum*, I, 2 (ed. y trad. francesa París, Du Cerf, 1975, «Sources Chrétiennes» 225; trad. catalana Barcelona, La Sal, 1989). He comentado este fragmento en: *Textos y espacios de mujeres*, 22.

La sexualidad como paradigma social que sustenta el orden patriarcal la ha definido Catharine MacKinnon en los términos siguientes:

> «La sexualidad no está confinada a lo que se hace como placer en la cama o como acto ostensiblemente reproductivo; no se refiere exclusivamente al contacto genital o excitación o sensación, ni estrechamente a deseo de sexo o líbido o eros. La sexualidad es concebida como un fenómeno social mucho más amplio, como nada menos que la dinámica del sexo como jerarquía social, su placer, la experiencia del poder en su forma sexuada. La valoración del potencial de este concepto para el análisis de la jerarquía social debería basarse en esta forma de entender. Las conexiones entre amor cortés y guerra nuclear, estereotipos sexuales y pobreza femenina, pornografía sadomasoquista y linchamientos, discriminación sexual y prohibiciones del matrimonio homosexual y de la sexualidad interracial parecen distantes si la sexualidad se encorseta, menos si vaga por la jerarquía social sin limitaciones.»[22]

Pienso tentativamente que la identificación de la ubicuidad y la importancia de la complicidad entre el Estado y la sexualidad masculina reproductiva completó el proceso de dar a la subjetividad lesbiana una dimensión política pública, aunque fuera negativamente, es decir, por exclusión.

3. La heterosexualidad obligatoria

Tenemos pues, de momento, una historia recuperada y una promoción de la sexualidad lesbiana a una posición política clave en la lucha por la abolición del patriarcado y en la definición de una nueva subjetividad femenina. ¿Cuáles serían entonces los elementos o las estructuras constitutivas del patriarcado que el lesbianismo cuestiona y pone en peligro, deconstruyendo su pretendido carácter natural?

---

22. C. A. MacKinnon, *Towards a Feminist Theory of the State*, XIII.

Un paso fundamental en el proceso de desentrañamiento de las estructuras del orden patriarcal que el lesbianismo amenaza lo dieron las obras de Monique Wittig y de Adrienne Rich.[23] Combinando originalmente propuestas del materialismo y de la lucha feminista con su experiencia personal, estas autoras (con otras) deconstruyeron la institución de la heterosexualidad. Escribió Monique Wittig en *The Straight Mind*:

> «La consecuencia de esta tendencia al universalismo es que la mente heterosexual (*straight*)[24] no es capaz de imaginar una cultura, una sociedad en que la heterosexualidad no ordene no sólo todas las relaciones humanas sino también la producción misma de conceptos y todos los procesos que eluden la conciencia. Además, estos procesos inconscientes son, históricamente, cada vez más imperativos por lo que nos enseñan sobre nosotras mediante los instrumentos de los especialistas. La retórica que los expresa (y cuya seducción no desestimo) se envuelve en mitos, recurre al enigma, procede con la acumulación de metáforas, y su función es poetizar el carácter obligatorio de «serás-heterosexual-o-no-serás.»[25]

En el artículo todavía clásico *Compulsory Heterosexuality and Lesbian Existence*, Adrienne Rich definió el concepto y la institución «heterosexualidad obligatoria».[26] Este concepto y esta institución son descritos como «*man-made*» y como «avanzadilla (*beachhead*) del dominio masculino.»[27] Lo que haría esa institución sería garantizar un modelo de relación social entre los sexos en el cual el cuerpo de las mujeres es

---

23. Un estudio reciente de sus aportaciones en Marilyn R. Farwell, *Toward a Definition of the Lesbian Literary Imagination*, en Susan J. Wolfe y Julia Penelope, eds., *Sexual Pratice, Textual Theory*, 66-84.

24. La bella ambigüedad de la palabra *straight* (recta) se pierde en mi traducción.

25. Monique Wittig, *The Straight Mind*, 28.

26. «Signs» 5-4 (1980) 631-660. Sólo después de terminar este libro he sabido que Rich prefiere la versión publicada en: Ead. *Blood, Bread and Poetry. Selected Prose 1979-1985*, Nueva York y Londres, Norton, 1986, 23-75. Un breve comentario sobre la perduración de sus planteamientos en Deborah Cameron, *Ten Years On: «Compulsory Heterosexuality and Lesbian Existence»*, «Women. A Cultural Review» 1-1 (1990) 35-38. Una reconsideración: Deborah Cameron, *Old Het?*, «Trouble & Strife» 24 (1992) 41-45.

27. *Compulsory Heterosexuality*, 637 y 633.

siempre accesible para los hombres. Rich cuestiona que la heterosexualidad sea una «opción sexual» o una «preferencia sexual», sosteniendo en cambio que no existen ni opción ni preferencia reales donde una forma de sexualidad es precisamente definida y sostenida como obligatoria. Las otras formas de sexualidad pueden, ciertamente, existir, pero no deben ser comprendidas –si queremos entender y transformar las relaciones sociales entre los sexos– como alternativas libres, sino como vivencias fruto de una lucha abierta y dolorosa contra formas fundamentales de opresión sexual y social.

Por otra parte, aceptar que el lesbianismo es una «preferencia sexual» implica asumir que también lo es la heterosexualidad, es decir, que la heterosexualidad es normalmente el resultado de una opción libre, sin intervención de presiones sociales; presunción que Rich niega. Se trata de una «ilusión de alternativa», de un círculo vicioso sin salida para las mujeres, y no de una alternativa real; un círculo vicioso porque impide saltar a un plano superior y superador de la falsa alternativa. Opina asimismo Adrienne Rich que es falsa y sentimentalista la suposición –frecuentemente oída también en ambientes feministas– que dice que «en un mundo de auténtica igualdad, en que los hombres fueran no opresores y nutricios, todo el mundo sería bisexual.»[28] Rich califica esta actitud de trampa liberal que lo que hace es difuminar las luchas y desigualdades de la vida presente. Lo que ella propone es que la heterosexualidad, como la maternidad, sean reconocidas y estudiadas en tanto que instituciones políticas; y que estos estudios los hagan precisamente las personas que, por su experiencia individual, piensan que son «las precursoras de una nueva relación social entre los sexos». Rich no afirma que la heterosexualidad sea necesariamente una forma de sexualidad opresiva para las mujeres. Ninguna relación social lo es por sí misma, si no interviene en su ejecución algún tipo de violencia. Lo que resulta opresor es su obligatoriedad, obligatoriedad social y políticamente sustentada.

28. *Compulsory Heterosexuality*, 637.

4. La heterorrealidad y el heterosexismo

El concepto y la institución de heterosexualidad obligatoria han sido en cierta manera ampliados por otras autoras hasta definir la heterorrealidad. Janice Raymond ha escrito en este sentido:

> «*Heterorrealidad*, la visión del mundo de que la mujer existe siempre en relación con el hombre, ha percibido consistentemente a las mujeres juntas como mujeres solas. Lily Tombin, con su sagacidad habitual "ilumina" una versión: He visto de verdad a un hombre acercarse a cuatro mujeres sentadas en un bar y decirles: "Hola, ¿que hacéis aquí sentadas tan solas?" La percepción es que las mujeres sin hombres son mujeres sin acompañantes o sin compañía.» [29]

Un ejemplo histórico extremo es la costumbre de clasificar como *femmes seules* (en francés, para dar algo de opacidad al absurdo) a las beguinas de la Europa feudal y precapitalista, por ejemplo, que eran precisamente mujeres que vivieron entre mujeres. Siempre en opinión de Janice Raymond, la heterorrealidad se sustenta en las «heterorrelaciones», que ella dice que «expresan la amplia gama de relaciones afectivas, sociales, políticas y económicas establecidas entre hombres y mujeres por hombres.»[30] La heterorrealidad define para la mayoría de las mujeres los contenidos de la «realidad real» y eclipsa y obscurece los contenidos de lo que ella llama ginecoafecto; y lo oculta incluso para las lesbianas. En otras palabras, el modelo dominante de relaciones entre los sexos en el orden patriarcal está peligrosamente desequilibrado en beneficio de los hombres y especialmente, aunque no exlusivamente, de los hombres que se autodefinen como heterosexuales.

Sarah Lucia Hoaghland ha matizado el concepto de heterorrealidad y habla de *heterosexualismo*. Estas son sus palabras:

> «Lo que llamo "heterosexualismo" no es simplemente una cuestión de machos teniendo relaciones sexuales procreativas con

---

29. Janice Raymond, *A Passion for Friends. Toward a Philosophy of Female Affection*, Londres, The Women's Press, 1986, 3. Su subrayado.

3[illegible] [illegible] *Passion for Friends*, 7.

hembras. Es toda una forma de vida que implica un delicado, aunque a veces indelicado, equilibrio entre depredación masculina de y protección masculina de un objeto femenino de la atención masculina. Heterosexualismo es una relación económica, política y emocional concreta entre hombres y mujeres: los hombres deben dominar a las mujeres y las mujeres deben subordinarse a los hombres en cualquiera de una serie de formas. Como resultado, los hombres dan por supuesto el acceso a las mujeres mientras las mujeres quedan ancladas en los hombres y son incapaces de sustentar una comunidad de mujeres.» [31]

En la heterorrealidad, la homosexualidad marca precisamente los límites de esa realidad, límites que le permiten a la heterorrealidad definirse y sustentar la definición de sí coherentemente, según las pautas de la racionalidad (que necesita siempre de límites que tengan a raya el caos, el cuerpo salvaje donde se detiene la lógica). El lesbianismo, por su parte, marcaría el límite de los límites. Un límite de los límites que algunas autoras han entendido como previo en el tiempo a la constitución de la realidad patriarcal, invirtiendo el tiempo de la operación de causalidad que se suele manejar (el lesbianismo como consecuencia de la represión). Un límite, también, que otras autoras han identificado como el horizonte implícito de algunas propuestas feministas contemporáneas de subjetividad femenina.[32] Una subjetividad femenina cuyo reverso sería lo indecible, la figura imposible de transformar en sujeto, «the abject» frente a «the subject» (*abjecta / subjecta*), «las que no están ni nombradas ni prohibidas en la economía de la ley.»[33]

Algunas de las figuras del límite imposibles de transformar en sujeto han adoptado la personificación como forma de estar en el mundo y vivir su deseo. Un ejemplo histórico y un relato maravilloso de la transforma-

31. Sarah Lucia Hoaghland, *Lesbian Ethics. Toward New Value*, Palo Alto, CA, Institute of Lesbian Studies, 1988, 29.

32. Susan Cavin, *Lesbian Origins*. Judith Butler, *Imitation and Gender Insubordination*, en Diana Fuss, ed., *Inside / Out*, 13-31. Judith Mayne, *A Parallax View of Lesbian Authorship*, en *Ibid*., 173-184.

33. Judith Butler, *Imitation and Gender Insubordination*, 20.

ción de una mujer joven en una de estas figuras del límite lo ofrece Catalina de Erauso, la mal llamada «monja alférez».[34]

Catalina de Erauso y Pérez de Galarraga nació en San Sebastián en 1585; era hija de la nobleza militar vasca cuyos hombres intervinieron en la conquista y explotación de las colonias españolas de América. A los cuatro años fue internada en el convento de dominicas de San Sebastián el Antiguo de la misma ciudad, convento del que era priora una hermana de su madre; ahí la educaron y aprendió a coser y a leer bien el latín. A los quince años, cuando empezó a hablarse de su profesión religiosa, se escapó del convento una madrugada, mientras las religiosas estaban en maitines, diciéndole a su tía que se encontraba mal y después de robarle «unas tijeras, hilo y una aguja», algo de dinero y las llaves del convento. Describe entonces la separación de su pasado (la primera etapa del rito de paso típico) diciendo:

> «Fui abriendo puertas y emparejándolas, y en la última dejé mi escapulario y me salí a la calle, que nunca había visto, sin saber por dónde echar ni adónde ir. Tiré no sé por dónde, y fui a dar en un castañar que está fuera y cerca de la espalda del convento.» (P. 12)

Todavía vestida de hábito religioso, ella entra en la segunda etapa del rito de paso, en su etapa liminar; etapa que en este caso consiste en desnudarse, en cortarse el cabello y en adoptar entonces los contenidos visibles que el sistema de géneros atribuía a lo masculino. (Ella seguirá durante toda su vida como militar y negociante refiriéndose a sí misma unas veces en femenino, otras en masculino). Pasa así del espacio conventual del ginecoafecto (de que hablaba Janice Raymond) a la heterorrealidad de la vida de aventuras (y aventuras le sobrarán en su vida, incluidos innumerables asesinatos y la identificación pública muchos años más tarde, entre escándalos internacionales, de la identidad sexual que le había sido atribuida al nacer). Catalina de Erauso, como algunos hombres (san Francisco de Asís es el más conocido), eligió como rito

34. Catalina de Erauso, *Historia de la monja alférez escrita por ella misma*, Madrid, Hiperión, 1986. No hizo nunca profesión religiosa.

liminar la inversión de rol sexual,[35] aunque con la diferencia de que, en su caso, la inversión de rol hubo de ser necesariamente definitiva. Este es el relato maravilloso de su etapa liminar, etapa que inaugura una permanente liminaridad parcial:

> «Allí [en el castañar] acogíme y estuve tres días trazando, acomodando y cortando de vestir. Híceme, de una basquiña de paño azul con que me hallaba, unos calzones, y de un faldellín verde de perpetuán que traía debajo, una ropilla y polainas: el hábito me lo dejé por allí, por no saber qué hacer con él. Cortéme el pelo, que tiré, y a la tercera noche, deseando alejarme, partí no sé por dónde, calando caminos y pasando lugares, hasta venir a dar en Vitoria, que dista de San Sebastián cerca de veinte leguas, a pie, cansada y sin haber comido más que las hierbas que topaba por el camino.» (P. 12)

Pasa entonces tres años yendo de un lugar a otro (Navarra, Valladolid donde estaba la corte del reino) y regresa un día a San Sebastián para negociar con su origen su liminaridad y para calibrar la eficacia de su estrategia de significación. Estamos en 1603, poco antes de que ella embarque hacia Sevilla y de ahí al Nuevo Mundo. Catalina de Erauso recoge la fecha con cierto dramatismo (un dramatismo muy poco visible en las partes espeluznantes del relato autobiográfico). Después de tres años ejerciendo de hombre, regresa a «San Sebastián, mi patria» porque le apetece y, en casa, pone a prueba su toma de control sobre su vida. Asimismo, ella informa entonces gestualmente a su madre y a las compañeras del espacio femenino infantil y adolescente de su transformación en mujer que ejerce de hombre. Una transformación que es y no es percibida por todas esas mujeres:

> «Pasado este tiempo, sin más causa que mi gusto, dejé aquella comodidad y me pasé a San Sebastián, mi patria, diez leguas distante de allí, y donde me estuve, sin ser de nadie conocido, bien vestido y galán. Y un día oí misa en mi convento, la cual misa oyó

35. He tratado estas cuestiones en *Las freilas y los ritos de iniciación a la Orden de Santiago en la Edad Media* «Quaderni Stefaniani» 7 (1988) 19-26; y en *Textos y espacios de mujeres*, 39-50.

> también mi madre, y vide que me miraba y no me conoció, y acabada la misa, unas monjas me llamaron al coro, y yo, no dándome por entendido, les hice muchas cortesías y me fui. Era eso entrado ya el año de 1603.» (P. 14-15)

Catorce siglos antes (en el 203) una noble muy culta de Cartago, Vibia Perpetua, había escrito una visión en forma de sueño que tuvo poco antes de morir en un circo romano por no abandonar su decisión y su deseo de ser cristiana, un deseo que, en este caso, iba contra la ley de todos sus padres (el particular y el emperador de Roma). Perpetua, como Catalina de Erauso, puso el límite que la separaba de lo que ella quería en su desnudarse y quedar transformada en varón:

> «Y he aquí que veo un gentío inmenso enfurecido. Y como sabía que estaba condenada a las fieras, me maravillaba de que no las soltaran contra mí. Sólo salió un egipcio, de fea catadura, acompañado de sus ayudadores, con ánimo de luchar conmigo. Mas también a mi lado se pusieron unos jóvenes hermosos, ayudadores y partidarios míos. Luego, me desnudaron y quedé convertida en varón.»[36]

El travestismo le sirvió a Catalina de Erauso para establecer una mediación válida y potente con la heterorrealidad: una mediación con que poner en práctica en el mundo su deseo personal de libertad. La identificación de la potencia de esta mediación le ahorró sencillamente la muerte en manos de la Inquisición o de cualquier otro brazo ejecutivo de ese Estado que, como decía Catharine MacKinnon, impone una epistemología opacamente viril. Es pertinente recordar aquí que una de las grandes fuentes de sufrimiento que nombran muchos textos testimoniales lesbianos de ayer y de hoy es precisamente la falta de mediaciones viables con la heterorrealidad; una realidad de la que es muy difícil prescindir en las sociedades patriarcales.

---

36. Cita y comentario en mi *Vías de búsqueda de existencia femenina libre*, 63-65 (*Passio Perpetuae et Felicitatis*, X).

5. La heterosexualidad obligatoria en la escritura de historia

El concepto de heterosexualidad obligatoria, un concepto clave del feminismo lesbiano, es muy importante para la escritura de historia. Lo es porque esta institución omnipresente en la vida social convierte la capacidad materna femenina en una función social no libre; lo cual tiene enormes consecuencias para la vida de las mujeres. Pienso que es especialmente importante ese concepto para mi generación de historiadoras porque tendemos a olvidar sus repercusiones cuando escribimos historia; tendemos a olvidarlas sobre todo las mujeres emancipadas porque en nuestra época, por primera vez en la historia del patriarcado occidental, la heterosexualidad obligatoria no ha convertido necesariamente nuestra capacidad materna en una función social no libre. Y esto nos complica el establecimiento de mediaciones sensatas con la vida de mujeres del pasado. Mediaciones sensatas sin las cuales no hay historia de las mujeres; o no hay, al menos, historia de las mujeres cuya protagonista sean las manifestaciones en el tiempo de la libertad femenina. Un ejemplo podrá ilustrar con mayor precisión lo que estoy tratando de decir.

Hay a lo largo de toda la historia de la Europa cristiana una cuestión muy controvertida que es la del sentido del adorno del cuerpo femenino. Un tema que, como el del miedo a escribir o el de la fuerza física, ha cruzado siglos tomando contenidos políticos distintos según las circunstancias de la época. La literatura patrística de los primeros siglos del cristianismo (Tertuliano, Jerónimo, etc.) arremetió contra el adorno del cuerpo femenino con una violencia que hoy consideramos desmesurada, pero que es un buen indicador de la importancia política (no moral) del tema. Según Tertuliano (160-230), las mujeres se adornaban porque estaban muertas, para esconder esa muerte que su cuerpo paseaba por el mundo.[37] Yo, en cambio, pienso en el siglo XX que el adorno del cuerpo femenino forma parte del orden materno, es una forma de amar la obra de la madre, es un lenguaje que comunica (o puede comunicar) a las mujeres con el origen femenino de la vida humana, con la creación de vida desde la carne, no desde la nada (como quieren los cristianos y los artistas, o como quería el yo cartesiano en la lectura de María Zambrano).[38]

---

37. Tertuliano, *De cultu feminarum*, en Id., *Opera*, Turnhout, Brepols, 1954 («Corpus Christianorum, Series Latina» 1-1, 341-370).

38. Véase antes, Cap. II-2.

Durante el Humanismo y el Renacimiento, las mujeres intervinieron en este debate, especialmente las *puellae doctae*, las llamadas humanistas. Es decir, y esto es importante, ellas intervienen en un debate que afecta al cuerpo femenino y no al cuerpo masculino, cuando está claramente definido en Europa el proyecto de igualdad entre los sexos. Y, desde el Humanismo, el tema del adorno del cuerpo femenino ha sido un tema recurrente en la política de las mujeres emancipadas.

Durante los siglos XV y XVI, se perfilan tres posturas entre las mujeres cultas que escriben sobre esta cuestión. Una primera postura es la de las que arremeten contra el adorno, considerándolo una frivolidad y una muestra de debilidad y de dependencia del orden patriarcal. El adorno lo contraponen a la libertad y a la inmortalidad que proporcionan el estudio y la escritura de una obra original. Esta es la postura típica de las *puellae doctae*, como Laura Cereta o Luisa Sigea de Velasco (1522-1560). Laura Cereta (1469-1499), que fue una gran defensora de la educación liberal de las mujeres, escribió, por ejemplo:

> «Evoca en tu mente a una mujer común, de faz triste y monótonamente vestida, puesto que me preocupo más por las letras que por los vestidos ostentosos. Además me he entregado por completo al cultivo de la virtud que puede beneficiarme no solamente en vida sino también después de la muerte. Hay quienes están cautivados por la belleza. Yo lo que más estimo es la castidad canosa, ya que con la hermosa compañía de la linda juventud estallan las tentaciones de la pasión [...]. Que contemplen a esas mujeres que, con orgullo majestuoso, se pasean entre la multitud por las plazas. Entre ellas, aquí y allá, hay una que se coloca un moño encumbrado en la parte superior de la cabeza, hecho con el pelo de alguna otra; la frente de otra está sumergida entre rizados y ondulados bucles; y otra, para poner su cuello al descubierto, anuda sus cabellos de oro con un lazo dorado. Una suspende un collar de su hombro, otra del brazo, otra desde el cuello al pecho. Otras casi se

ahogan por la opresión de los collares de perlas; nacidas libres, se enorgullecen de estar cautivas.»[39]

Una segunda postura fue la de las que sostuvieron (contra las leyes suntuarias, por ejemplo) que se debía permitir a las mujeres adornarse porque eso era lo único que ellas tenían como propio. Finalmente, autoras como Christine de Pizan rompieron con la dicotomización del debate diciendo que «no todas lo hacen para seducir; para bastantes, tanto hombres como mujeres, más bien es un gusto correcto y una inclinación natural el delectarse en la elegancia y el gusto de los bellos y ricos vestidos, la pulcritud y el lujo.»[40]

Las historiadoras de hoy, cuando analizamos la postura de las *puellae doctae* del Humanismo en este debate (una postura que recuerda los argumentos menos violentos de la patrística), hemos tendido a verla en términos de identificación con la ley del padre, con el saber masculino que cancela el cuerpo y la sexualidad femeninas, con un modelo de legitimación del conocimiento que procede del padre y no de la madre (se ha hablado incluso de Laura Cereta como hija del padre, frente a otras que serían hijas de la madre), como una limitación de su sentido de la libertad femenina. Y, sin embargo, yo sugiero que, cuando hacemos valoraciones de este tipo, olvidamos precisamente la importancia de la heterosexualidad obligatoria transformando la capacidad materna femenina en una función social no libre antes de 1950. El «nacidas libres, se enorgullecen de estar cautivas» de Laura Cereta va, sugiero, por aquí, no por el agobio que puedan literalmente causar las perlas. Va en la línea de una toma de conciencia de que ese lenguaje que dialoga con la madre que yo pienso que es el adorno femenino, es reconducido precisamente mediante la institución de la heterosexualidad obligatoria hacia un diálogo con los hombres en términos de seducción cuando las niñas se hacen adultas y su cuerpo es entendido como eróticamente deseoso y deseable. Un cuerpo femenino que es de este modo llevado al cautiverio (un cautiverio terri-

---

39. Trad. y cita de Montserrat Cabré i Pairet, *El saber de las mujeres en el pensamiento de Laura Cereta (1469-1499)*, en María del Mar Graña Cid, ed., *Las sabias mujeres. Edad Media*, Madrid, Al-Mudayna, 1994, 227-245; p. 237-238. La edición de la carta en: Laura Cereta, *Epistolae*, ed. de G. F. Tomasini, Padua 1640, 66-71 (núm. 31).

40. Christine de Pizan, *La Cité des Dames*, II-62, en *The «Livre de la Cité des Dames»*, 956.

ble, que otras autoras han llamado esclavitud) de la maternidad no libre; un cuerpo que pierde, al cambiar de interlocución, al cambiar de régimen de mediación, la libertad en que había sido dado a luz. Es decir, la postura de las *puellae doctae* del Humanismo y del Renacimiento (y de muchas emancipadas durante siglos después de ellas) puede ser una postura progresista en su momento aunque desconfíe del cuerpo femenino y no ame mucho la obra materna: es una postura progresista si no olvidamos al analizar sus textos la importancia de esa institución clave del orden patriarcal que es la heterosexualidad obligatoria.

6. El *continuum* lesbiano

Además del concepto fundamental de heterosexualidad obligatoria, Adrienne Rich acuñó otros en el influyente artículo de 1980. De ellos me referiré a dos. Uno de esos conceptos es «*continuum* lesbiano» (*lesbian continuum*); el otro, «existencia lesbiana» (*lesbian existence*). Yo pienso que se trata de dos conceptos muy vinculados entre sí. En palabras de su autora:

> «He decidido usar los términos *existencia lesbiana* y *continuum lesbiano* porque la palabra *lesbianismo* tiene un aura clínica y limitadora. *Existencia lesbiana* sugiere tanto el hecho de la presencia histórica de las lesbianas como nuestra continua creación del significado de esa existencia. Quiero decir que el término *continuum lesbiano* incluye una gama –a lo largo de la vida de cada mujer y a lo largo de la historia– de experiencia identificada con mujeres; no simplemente el hecho de que una mujer ha tenido o ha deseado conscientemente una experiencia sexual genital con otra mujer. Si lo ampliamos hasta acoger muchas más formas de intensidad primaria entre dos o más mujeres, incluido el compartir una vida interior más rica, la solidaridad contra la tiranía masculina, el dar y el recibir apoyo práctico y político, [...] empezamos a captar bocanadas de la historia y de la psicología femeninas que

han estado fuera de nuestro alcance a consecuencia de las limitadas definiciones, clínicas en su mayoría, de «lesbianismo».»[41]

Hay aquí un eje definitorio de la lesbiana que no se ciñe a la sexualidad en sentido estricto (digo esto para medio hacerme entender, pues partía de que no se sabe qué es la sexualidad femenina). Se trataría de un *continuum* del cual se entra y se sale, tanto si una mujer se identifica como lesbiana como si no se identifica como tal. En este *continuum* podrían incluirse prácticamente todas las formas históricas de resistencia femenina contra el modelo de relaciones sociales entre los sexos que sustenta el orden patriarcal. Desde Safo, por tanto, hasta las amistades inseparables entre niñas, las comunidades de resistentes al matrimonio en China, las *spinsters* de la Inglaterra decimonónica o las redes de solidaridad entre mujeres para sobrevivir en Africa.

La definición de Adrienne Rich del concepto y de la institución de la heterosexualidad obligatoria se ha convertido en un clásico con el paso del tiempo. Sus definiciones de *continuum* lesbiano y de existencia lesbiana han suscitado, en cambio, más controversia. Yo diría que precisamente la enorme capacidad integradora de esos dos conceptos y de esas dos posturas políticas ha provocado inquietud porque se ha entendido que podrían tener el efecto imprevisto y negativo de diluir esa identidad lesbiana específica, con sus marcadas connotaciones de deseo y de relación eróticas con otra mujer, que tanto esfuerzo costó elaborar.

Yo distinguiría tentativamente en el feminismo lesbiano reciente dos o tres posturas, dos o tres formas de enfrentarse con la propuesta integradora que formuló Adrienne Rich en 1980.

Por una parte, la que se distancia de este proyecto integrador y destaca marcadamente el protagonismo simplemente del lesbianismo. Lesbianismo que seguramente no se reduce nunca al deseo genital por otra mujer sino que incluye otras formas diversas de identificación con mujeres, pero sin que estas formas de identificación con mujeres sean lo fundamental. Se sitúa aquí, por ejemplo, la postura de Monique Wittig cuando decía que las lesbianas no son mujeres; postura que seguramente sigue manteniendo, ya que en su novela (de 1985) *Virgile, non*, no utiliza nunca la palabra mujer. (Mujeres serían las que se atienen al sistema de géneros, que es pensamiento y orden

41. Adrienne Rich, *Compulsory Heterosexuality*, 648-649. Sus subrayados.

social masculino, como he dicho ya).[42] En la misma línea situaría una larga tradición de la crítica lesbiana norteamericana a la que da cierta unidad el invertir la operación que consiste en situar en los límites de la heterorrealidad a la homosexualidad. Estas autoras tienden a emplazar como límite de su homorrealidad a la crítica feminista, crítica a la que implícita o explícitamente acusan de algo asociable con lo que Teresa de Lauretis llamaba «fundamentalismo heterosexual»; es decir, que cuestionan que la crítica feminista sea realmente feminista, sugiriendo que tiene inversiones fuertes en la heterorrealidad porque la critica pero no sale de ella. Ejemplos pueden ser Becky Birtha (1982), Julia Penelope, Sarah Lucia Hoaghland, Bonnie Zimmerman y muchos de los artículos de mujeres contenidos en *Inside / Out* (1991).[43] También, Hanna Hacker en un artículo en el que critica la obra de la Librería de mujeres de Milán *Non credere di avere dei diritti*, cuando fue traducida al alemán.[44] Hanna Hacker acusa a las autoras de esa obra de no nombrar en su texto la experiencia lesbiana y de no confrontar la teoría lesbiana. En la misma línea se sitúa Maureen Lister, autora de una reseña a la traducción inglesa de la misma obra; en esta reseña, critica el no dar suficiente protagonismo en su propuesta de acción política y de interpretación del movimiento feminista de los setenta al deseo erótico lesbiano, deseo que Lister opina que es el que le proporciona al pensamiento de la diferencia sexual su filo auténticamente radical.[45]

La segunda línea, la que admite la propuesta de un *continuum* lesbiano en los términos en que lo definió Adrienne Rich, tiene sus huellas, por ejemplo, en la obra de Luce Irigaray. Irigaray escribió en *El cuerpo a cuerpo con la madre* (1981):

---

42. Monique Wittig, *Virgile, non*, París, Minuit, 1985. Véase antes, Cap. II-2.

43. Becky Birtha, *Is Feminist Criticism Really Feminist?* Sarah Lucia Hoaghland y Julia Penelope, *For Lesbians Only. A Separatist Anthology*, Londres, Onlywomen Press, 1988. Sarah Lucia Hoaghland, *Lesbian Ethics*. Diana Fuss, ed., *Inside / Out*. Bonnie Zimmerman, *What Has Never Been: An Overview of Lesbian Feminist Criticism*, en Susan J. Wolfe y Julia Penelope, eds., *Sexual Practice, Textual Theory*, 33-54.

44. Hanna Hacker, *Lesbische Denkbewegungen*, «Beiträge zur Feministischen Theorie und Praxis» 25-26 (1989) 49-56. La traducción alemana se titula *Wie weibliche Freiheit entsteht. Eine neue politische Praxis* (Berlín, Orlando, 1988).

45. Maureen Lister, *Feminism alla milanese*, «The Women's Review of Books» VIII-9 (junio 1991) 26. La traducción inglesa lleva el título: *Sexual Difference: A Theory of Social-Symbolic Practice* (Bloomington, Indiana University Press, 1991). Tanto Hacker como Lister expresan su «irritación» ante el escaso protagonismo explícito del lesbianismo.

«A través de todo esto, lo que debemos hacer [... es descubrir nuestra identidad sexual, es decir, la singularidad de nuestro autoerotismo, de nuestro narcisismo, la singularidad de nuestra homosexualidad. Sin olvidar que las mujeres, dado que el primer cuerpo con el cual tienen contacto, el primer amor con el que tienen contacto es un amor maternal, es un cuerpo de mujer, las mujeres, digo, mantienen siempre –a menos que renuncien a su deseo– una relación primaria y arcaica con lo que se denomina homosexualidad.»[46]

La dicotomía entre estas dos líneas de pensamiento han intentado difuminarla otras autoras. Por ejemplo, Sabine Hark y, con más claridad, Judith Butler.[47] Sabine Hark parte de la crítica a la ausencia de la lesbiana en el pensamiento feminista dominante, pero no aboga por el separatismo al estilo USA sino por una convivencia entre identidad y diferencias (diferencia que es primero de gusto erótico y además de raza, etnia, clase, situación en la dinámica colonial...). Judith Butler parte de la declaración personal tan característica del texto lesbiano («Desde que tenía dieciséis años, ser lesbiana es lo que he sido»),[48] para rechazar seguidamente el ejercer de lesbiana, el entrar en una identidad definida; una identidad marcada por el «dentro / fuera» que da título al libro en que colabora, un título que ella no sustenta. Dice en este sentido:

«Cuando hablé en el congreso sobre homosexualidad de 1989, me encontré diciéndoles previamente a mis amigos que me iba a Yale a ser lesbiana, lo cual por supuesto no quería decir que no lo fuera ya, sino que de alguna manera entonces, mientras hablaba en ese contexto, lo *era* de algún modo más completo y totalizador.»[49]

Judith Butler, una autora de lenguaje académicamente postmoderno pero muy influida por Foucault, rechaza cualquier categorización totalizadora del yo en general y del yo lesbiano en particular porque piensa

---

46. Luce Irigaray, *El cuerpo a cuerpo con la madre*, (1981), 15-16.
47. Sabine Hark, *Eine Lesbe ist eine Lesbe*, 59-70. Judith Butler, *Imitation and Gender Insubordination*, 13-31.
48. Judith Butler, *Imitation and Gender Insubordination*, 18.
49. *Imitation and Gender Insubordination*, 18. Su subrayado.

que la construcción de identidad se basa en exclusiones que crean cada vez exclusiones nuevas. Opina que la identidad, la construcción misma como sujeto, es una vía abierta a la opresión porque marca la entrada en la «economía de la ley», es decir, en el orden simbólico y social patriarcales. «¿Puede» – se pregunta– «la exclusión de la ontología misma convertirse en un aglutinador punto de resistencia?»[50]

7. *Queer Theory* y *S/M Lesbian*

En los últimos años, una parte del feminismo lesbiano ha derivado hacia lo que se llama *Queer Theory*. *Queer* quiere decir «raro, singular, extraño, cuestionable». *Queer* aglutina en un mismo espacio político y teórico a lesbianas y a gais, que operan en ese espacio solidariamente. El objetivo de la unión no es tanto la lucha por la abolición del patriarcado como –en las entre sutiles y políticamente eclécticas palabras de Teresa de Lauretis– el hacer de «agente de procesos sociales cuyo modo de funcionar es a la vez interactivo y resistente, participatorio y a la vez distinto, reclamando a un tiempo igualdad y diferencia, exigiendo representación política mientras insiste en su especificidad material e histórica.»[51]

El término *Queer* pretende distanciarse de la pareja «lesbiana y gay» propia de los años setenta y ochenta. Busca aglutinar muchos matices distintos de esos dos grupos, matices relacionados con la raza y la clase social sobre todo, y aglutinarlos en el contexto del peligro del SIDA y de la reacción conservadora contra lesbianas y homosexuales que se percibió ya fuerte en las sociedades norteamericana y británica de los años ochenta.

Se trata de un fenómeno social, una postura política y una reflexión teórica que han surgido entre gente blanca principalmente en países de habla inglesa (USA y UK, que yo sepa).[52] Aunque hay que decir que en

---

50. *Ibid.*, 20.

51. Teresa de Lauretis, *Queer Theory: Lesbian and Gay Sexualities. An Introduction*, «Differences» 3-2 (1991) III-XVIII; p. III (monográfico dedicado a *Queer Theory. Lesbian and Gay Sexualities*. Otro monográfico: *Fear of a Queer Planet* «Social Text» 9-4 (1991).

52. Un resumen desde Alemania en Sabine Hark, *Queer Interventionen*, «Beiträge zur Feministischen Theorie und Praxis» 11-2 (1993) 103-109.

todos los países donde tuvo fuerza el movimiento de mujeres desde finales de los sesenta o poco después, ha habido lesbianas que se integraron en las corrientes dominantes del feminismo, ha habido lesbianas que llevaron su lucha por separado, y ha habido lesbianas que hicieron política al lado de hombres homosexuales. Se suele decir que las que se integraron en el feminismo dominante sufrieron su latente o evidente homofobia, y que las que se asociaron con los gais sufrieron la misoginia de muchos de ellos.

Entre las lesbianas que se sitúan en el marco de la alianza con gais, se perfilan con cierta claridad dos maneras de ver la sexualidad, la política y la teoría. Una es la de las que sostienen que la alianza es importante porque da fuerza para luchar contra el heterosexismo; pero matizando esta alianza desde la conciencia de que los gais son hombres y, en cuanto tales, no están interesados en la abolición del patriarcado. Saben que lo que los gais buscan es un lugar más importante dentro del orden patriarcal y de su derecho, de la ley vigente en ese orden. Ellas quieren derechos y visibilidad, aunque temen que sean los gais los que impongan su medida en esa lucha. Por eso la alianza está siempre sujeta a revisión desde una postura feminista abiertamente explicitada, postura que se resume en dar importancia también a la lucha para la abolición del patriarcado.[53]

La otra postura, mucho más compleja, es la que ha tomado como eje el viejo e irresuelto debate en torno a la pornografía.[54] El debate en torno a la pornografía dividió violentamente al feminismo especialmente en la década de los setenta y parte de los ochenta. Entre las lesbianas, se polarizaron las posturas en torno a este asunto, distanciando a mujeres que eran o habían sido activistas y teóricas importantes del feminismo. En contra de la pornografía destacaron luchadoras y pensadoras como An-

---

53. Rosemary Auchnuty, Sheila Jeffreys y Elaine Miller, *Lesbian History and Gay Studies: keeping a feminist perspective*, «Women's History Review» 1-1 (1992) 89-108.

54. Un estudio muy interesante de la cuestión de la pornografía: Elizabeth H. Wolgast, *The Grammar of Justice*, Ithaca y Londres, Cornell University Press, 1987, cap. 5. Un estudio reciente, desde una postura política y disciplinaria distinta: Raquel Osborne, *La construcción sexual de la realidad. Un debate en la sociología contemporánea de la mujer*, Madrid, Cátedra, 1993.

drea Dworkin y Catharine A. MacKinnon.[55] A favor, autoras y activistas como Gayle Rubin e Eve K. Sedgwick.[56] Tiene su interés observar que Judith Butler, una filósofa lesbiana de la generación siguiente, critica en un libro reciente a MacKinnon no ya de rígida o de intolerante, como se hacía hace diez años desde la onda favorable a la pornografía en este debate, sino de defender una «forma determinista de estructuralismo», lo cual no deja de ser un serio insulto desde el postmodernismo.[57]

Hoy, en los años noventa, la corriente que se constituyó en el marco de la defensa de la pornografía ha pasado a autodefinirse como *«s/m lesbian»*. Es decir, lesbiana sadomasoquista. Es un tema duro y complejo, que recojo porque está claramente presente en el movimiento político y en los estudios académicos. Es un sadomasoquismo a veces independiente en sus contenidos y estilo, a veces muy relacionado con el sadomasoquismo gay. Es un asunto que ha enfrentado (en los libros) a Gayle Rubin con Andrea Dworkin o Kathleen Barry, por ejemplo.[58] Dentro de esta tendencia, hay autoras como Judith Butler que se definen como feministas y que sostienen que el *drag*, la máscara, la personificación, el disfraz / andrajo de rasgos de la sexualidad atribuida a otros cuerpos, es una estrategia de difuminación de identidades de género que contribuye a la crisis del patriarcado. Otras, como Julia Creet, se distancian del feminismo histórico porque interpretan el sadomasoquismo como una forma de rebelión de la hija contra la «ley de la Madre», contra el «feminismo materno» que amenaza con su moralismo la identidad de la hija lesbiana.[59]

55. El libro más reciente sobre este tema que conozco de Catharine A. MacKinnon es *Only Words*, Cambridge, MA, Harvard University Press, 1993. Uno clásico de Andrea Dworkin, *Intercourse*, Londres, Arrow, 1988.

56. Gayle Rubin, *Of Catamites and Kings: Reflections on Butch, Gender, and Boundaries*, en Joan Nestle, ed., *The Persistent Desire. A Femme-Butch Reader*, Boston, Alyson, 1992, 466-482. Ead., *Reflexionando sobre el sexo: notas para una teoría radical de la sexualidad*, en Carole S. Vance, ed., *Placer y peligro. Explorando la sexualidad femenina*, trad. Madrid, Revolución, 1989, 113-190. Eve K. Sedgwick, *Epistemology of the Closet*, Berkeley, University of California Press, 1990.

57. Judith Butler, *Bodies that Matter*, 239.

58. De Kathleen Barry, *Female Sexual Slavery*, Englewood Cliffs, NJ, Prentice Hall, 1979 (trad. de Paloma Villegas y Mireia Bofill, Barcelona, La Sal, 1988).

59. Julia Creet, *Daughter of the Movement: The Psychodynamics of Lesbian S/M Fantasy*, «Differences» 3-2 (1991) 135-159.

Sheila Jeffreys ha criticado recientemente esta tendencia, calificándola de no feminista (*feminist free*) y de anclada en la admiración hacia la cultura gay; actitudes ambas que le llevan a Sheila Jeffreys a encuadrar esa tendencia del lesbianismo dentro de la reacción conservadora más general visible en Occidente desde principios de los años ochenta, una reacción que –en su opinión– ha reificado la sexualidad lesbiana con una supuesta «revolución sexual» al estilo de la inducida entre las mujeres emancipadas a finales de la década de los sesenta.[60]

8. La cuestión de la identidad lesbiana

A lo largo de este capítulo he usado ambiguamente los términos «identidad» y «subjetividad» lesbiana. Esta ambigüedad intencionada se hace eco de un debate contemporáneo no resuelto; un debate cuyo eje es la cuestión de si el lesbianismo hace o no hace una identidad. Se trata de una cuestión política controvertida tanto dentro como fuera del feminismo lesbiano. Históricamente, este debate se ha planteado en la intersección, ya de adultas, de dos generaciones de activistas y pensadoras lesbianas: la que, con enorme esfuerzo y sufrimiento personales nombró en el mundo y en la academia el amor entre mujeres como relación social y política desde finales de la década de 1960, y la tercera generación de lesbianas feministas, una generación en la cual (en opinión de Sabine Hark) el *coming out*, el «hacerse pública», resulta ser bastante más fácil que antes. Esta autora ha interpretado la mayor facilidad como una vía abierta al reconocimiento no excluyente ni jerárquico ni debilitador para el movimiento de las diferencias entre mujeres.[61]

Esa mayor facilidad podría ser también la vía abierta que lleve a cuestionar si el amor entre mujeres comporta necesariamente la adopción de una identidad lesbiana. (Me interesa más plantear así este asunto que indagar si el amor entre mujeres constituye identidad porque pienso que si hay mujeres que así lo viven y lo dicen, sencillamente así es).

Buscando y rebuscando entre textos que han tratado el tema de la identidad lesbiana, me ha llamado mucho la atención la ilustración de

---

60. Sheila Jeffreys, *The Lesbian Heresy*; una reseña interesante: Rachel Wingfield, *Selling Out: «The Lesbian Sexual Revolution»*, «Trouble & Strife» 28 (1994) 20-25.

61. Sabine Hark, *Eine Lesbe ist eine Lesbe*, 67.

portada de *The Lesbian Postmodern* (quizá el peor sitio para buscar identidad); esta ilustración representa a una mujer joven de estética lesbiana de los noventa, imaginada como victoria alada que, tintero en mano, dibuja con una pluma en pleno vuelo el contorno de su propio cuerpo.[62] Una mujer, pues, que se escribe y se nace, ya adulta, sin dependencia de nadie ni infancia. Dentro del libro, se habla de ella en los términos siguientes:

> «¿Qué es, pues, la lesbiana postmoderna? La propia lengua obliga, porque ejerce demasiado de categoría, demasiado como un sustantivo. Y, sin embargo, esta es precisamente la contradicción encarnada en la frase, que transforma lo que en cierto sentido debería ser una acción, una actividad, en una formulación estática, protogenérica. Pero, como espero haber sugerido, no puede haber un mapa de la lesbiana postmoderna, no un poner su definición en su sitio. A ella sólo se la puede situar en el exceso de esos rasgos modernistas, en algún lugar entre y más allá de la crisis categórica y de la lógica de un sistema que visiblemente falla. Como implica mi paráfrasis de las citas de Butler y Roof al principio de este texto, la lesbiana postmoderna marca un tipo distinto de encuentro, uno que necesariamente abandona el sueño de simetría y equivalencia, alejándose de la epistemología de las identidades, derechos y razón que garantizarían el logro menos que liberador de (una siempre burguesa) legitimidad cultural. Muy justamente, o así me lo parece a mí, la lesbiana postmoderna esquiva y desvía la proclama abiertamente modernista de Monique Wittig: no ya que la lesbiana "no es una mujer" sino que la lesbiana no es –no puede seguir siendo– tampoco "la lesbiana".» [63]

De todo este no-ser, del desmantelamiento final de cualquier conato de yo femenina en la academia feminista norteamericana, es en parte

62. Ed. por Laura Doan (Nueva York, Columbia University Press, 1994). La autora de la ilustración es Alison Bechdel.

63. Robyn Wiegman, *Introduction: Mapping the Lesbian Postmodern*, en Laura Doan, ed., *The Lesbian Postmodern*, 1-20; p. 16.

responsable el entusiasmo que ahí ha suscitado la obra de la filósofa lesbiana Judith Butler.[64]

Opina esta autora que no hay un yo detrás de la acción:[65] la gente somos resultado de procesos que, al construirnos, nos materializan inestablemente. Es decir, justo al revés de lo que nos suele sugerir la experiencia vivida, la cual –como es obvio– carece en esta lectura de estatuto de originalidad. No hay pues, origen para la vida ni lugar de enraizamiento, ni necesidad, sino la reiteración hasta el infinito de *gender performances*, de representaciones contingentes en el gran teatro del mundo de papeles, parodias y funciones del «ideal regulador» que es, en las palabras foucaultianas de Judith Butler, lo que ella entiende por «sexo». Las funciones (*performances*) van dando inconsistentemente inteligibilidad a los cuerpos, al materializarlos. Las palabras, pues, no son de una, ni cuenta su decibilidad, ya que no hay nadie que se constituya en ser al pronunciarlas nombrando algo:

> «Este texto acepta como punto de partida la noción de Foucault de que el poder regulador produce los sujetos que él controla, que el poder no es sólo impuesto externamente, sino que funciona como medio regulador y normativo que forma los sujetos.»[66]

Ni «procesos» ni «construir» ni «materialización» deben ser entendidos, sin embargo, en su sentido corriente:

> «Lo que yo propondría en lugar de esas concepciones de construcción es un retorno a la noción de materia, no como sitio o superficie, sino como *proceso de materialización que se estabiliza en el tiempo para producir el efecto de contorno, fijeza y superficie que llamamos materia.* Que la materia se materialice siempre debe, yo pienso, ser pensado en relación con los efectos producti-

64. Tanto *Gender Trouble. Feminism and the Subversion of Identity* (Nueva York y Londres, Routledge, 1990) como *Bodies that Matter*).

65. *Gender Trouble*, 142.

66. *Bodies that Matter*, 22.

vos y, especialmente, materializadores del poder regulador en sentido foucaultiano.»[67]

Es, pues, el poder regulador lo que crea la materia y no la madre.[68] (No se sabe quien sustenta al poder regulador, aparte de la «citacionalidad» (*citationality*) reiterativa y ritual de las intuiciones de algunos grandes maestros del siglo XX y, por extensión, de los que les precedieron). La lesbiana puede dibujar con su trazo los contornos de su cuerpo porque éste «no es materia» (*matter*), no le importa (*doesn't matter*) al poder regulador, ya que su matriz no es heterosexual (la única *matrix* que circula por el libro). Pero también ella es una ilusión «performativa».

Pienso que la crítica demoledora de la categoría «sexo» que propone Judith Butler se apoya en la identificación de sexo con sexualidad. Una identificación con la que yo no estoy de acuerdo. Mi ser (que humildemente pienso que, aunque a duras penas, existe y hace) no lo vivo definido por mi heterosexualidad u homosexualidad, ni tampoco por mi castidad, aunque ciertamente todas ellas formen parte de él. En mi sentido de mí y del mundo prevalece la postura política de llamarme mujer y de dar prioridad a mis relaciones con otras mujeres, relaciones de todo tipo o contenido.

La fragilidad y, a un tiempo, la importancia política de la distinción entre sexo y sexualidad las ilustra el texto de una entrevista a Luisa Muraro, cuya razón de ser estuvo precisamente en las críticas de algunas feministas lesbianas de Alemania a la poca presencia explícita del lesbianismo en los escritos de la Librería de mujeres de Milán:

> "*Pregunta*: El punto de partida de su discurso, yo lo definiría como un punto de vista lesbiano. ¿Por qué es Vd. reticente sobre esto?»
>
> *Respuesta*: «Yo no puedo decir que esto de la diferencia sexual sea un punto de vista lesbiano, porque lo que yo intento ex-

---

67. *Bodies that Matter*, 9-10. Su subrayado.

68. Barbara Duden, en una dura e inteligente crítica de *Gender Trouble*, ha escrito de Judith Butler: «La autora me da la impresión de que se siente como suele ser generalmente representado el feto público: el feto, que se ha convertido en símbolo de la vida no nacida, suele ser representado en los medios de comunicación y en las octavillas sin ninguna relación con su madre, como cosmonauta en su cáscara» [*Die Frau ohne Unterleib: Zu Judith Butlers Entkörperung. Ein Zeitdokument*, «Beiträge zur Feministischen Theorie und Praxis» 11-2 (1993) 24-33; p. 31].

presar es un punto de vista político que tengo la presunción de considerar válido para todas, también por tanto para mujeres que son llamadas heterosexuales. Admito que mucha heterosexualidad femenina es obligada. Pero no juzgo yo de la libertad o no libertad de otras: si otras me dicen que ésta es para ellas una expresión válida, yo respeto lo que dicen, y por tanto no puedo decir que todas las mujeres heterosexuales están en estado de coacción, obligadas, sin libertad, etc. Yo, pues, desarrollo una búsqueda de libertad femenina que no es exclusiva de mujeres que eligen amar a las de su sexo. En mi concepción está en la base el amor entre mujeres; esto lo enseño y lo considero válido en todo caso: si una mujer no sabe amar, admirar a una de sus semejantes, no habrá para ella vía de libertad porque se odiará a sí misma, y estará entregada a la mirada de aprobación o de rechazo del hombre, obligada a gustar a un hombre para poder gustarse. Si una mujer es capaz de amar a una semejante (y por tanto a sí misma), después es libre de amar a quien quiera. Yo veo el valor, la preciosidad del movimiento lesbiano. Tiene su especificidad, su originalidad, una gran fuerza; es innegable que hay vías de libertad femenina que no se hubieran abierto sin él. Yo me reconozco en casi todo lo que dice la cultura y la política de las lesbianas, excepto en la necesidad de la palabra «lesbiana». Hay que darse cuenta de que esto crea una gran fractura, un conflicto entre el movimiento lesbiano y yo. Mi política no es política lesbiana: lo es en los contenidos casi en todo, pero esta palabra corta la comunicación con mujeres que no se reconocen en el lesbianismo y con las cuales yo tengo relaciones, estudiantas, compañeras de trabajo, etc., y son relaciones válidas, relaciones de libertad femenina. No soy reticente: no estoy escondiendo nada. Es que quiero hablar del punto de vista femenino que interesa a cada mujer que tenga en sí amor por la libertad, potencialmente o declaradamente [...].

P.– (Vd. está diciendo que no es importante el punto de partida desde el cual una estudiosa, científica, etc., habla).

R.– El lugar desde el que una habla es fundamental e importante. Sé que el hablar es comunicación. En el hablar yo debo mostrar el punto de vista desde el cual hablo (que no es lesbiano). Diciendo que yo no hago mío el punto de vista lesbiano no quiero esconder mi punto de vista, de partida, le doy el nombre en el cual me reconozco. Es una posición femenina de una mujer que da el primer lugar al amor entre mujeres. Al decir esto doy a entender que puede haber otros amores que tendrán el segundo lugar. Es aquí donde yo estoy, lo que yo soy. Por ahora este primer lugar es mi único lugar. No tengo vínculos de gran significado, por ejemplo, con mis colegas de la universidad. Hago filosofía con mujeres y busco relaciones siempre con mujeres, también para cosas para las que podría servirme de un hombre. Para mí esta es una situación provisional; no excluyo, un día, amar también a un hombre. Ahora no me interesa mínimamente. No excluyo, un día, poder también admirar a un hombre; ahora no me ha sucedido. Llamar lesbiana esta postura, mi postura, sería claramente erróneo. Yo no estoy, pues, ocultando mi postura, intento por el contrario explicarla del modo más fiel. En vez de seguir con este juego de decirme que escondo algo, por el hecho de que no me llamo «lesbiana», ¿por qué no intentamos, más sencillamente, entender qué es lo que nos divide políticamente? Esto sería, en mi opinión, más provechoso."[69]

Pienso, sin embargo, que sería inexacto deducir de este texto que el definirse o no como lesbiana es tan sólo una cuestión de palabras. No situar mi lugar de enraizamiento y de enunciación en la sexualidad implica, para mí, que intento existir en un cuerpo femenino constituido por múltiples atributos no rígidamente jerarquizados, atributos uno de los cuales es la sexualidad.

---

69. Luisa Muraro, *Il dibattito*, «Quaderni di Agape» 19 (1992): *La libertà femminile*, 43-49; p. 43-45. La entrevista es de septiembre de 1991.

V

LA TEORIA DE LOS GENEROS

Sumario: 1: El género, un concepto liberador en la década de 1970.– 2: Los descubrimientos de la biología y de la etnología.– 3: Los sistemas de género y sus características.– 4: El género y la raza.– 5: Las críticas.

1. El género, un concepto liberador en la década de 1970

De los modelos generales de interpretación de las relaciones sociales y de su historia que la política y el pensamiento feminista han ido aportando en los últimos veinticinco años, el de los géneros es el que ha vivido éxitos de aplicación más visibles en la década de los ochenta. El género fue, como el patriarcado, un concepto tremendamente liberador cuando fue formulado a principios de los años setenta. Luego, con el paso del tiempo y el aprendizaje que han proporcionado los resultados de su aplicación, se ha visto que es menos revolucionario de lo que pareció en un primer momento; e, indudablemente, está claro ahora que es menos revolucionario que el de patriarcado o el de política sexual. Es un concepto, por otra parte, que ha tenido y está teniendo gran éxito en ambientes académicos y en ambientes intelectuales liberales.[1]

Fue un concepto tremendamente liberador hace veinte años porque nos permitió a las mujeres desnudar metafóricamente nuestro cuerpo,

---

1. La cantidad de títulos sobre el género que han sido publicados en los últimos veinte años, especialmente aunque no sólo en inglés, es enorme. No conozco, sin embargo, ninguna compilación bibliográfica general.

deshacernos de un entramado cultural densísimo tejido en torno a él y que circulaba con la etiqueta de «natural»; es decir, nos era inculcado como parte inalienable de nuestro ser (por más molestos y hasta repugnantes que muchos de sus contenidos nos resultaran a las feministas). Pareció, pues, que el concepto de género nos permitiría, una vez desnudadas de pieles y de doctrinas patriarcales, encontrarle sentido libre al ser mujeres.[2] Encontrarle sentido en la coincidencia entre sí y el mundo, a la manera de Lori, la protagonista de *Aprendizaje o el libro de los placeres*, una obra que publicó Clarice Lispector en 1969, cuando dice (después de haber pasado con gran dificultad la vivencia de desnudez por estar en traje de baño junto a una piscina al lado de un filósofo):

> «Lori, por primera vez en su vida, sintió una fuerza que parecía más una amenaza contra lo que ella había sido hasta entonces. Entonces habló su alma a Ulises:
>
> – Un día seré el mundo con su impersonalidad soberbia contra mi extrema individualidad de persona, pero seremos uno solo.
>
> Miró a Ulises con la humildad que de pronto sentía y vió con sorpresa la sorpresa de él. Sólo entonces se sorprendió consigo misma. Los dos se miraron en silencio. Ella parecía pedir auxilio contra lo que de algún modo involuntariamente había dicho. Y él con los ojos húmedos quiso que ella no huyese y habló:
>
> – Repite lo que dijiste, Lori.
>
> – Ya no lo sé.
>
> – Pero yo lo sé, voy a saberlo siempre. Literalmente dijiste: un día será el mundo con su impersonalidad soberbia contra mi extrema individualidad de persona, pero seremos uno solo.
>
> – Sí.»[3]

---

2. Es significativo el título de un libro que fue importante en la época: *Häutungen* (*Mudas de piel*) de Verena Stefan (Munich, Frauenoffensive, 1978, trad. de Mireia Bofill, Barcelona, La Sal, 1982).

3. Clarice Lispector, *Aprendizaje o el libro de los placeres*, trad. de Cristina Sáenz de Tejada y Juan García Gayo, Madrid, Siruela, 1989, 64-65. Es tentador ver en el paso de «seré el mundo» a «será el mundo» la manipulación por Ulises del hablar ella en primera persona; pero la edición en portugués dice en ambos casos «será» (*Uma aprendizagem ou o livro dos prazeres*, Río de Janeiro, Francisco Alves Editora, 1991, 18a ed.). Así me lo confirma Claudia Costa Brochado.

Lo que hemos percibido algunas feministas después de aquel gran descubrimiento inicial es que el concepto de género nos ayudó a desnudarnos pero de alguna manera nos dejó desnudas (lo cual no se resiste durante mucho tiempo, o no se resiste sin pena). De nuevo en las difíciles palabras de Clarice Lispector:

> «¿Cuánto tiempo soportó con la cabeza falsamente erguida? La máscara la molestaba, para colmo sabía que era más guapa sin pintura. Pero estar sin pintura sería la desnudez del alma. Y todavía no podía arriesgarse ni entregarse a ese lujo. [...]. También Lori usaba la máscara de payaso del exceso de pintura. Aquella misma que en los partos de la adolescencia se elegía para no quedarse desnudo para el resto de la lucha. No, no es que se hiciese mal en dejar el propio rostro expuesto a la sensibilidad. Pero es que el rostro que estuviera desnudo podría, al herirse, cerrarse solo en súbita máscara involuntaria y terrible: era pues menos peligroso elegir, antes que eso fatalmente sucediera, elegir por sí sola ser una "persona".» [4]

O quizá el análisis de género nos dejó a las feministas medio permanentemente ancladas en el proceso mismo de entender cuáles son esos ropajes de que una se debe o se quiere despojar (un proceso que está llegando a un gran refinamiento intelectual en los últimos años), debilitándonos así políticamente.

En tanto que modelo de interpretación de las relaciones sociales y de su historia, la teoría de los géneros estaba claramente sistematizada en la década de los setenta. Sus precedentes directos son, sin embargo, más antiguos. Margaret Mead, por ejemplo, había escrito cuarenta años antes que «hagan lo que hagan los hombres, aunque sea vestir muñecos para una ceremonia, ello aparece siempre dotado de mayor valor.»[5] «Valor», «dotado» y «hombres» son aquí términos fundamentales que reflejan conceptos clave de la teoría de los géneros: hombres frente a mujeres, «dotado» porque no determinado por la biología, y «valor» porque la jerarquización se cuela un poco por todas partes. Los precedentes indirec-

---

4. Clarice Lispector, *Aprendizaje*, 74 y 76.

5. Margaret Mead, *Sex and Temperament in Three Primitive Societies*, Nueva York, New American Library, 1935 (trad. catalana en Barcelona, Edicions 62, 1984).

tos a esta teoría son mucho más antiguos; los conocemos bien en el siglo XV, en la obra de Christine de Pizan, aunque seguramente es posible encontrarlos en autoras anteriores si se las lee sin miedo al fantasma del anacronismo.

A la formulación de la teoría de los géneros han contribuido estudios y decubrimientos hechos en disciplinas tan diversas como la biología, la medicina, la antropología cultural, la sociología, la lingüística, y la teoría psicoanalítica. De estos descubrimientos, probablemente los más importantes sean los hechos desde finales del siglo XIX en biología humana y en las descripciones etnográficas de sociedades no occidentales. Se llegó entonces, paradójicamente, a poder afirmar en biología que alguien no es mujer sin que sea hombre; y, en antropología, a aprender que en una sociedad puede haber más de dos géneros aunque los sexos sean dos.[6]

2. Los descubrimientos de la biología y de la etnología

A lo largo del último siglo, la biología y la medicina han descubierto muchas cosas relacionadas con los mecanismos de la reproducción humana y con los procesos que intervienen en la plasmación de las características o rasgos sexuales de los individuos.[7] Se trata de descubrimientos que no son nunca objetivos o políticamente neutros sino que están siempre marcados por intereses y por actitudes culturales que, cuando de rasgos sexuales se trata, suelen ser marcadamente androcéntricos, como han demostrado, entre otras, Evelyn Fox Keller y Anne Fausto-Sterling.[8]

---

6. Se siguen descubriendo o renombrando terceros y cuartos géneros: Gilbert Herdt, ed., *Third Sex, Third Gender: Beyond Sexual Dimorphism in Culture and History*, Nueva York, Zone Books, 1994.

7. Un texto importante ha sido: John Money y Anke A. Ehrhardt, *Man and Woman. Boy and Girl. Differentiation and Dimorphism of Gender Identity from Conception to Maturity*, Baltimore, Johns Hopkins University Press, 1972.

8. Anne Fausto-Sterling, *Myths of Gender*, Nueva York, Basic Books, 1985. Una clásica: Evelyn Fox Keller, *Reflections on Gender and Science*, New Haven, Yale University Press, 1985 (trad. Valencia, Alfons el Magnànim, 1991). Una recopilación bibliográfica: Alison Wylie y otras, *Feminist Critiques of Science: the Epistemological and Methodological Literature*, «Women's Studies International Forum» 12-3 (1989) 379-388. Véase también: Luisella Erlicher y Barbara Mapelli, *Immagini di cristallo. Desideri femminili e immaginario scientifico*, Milán, La Tartaruga, 1991.

Una parte importante de los hallazgos de la biología a que me estoy refiriendo está relacionada con las disfunciones y anormalidades que la población humana presenta en lo que se refiere a esos mecanismos y a esos procesos. Hay que decir, sin embargo, que aunque se ha avanzado mucho en esta ciencia, quedan todavía grandes espacios obscuros en lo que al conocimiento de la plasmación de los rasgos sexuales de los seres humanos se refiere. En realidad, se puede afirmar que no hay un criterio definitivo para decidir quién es biológicamente hombre y quién es biológicamente mujer. Claro que precisamente la falta de criterios definitivos podría ser el criterio más definitivo, y así lo sugiere la teoría de los géneros.

A pesar de ello, tanto en la vida corriente como al escribir historia, lo más habitual es buscar y encontrar criterios que sirvan para distinguir rápida y eficazmente entre mujeres y hombres. Para ilustrar esta afirmación, Suzanne Kessler y Wendy McKenna relatan el ejemplo de las olimpiadas.[9] Los griegos no permitían a las mujeres competir en los juegos olímpicos. Por eso, al parecer, los atletas iban desnudos. Cuando en el año 404 antes de nuestra era se descubrió que una mujer se hacía pasar por entrenador, también los entrenadores tuvieron que participar desde entonces desnudos en el espectáculo. Mucho tiempo después, en 1968, fue dictada una norma que disponía que todas las atletas pasaran por un examen físico, y parece que algunas se retiraron antes de pasarlo. Pronto, al hacerse accesible la cirugía para cambiar el aspecto de los genitales de ia gente, el examen físico fue considerado insuficiente y se pasó a exigir el análisis de cromosomas en 1972. Este control hizo que una atleta célebre, Eva Klobukowska, que había pasado en su momento el examen físico y había ganado muchas medallas, no pasara el examen cromosómico unos años después y fueran declarados nulos sus triunfos, a pesar de que ella seguía viviendo como mujer. En realidad, el análisis cromosómico tampoco es seguro: solamente si hay algún cromosoma *Y* en las células se dice que la persona en cuestión no es mujer, anque tampoco se pueda afirmar que sea hombre.

Otro descubrimiento importante de la biología en este contexto ha sido el de la enorme labilidad de la sexualidad humana. Al ser concebida

9. Suzanne J. Kessler y Wendy McKenna, *Gender. An Ethnomethodological Approach*, Chicago y Londres, The University of Chicago Press, 1978.

una criatura, no se le concibe desde el primer momento como niña o como niño. Es éste un tema que sabemos que preocupó a algunos pensadores medievales (aunque no podían precisar cuándo las mujeres eran fértiles), y que resolvieron con un discurso que decía que un feto adquiría sexo cuando le era infundida el alma; esta infusión de alma operaba selectivamente: la masculina a los treinta y tres días de la concepción, la femenina a los sesenta y seis. Es decir, la tardanza del soplo divino produciría sexos de mujer.

El principio de la labilidad de la sexualidad humana fue enunciado en un primer momento en el sentido de afirmar la bisexualidad innata de los individuos. Así se hablaba en tiempos de Freud, por ejemplo, y este enunciado fue importante en la interpretación que hizo Freud de los procesos de formación de la identidad sexual en la infancia y del mal lugar que, en su opinión, corresponde a las niñas en torno a la famosa crisis edípica. Hoy día se ha dejado de hablar en términos de bisexualidad innata. Se habla, en cambio, de que todos los fetos son originariamente femeninos y femeninos se mantienen si no se ven sometidos a la intervención directa de andrógenos prenatales (hormonas masculinas que comienzan a actuar a las seis semanas de la concepción).[10]

De los descubrimientos de la antropología cultural, uno muy importante fue que las descripciones etnográficas obligaron a los eurocéntricos occidentales –tanto a los científicos como a los filósofos o a la gente corriente– a cuestionarse ese supuesto básico de nuestra cultura que consiste en asumir que la especie humana está dividida en dos géneros: masculino y femenino. La observación de otras culturas hizo necesario admitir que no sólo esto no ocurre siempre, puesto que se descubrieron sociedades con más de dos géneros, sino también que la seguridad con que en Occidente se da por supuesto que los géneros son dos encubre, en realidad, un punto de fricción y un nudo de problemas que nuestra cultura no tiene resueltos. Esta tensión se refleja, por ejemplo, en el hecho de que es muy importante la información sobre el género cuando se conoce a una persona; pero, en caso de duda, raras veces se seguiría el camino más corto para resolverla, que sería el preguntarle directamente a la víctima a cuál de ellos pertenece.

---

10. S. Kessler y W. McKenna, *Gender*, 63.

Las descripciones etnográficas demostraron, asimismo, que la diversidad de contenidos de lo femenino y de lo masculino es enorme en las distintas culturas y épocas. Este descubrimiento contribuyó a deconstruir el supuesto carácter natural del género.

3. La definición del género y sus características

Esos hallazgos llevaron, pues, a deconstruir la supuesta base biológica de los comportamientos femenino y masculino y, por tanto, a afirmar que el género es construido socialmente. Es decir, que lo que se suele entender por hombre y por mujer no son conjuntos de datos anatómicos sino construcciones sociales y culturales con una apoyatura biológica ambigua e inestable. En palabras de las antropólogas Sherry Ortner y Harriet Whitehead, «lo que es el género, lo que son los hombres y las mujeres, los tipos de relaciones que se producen o deben producirse entre ellos, todas estas nociones no reflejan ni elaboran simplemente "datos" biológicos, sino que son en buena parte producto de procesos sociales y culturales.»[11]

Entre los principales conceptos que integran la teoría de los géneros, destacaré los siguientes.

a) La distinción entre datos biológicos y género: distinción que los estudios de género denominan sexo / género. Una distinción entre natural y cultural que ya ha quedado suficientemente aclarada en los párrafos anteriores. Una distinción que, aunque hoy pueda parecer sorprendente, fue muy liberadora para la historia y para la política de las mujeres. Fue liberadora porque la asociación durante siglos del hombre con la cultura y la mujer con la naturaleza parecía obligar a pensar que la mujer era el sexo por antonomasia, apenas susceptible de análisis histórico porque el carácter de sus actividades variaría muy poco a lo largo del tiempo o entre una formación social y otra. En cambio, poder decir que la reproducción y la sexualidad se construyen culturalmente, implicó poder decir que lo que hacemos las mujeres forma parte integrante de los procesos generales de cambio social.

---

11. Sherry B. Ortner y Harriet Whitehead, *Introduction: Accounting for Sexual Meanings*, en Eaed., eds., *Sexual Meanings. The Cultural Construction of Gender and Sexuality*, Cambridge y Londres, Cambridge University Press, 1981, 1-27; p. 1.

La distinción entre datos biológicos y género puede ser aplicada por separado a la producción de vida y a la sexualidad humanas. Esta aplicación por separado tiene el interés de no identificar sexualidad humana con sexualidad reproductiva; es decir, de distinguir entre heterosexualidad y otras formas de sexualidad.

Distinguir entre datos biológicos y género en la producción de vida no quiere decir que se niegue que existan en nuestra especie dos tipos de productores de células necesarias para la fecundación, ni tampoco que mujeres y hombres participemos de forma claramente asimétrica en el proceso reproductivo. Lo que se niega, desde la teoría de los géneros, es que estas diferencias marquen definitivamente la vida humana. Se rechaza, por ejemplo, que el hecho de que las mujeres tengamos la capacidad de reproducirnos implique que tengamos que estar «naturalmente» siempre reproduciéndonos mientras seamos fértiles, o que tengamos que ocuparnos de la crianza y educación de las criaturas, que tengamos que dedicarnos a lo que ahora se suele llamar maternaje o ejercicio de la maternidad; o que el hecho de que las madres tengan la capacidad de amamantar a sus criaturas implique que deban, de paso, alimentar al resto de la familia o del grupo. Hasta cierto punto, todo esto se sabía ya (seguramente se ha sabido siempre), pero la teoría de los géneros ha sistematizado ideas que antes andaban sueltas y, probablemente, ha llevado el concepto «construcción social y cultural» hasta sus últimas consecuencias.

Un ejemplo entre muchos de que se ha sabido siempre –aunque sin sancionar políticamente este saber– que a las mujeres no nos viene «de natural» el ajustarnos a las expectativas marcadas para el género femenino, es el siguiente fragmento de un sermón de un predicador famoso del siglo XIII, Guibert de Tournai:

> «Que la mujer casada aprenda el gobierno de la casa, que consiste en cuatro tareas: con respecto a los hijos, a los siervos, a las siervas y a los trabajos domésticos. Eduque, pues, a los hijos, corrija a los siervos jóvenes y lascivos, riña a las esclavas desordenadas y procaces, proteja la casa; así gobernada, esté en paz toda la familia, cumpliendo de este modo con lo que está escrito en

el libro de la Sabiduría, en el capítulo VIII: *Que yo repose en paz al entrar en mi casa.*»[12]

Distinguir entre datos biológicos y género en la sexualidad no implica negar que existan diferencias anatómicas entre mujeres y hombres, ni que haya diferencias por sexo en la experiencia del placer erótico. Lo que se niega es que esas diferencias marquen inexorablemente el comportamiento sexual de las personas a lo largo de la vida. Asimismo, se rechaza que los comportamientos óptimos sean dos, masculino y femenino, con un único modelo normal de relación entre ellos que sería el heterosexual.

Mina D. Caulfield ha elaborado una hipótesis interesante sobre la artificialidad de la sexualidad humana desde los orígenes mismos de la especie, partiendo del análisis de un eslabón en la cadena evolutiva que es el de la desaparición del ciclo estral; es decir, la desaparición de la publicidad de sus períodos fértiles en las hembras de la especie humana. Según la hipótesis de Mina Caulfield, este paso tendría la consecuencia fundamental de liberar a las mujeres de una sumisión biológica, porque haría posible la separación entre una sexualidad reproductiva –la anterior a la desaparición del estro– y una sexualidad creativa –la posterior a la desaparición del estro–, una sexualidad esta última con amplio espacio para el desarrollo de símbolos y de significados de carácter cultural.[13] Es decir, la desaparición del estro abriría espacios para una sexualidad humana femenina no reproductiva, liberando con ello a las mujeres de cualquier obligación de heterosexualidad.

b) El género es, en todas las sociedades conocidas, un principio básico de organización social. Un principio de organización social como pueden serlo el de clase social o el de jerarquía, pero previo a éstos. Es decir, es universal la distinción hombres / mujeres, y esta oposición binaria dominaría las clasificaciones sociales. Esto sería así a pesar de que no siempre son esos dos géneros los únicos que existen en una cultura determinada. En tanto que principio de organización social, el género ha sido definido como un «sistema simbólico o de significado que está constituido por dos categorías que son complementarias entre sí pero que se excluyen mutuamente, y en las cuales están comprendidos todos los

---

12. En Carla Casagrande, ed., *Prediche alle donne del secolo XIII,* Milán, Bompiani, 1978, 63.

13. Mina D. Caulfield, *Che cos'è naturale nel sesso?*

seres humanos.»[14] Por su parte, Victoria Sau lo ha definido como «aquella parte del comportamiento humano que tiene que ver con el sexo a fin de que no queden dudas sociales acerca de cuál es el uno y cuál es el otro.»[15] Con cada una de esas dos categorías está, pues, asociada una amplia gama de actividades, actitudes, valores, objetos, símbolos y expectativas de comportamiento social.

He sugerido que no siempre son dos los géneros. Una de las terceras posibilidades más famosas es la que representan los berdache. Aunque el tema es debatido y las fuentes etnográficas poco consistentes, se puede decir que los berdache eran nativos de Norteamérica que recibían sanción social para adoptar un género distinto del que les había sido asignado al nacer. El cambio de género no se llevaba a término de forma marginal a la organización social, sino plenamente dentro de ella.[16]

Se suele decir que el modelo rígido de exclusivamente dos géneros es un modelo occidental. Sin embargo, el historiador John Boswell ha sugerido la posibilidad de que existieran berdache entre los germanos de la Europa altomedieval. Ha mostrado, asimismo, que en la Roma republicana e imperial eran legales los matrimonios entre hombres, matrimonios que –en la ley– aboliría definitivamente Justiniano en el siglo VI. La sugerencia de Boswell de que existieran berdache entre los germanos se funda en un texto del historiador franco del siglo VI Gregorio de Tours. Observa Boswell que «Gregorio de Tours cuenta sin sorprenderse un incidente en el cual el conde de Javols insultó a un obispo preguntándole delante del rey Sigeberto: "¿Dónde están tus maridos, con los que vives en vergüenza y oprobio?".»[17] El obispo habría, pues, adoptado en su conducta contenidos definidos como femeninos y viviría con otros hombres relaciones institucionalizadas como matrimonios, aunque sin dejar de ser hombre en las demás circunstancias de su vida.

---

14. Salvatore Cucchiari, *The gender revolution and the transition from bisexual horde to patrilocal band: the origins of gender hierarchy*, en Sherry Ortner y Harriet Whitehead, eds., *Sexual Meanings*, 31-79; p. 32.

15. Victoria Sau, *Diccionario ideológico feminista*, 134.

16. S. Kessler y W. McKenna, *Gender*, 24-36.

17. John Boswell, *Christianity, Social Tolerance, and Homosexuality*, 184 (*Historia francorum*, 4. 39, en *Monumenta Germaniae Historica, Scriptores rerum Merovingicarum*, I-1, p. 172).

c) Este principio de organización social que es el género no opera de manera neutra, dando por resultado dos sociedades paralelas, masculina y femenina, de funcionamiento simétrico. Opera íntimamente vinculado con el principio de jerarquía. Al parecer, según las descripciones etnográficas de pueblos que poseemos, es prácticamente universal el predominio del género masculino sobre el femenino.[18] Es decir, en todas partes los hombres tienen poder social sobre las mujeres, poder social que en el orden patriarcal suele ser confundido con la autoridad. Sería precisamente la carencia de poder / autoridad una causa fundamental de la perpetuación de la subordinación social de las mujeres en ese orden sociosimbólico. Esto quiere decir que aunque ciertamente algunas mujeres tienen y han tenido bastante influencia y bastante poder, esta influencia y este poder no están nunca culturalmente legitimados. Y, sobre todo, no están nunca legitimados con cánones, con medidas creadas y mediadas –es decir, hechas sensatas– por las propias mujeres. Refiriéndose a la falta de legitimación cultural de las instancias de poder ejercidas de hecho por mujeres, ha escrito Joan W. Scott que el poder que las mujeres poseemos tiende a ser percibido como manipulador, como disruptor de las relaciones sociales, como ilegítimo o como fuera de lugar y escasamente importante (tipo «poder detrás del trono»). Por tanto –concluye esta autora–, el género es el «campo en el cual o por medio del cual se articula el poder.»[19] Consiguientemente, las diferencias de género estructuran la percepción y la organización concreta y simbólica de toda la vida social. En tanto que estas diferencias establecen distribuciones de poder, distribuciones que implican control diferencial de acceso a recursos materiales y simbólicos, el género estaría implicado en la concepción y en la construcción del poder. En este sentido, ha escrito Maurice Godelier: «No es la sexualidad lo que persigue a la sociedad, sino la sociedad la que persigue la sexualidad del cuerpo.»[20] Es decir, la sexualidad del cuerpo sirve para legitimar desigualdades (aunque no, en mi opinión, para explicarlas).

---

18. M.C. Hurtig, M. Kail y H. Rouch, eds., *Sexe et genre. De la hiérarchie entre les sexes*, París, CNRS, 1991. Una aproximación desde el feminismo marxista: Stephanie Coontz y Peta Henderson, eds., *Women's Work, Men's Property. The Origins of Gender & Class*, Londres, Verso, 1986.

19. Joan W. Scott, *Gender: A Useful Category*, 1069.

20. Cit. *Ibid.*, y nota 42.

d) El género se asigna a las personas al nacer. Y no suelen existir vías para pasar fácil, y menos reiteradamente, de un género a otro. El único criterio que se emplea para clasificar a quien acaba de nacer en una u otra categoría es su apariencia física en el momento de ser dada o dado a luz.

Pasar de un género a otro está previsto en algunas sociedades pero, al parecer, una sola vez. El mecanismo descrito entre ciertos indios norteamericanos consistía, para casos dudosos, en incendiar la cuna, de manera que la nueva clasificación dependería de los objetos que intentara salvar la criatura en su huida del fuego. En la Europa cristiana hay referencias aisladas pero recurrentes a cambios de género, normalmente acompañados de la ruptura física de vínculos con el lugar de nacimiento y de crianza. Se trata, en cualquier caso, de cambios que no cuestionan sino que, por el contrario, corroboran la validez del sistema de géneros, ya que el cambio es excepcional y se concibe como definitivo. Un ejemplo muy popular durante siglos en Europa fue la versión de la historia de santa Pelagia (m. 8 octubre h. 290), que recogió hacia 1262 el dominico de Génova Santiago de la Vorágine en *La leyenda dorada*. Dice este texto:

> «Pelagia, joven bellísima, dueña de incalculables riquezas y bienes de fortuna, ambiciosa, presumida y entregada de cuerpo y alma a la lascivia, fue en su tiempo la mujer más famosa y popular de Antioquía. En cierta ocasión, mientras fastuosamente ataviada paseaba por las calles de la ciudad, vestida desde la cabeza a los pies de oro, plata, pedrería y deslumbrantes alhajas, tan profusamente perfumada que a su paso el ambiente quedaba impregnado de exquisitos aromas, vióla un padre muy santo, llamado Nono, obispo de Heliópolis...»

Pelagia –prosigue la narración– se convierte al cristianismo, lo vende todo y marcha al Monte Olivete vestida de ermitaño. Unos años después, un diácono de Nono va a verla (es Pelagio ahora): «El diácono lo localizó y lo visitó. Pelagia reconoció inmediatamente al diácono, pero él a ella no, porque a causa de la mucha penitencia que hacía estaba muy desfigurada y auténticamente demacrada...» Muere Pelagia y: «Al sacar el cadáver de la celda y advertir que el presunto ermitaño era mujer, quedaron sumamente sorprendidos y, llenos de admiración y dando gracias a Dios, enterraron su cuerpo con profunda reverencia.»[21]

Más frecuente y, sobre todo, culturalmente fomentado ha sido el cambio de género en la fantasía, en la visión, en el sueño. Se fomenta típicamente el paso de mujer a hombre (al revés que en el caso de los berdache). A las mujeres que adoptaron esta forma las llamaron, desde la Antigüedad, *mulieres viriles*, mujeres viriles, mujeres de cuerpo femenino y comportamiento definido como masculino, mujeres para las que no ha sido nunca acuñado un término independiente. Este proceso de masculinización en la fantasía no solía entenderse como definitivo; el tema, no obstante, está todavía pendiente de estudio, ya que es probable que estemos metiendo en el hueco *mulieres viriles* a tipos femeninos diversos. Un ejemplo complejo de cambio de género en la fantasía es el de Benedetta Carlini (1590-1661), la abadesa toscana que fue condenada a prisión perpetua por sus relaciones sexuales con otra mujer, una monja de su convento: una historia que ha hecho famosa la obra de Judith Brown. En su relación con Bartolomea, Benedetta Carlini se transformaba ocasionalmente en un ángel a quien ellas en el interrogatorio de su proceso judicial llaman Splenditello: un ángel que era, asimismo, el ángel particular de Benedetta Carlini. Dice el texto del proceso:

> «Ella parecía siempre estar en trance cuando hacía esto. Su ángel, Splenditello, hacía estas cosas, apareciéndose como un joven de ocho o nueve años de edad. Este ángel Splenditello, a través de la boca y de las manos de Benedetta, le enseñó a su compañera a leer y a escribir, haciéndole estar junto a ella encima de sus rodillas y besándole y poniéndole las manos en sus senos. Y la primera vez le hizo aprender todas las letras sin olvidarlas; y la segunda, leer todo un lado de la página; el segundo día le hizo coger un librito de la Virgen y leer las palabras; y los otros dos ángeles de Benedetta escucharon la lección y vieron la escritura.»[22]

---

21. Santiago de la Vorágine, *La leyenda dorada*, trad. de J. M. Macías, Madrid, Alianza, 1982, II-150, p. 652-653.

22. Judith Brown, *Immodest Acts*, 163. Este ángel, que recuerda a Eros, el niño hermano y amante de Afrodita, tiene algo que ver con el que se le aparecía a Teresa de Jesús (1515-1582), según ella relata en el *Libro de la vida*, XXIX-13 y 14, p. 280-281, y ha hecho

e) La identidad femenina y la identidad masculina, los contenidos de cada identidad de género, parece que se inculcan y se transmiten a través de la socialización. Digo «parece» porque, aunque no se sabe nada definitivo sobre una posible asociación entre hormonas y conducta, se ha especulado en este sentido.[23] Esta socialización, como todo el mundo sabe, se lleva a término en la familia, en la ecuela, en la calle, a través de la literatura, de los medios de comunicación social... Y, según las diversas escuelas psicoanalíticas, en la primera infancia, en la fase edípica, en la fase pre-edípica (a través de los modelos madre / padre; mediante el lenguaje, entendido como construcción simbólica del mundo...). En la Europa cristiana, la predicación ha sido un mecanismo importante para dejar claros los límites y los contenidos de las identidades de género. Todas las sociedades tienen, además, formas de control del mantenimiento de la identidad de género a lo largo de la vida, formas de control que suelen ser bastante rígidas (la caza de brujas o la medicalización del cuerpo lesbiano son aquí ejemplos extremos pero no raros).

La rigidez de las identidades de género choca con algunos de los principios básicos del postmodernismo. La filósofa Judith Butler ha sugerido en este sentido que tener una identidad definida no es algo que la gente necesitemos; quien necesita de esas identidades bien definidas es el propio sistema de géneros, que sin ellas no podría mantenerse.[24] De ahí su insistencia incandescente en definirlas y en mantenerlas bien controladas a lo largo de la vida de la gente.

f) ¿Cómo se constituye el género? Esta cuestión fundamental ha sido tratada con originalidad por algunas antropólogas durante la década de los ochenta. Me refiero a la obra compilada por Jane Collier y Sylvia Yanagisako en que se sostiene que el género como categoría de análisis es inseparable de otra categoría básica de la antropología social y cultural que es el parentesco. Género y parentesco –han escrito esas autoras– se construyen mutua e inseparablemente.[25] Esta hipótesis ayuda a aclarar

---

célebre la escultura de Gian Lorenzo Bernini *L'estasi di santa Teresa* (Roma, Santa Maria della Vittoria). He estudiado el fragmento citado en *Placer y palabra femenina en la Europa feudal*, (en prensa).

23. Suzanne J. Kessler y Wendy McKenna, *Gender*, 42-80.

24. Judith Butler, *Gender Trouble*, 16-17.

25. Sylvia J. Yanagisako y Jane F. Collier, *Toward a Unified Analysis of Gender and Kinship*, 14-25. Véase antes, Cap. II-5.

una serie de puntos importantes de la teoría de los géneros. Por ejemplo, vincula estrechamente género y patriarcado; explica que los géneros sean dos, ya que son calco de (y a la vez se calcan en) la pareja heterosexual que está en el centro de los sistemas de parentesco patriarcales; ayuda a explicar la fijación primaria del género en lo que los estudios de género llaman sexo, concretamente en los órganos genitales que intervienen en la sexualidad humana reproductiva, es decir, en la sexualidad heterosexual; ayuda a explicar la universalidad de la jerarquía de géneros en las sociedades históricas conocidas... etc.

La hipótesis de la interdependencia de género y parentesco es un resultado de esfuerzos de interpretación hechos con anterioridad desde la antropología cultural y en el movimiento de mujeres. En la década de 1960 especialmente, quedó demostrado, según los cánones de la antropología de entonces, el carácter radicalmente cultural de la familia y de los sistemas de parentesco. David M. Schneider entendió el parentesco como «un sistema cultural, un sistema de símbolos»;[26] sistema de símbolos que se constituye en torno a lo que se llamaba entonces el hecho reproductivo, pero que va mucho más allá del hecho reproductivo. Sistema de símbolos que no se entiende aisladamente, como un dominio separado e independiente, sino que solamente es inteligible en el contexto social y cultural más amplio en el cual operan esos símbolos. Es decir, la familia y el parentesco tendrían poco que ver con la procreación y mucho que ver con una «amplia gama de dominios culturales, incluidos los de la religión, nacionalidad, género, etnia, clase social, y el concepto de "persona".»[27]

En la década de 1970, el pensamiento feminista criticó certeramente los estudios del parentesco hechos desde el funcionalismo y desde el estructuralismo. Estas críticas fueron ampliadas por el movimiento de mujeres de la misma época, especialmente desde los grupos de autoconciencia, localizando, a veces agresivamente, en la familia el origen y el núcleo de la opresión de las mujeres. La crítica del pensamiento feminista a los enfoques del estructuralismo demostró entonces que obras muy prestigiosas del momento sobre el parentesco adolecían de una superficialidad sorprendente cuando analizaban, por ejemplo, en el contexto del

---

26. David M. Schneider, *American Kinship. A Cultural Account*, Englewood Cliffs, NJ, Prentice-Hall, 1968, 18.

27. S. Yanagisako y J. Collier, *Introduction*, 6.

estudio de las formas de matrimonio, el tema clave de la circulación de las mujeres al casarse.[28] Al hacer este análisis, los estructuralistas sostenían que la circulación de mujeres era fundamental para la pervivencia de la sociedad; e ignoraban que, en realidad, es básica solamente para la perduración de las sociedades patriarcales. Es decir, excluían de su visión del mundo la cuestión de la desigualdad o desigualdades dentro de la familia, desigualdad que es en primer lugar entre hombres y mujeres, niños y niñas. El análisis de esta forma de desigualdad es fundamental para entender la historia de las mujeres y, por tanto, la historia.

Por los mismos años, el movimiento político de las mujeres manifestaba su inquietud en torno a las relaciones entre la familia y la opresión de las mujeres en textos como el siguiente:

> «La mujer sabe lo que es la atmósfera de tensión de la familia; de ahí parte la tensión de la vida colectiva. Devolvámonos a nosotras mismas la grandiosidad de la ruina histórica de una institución que, en cuanto condena simulada de la mujer, ha terminado por revelarse como condena auténtica del género humano. Que no nos consideren ya más las continuadoras de la especie. No demos hijos a nadie, ni al hombre ni al Estado: démoslos a sí mismos, restituyámonos nosotras a nosotras mismas.»[29]

La hipótesis que sostiene la interdependencia de género y parentesco ha abierto, pues, vías para explicar cuestiones tan importantes como el origen de los sistemas de género, la articulación de la subordinación de las mujeres en el orden patriarcal, y el rechazo político del feminismo hacia la institución familiar. El hecho de que esta vía de análisis haya sido formulada por el feminismo académico puede tener la ventaja de facilitar su mayor pervivencia en el tiempo y su difusión en espacios sociales insensibles al saber producido por el movimiento de mujeres.

g) Los contenidos de género varían mucho entre unas culturas y otras, aunque el predominio de lo masculino sea una constante transcul-

---

28. Una obra importante fue: Rayna Rapp Reiter, ed., *Toward an Anthropology of Women*, Nueva York, Monthly Review Press, 1975. Una obra famosa entonces, criticada: Claude Lévi-Strauss, *Les structures élementaires de la parenté*, París, PUF, 1949 (trad. Barcelona, Paidós, 1985).

29. Carla Lonzi, *Escupamos sobre Hegel*, 37-38.

tural. Asimismo, cambian con el tiempo, y estos cambios dentro de una cultura se producen siempre en relación. Es decir, no cambian sólo los contenidos –o algunos contenidos– de lo femenino o de lo masculino, sino siempre de ambos. La importancia de este elemento relacional en los sistemas de género y su utilidad para el estudio de la historia han sido destacadas por la historiografía.[30] Algunas autoras han observado con complacencia que este elemento relacional permite superar el separatismo o aislamiento de otras propuestas de análisis feminista, haciendo posible (en el caso del género) que la teoría feminista transforme el conocimiento académico:

> «Lo que hace tan atractivo y tan potencialmente fructífero el estudio del género es la percepción de los sistemas sociales y culturales que aporta. Quien investiga intentando entender cómo puede variar el peso relativo de cada género en relación con series opuestas de valores culturales y de límites sociales establecidos, aprende mucho sobre la ambigüedad de los roles de género y la complejidad de la sociedad. Quienes estudian el género pueden revisar nuestros conceptos de la humanidad y de la naturaleza, y ampliar nuestro sentido de la condición humana. Desde esta perspectiva, aprender sobre las mujeres comporta también aprender sobre los hombres. El estudio del género es una vía para entender a las mujeres no como un aspecto aislado de la sociedad sino como una parte integral de ésta.»[31]

Yo añadiría que ese cambiar y aprender al compás garantiza sobre todo la perpetuación de la jerarquía entre los géneros, impidiendo una

---

30. Karen Offen, *Defining Feminism: A Comparative Historical Approach*, «Signs» 14 (1988) 119-157 [trad. en «Historia Social» 9 (1991) 103-135]; un resumen en Gisela Bock y Susan James, eds., *Beyond Equality and Difference. Citizenship, Feminist Politics, Female Subjectivity*, Nueva York y Londres, Routledge, 1992, 69-88). Hice unas observaciones críticas en *La historia de las mujeres y la conciencia feminista en Europa*, en Lola G. Luna, ed., *Mujeres y sociedad. Nuevos enfoques teóricos y metodológicos*, Barcelona, Universitat de Barcelona, 1991, 123-140: p. 133-140.

31. Jill K. Conway, Susan C. Bourque y Joan W. Scott, *The Concept of Gender*, en Eaed., eds., *Learning About Women. Gender, Politics, and Power*, Ann Arbor, The University of Michigan Press, 1987, XXI-XXIX; p. XXIX [pub. también como monográfico de «Daedalus» 116-4 (1987)].

inversión o un desplazamiento verdadero de las relaciones de desigualdad entre ambos. En otras palabras, el dar un valor tan grande a la importancia del elemento relacional en la teoría de los géneros podría formar parte de lo que ha sido llamado fundamentalismo heterosexual.[32]

h) En una formación social concreta, suele existir un modelo general de género femenino y otro de género masculino, pero con variantes importantes dentro de cada uno de ellos. Ya en los años setenta, Joan Kelly demostró que el factor clase social es fundamental para identificar variantes en el modelo general de género femenino que produzca una formación social determinada.[33] Con el tiempo, al factor clase social se han ido añadiendo otros: principalmente la raza, la etnia, las llamadas preferencias eróticas, la posición que se ocupe en el sistema colonial mundial y en los procesos de abuso del aire y de la tierra... etc.

4. El género y la raza

La cuestión de la difícil relación entre género y raza se ha planteado especialmente en el movimiento político y en la teoría feminista norteamericanas contemporáneas. Es significativo que esta cuestión se haya debatido con especial virulencia en una cultura política en la cual se identifican parcialmente, por una parte, estudios de género y estudios feministas y, por otra, raza y clase social. Es significativo porque sugiere que algo tienen en común los sistemas de género y el orden simbólico patriarcal.

Ya en los grupos de autoconciencia de la década de 1970 se detectó con inquietud que la convivencia en ellos de feministas negras y blancas era dolorosa y conflictiva. Se hizo visible entonces la complicidad de las blancas con sus hombres en la explotación sexual, económica y simbólica de las negras, así como el resentimiento y la ira de éstas, que enturbiaba la práctica política en común. En los años ochenta, la teoría feminista afroamericana, chicana e india activa en los Estados Unidos criticó insis-

32. Teresa de Lauretis, *The Essence of the Triangle*, 29-30. Un ejemplo histórico muy interesante en: Martha C. Howell, *Women, Production, and Patriarchy in Late Medieval Cities*, Chicago, The University of Chicago Press, 1986.

33. Joan Kelly, *The Doubled Vision of Feminist Theory*, en su *Women, History, and Theory*, 51-64 [antes en «Feminist Studies» 5-1 (1979) 216-227].

tentemente a la caucásica de racista, porque se había apropiado de la categoría «mujer» identificándola, implícitamente, con «blanca universal» silenciando así a todas las demás, y porque no escuchaba, limitándose a añadir la consigna «clase, raza y etnia» a su discurso de siempre, volviéndolo así políticamente correcto y relegando a las pensadoras no blancas a las notas a pie de página, como antes las habría relegado a la posición de criadas.[34] En palabras de Bell Hooks:

> «En América, ningún otro grupo ha sido socializado dejando su identidad fuera de lo dotado de existencia como las mujeres negras. Raras veces somos reconocidas como grupo separado y distinto de los hombres negros, o como una parte presente en el grupo más amplio "mujeres" en esta cultura. Cuando se habla de la gente negra, el sexismo milita en contra del reconocimiento de los intereses de las mujeres negras; cuando se habla de mujeres, el racismo milita en contra de un reconocimiento de los intereses femeninos negros. Cuando se habla de la gente negra, el foco tiende a estar en los *hombres* negros; y cuando se habla de mujeres, el foco tiende a estar en las mujeres *blancas*. En ningún sitio es esto más evidente que en el vasto *corpus* de bibliografía feminista.»[35]

Estas críticas siguen en pie en los años noventa, a pesar del esfuerzo de algunas pensadoras blancas por revisar su frecuente y muchas veces involuntario racismo por omisión.[36] No parece, pues, que en esta ocasión

---

34. Mary Childers y Bell Hooks, *A Conversation about Race and Class*, en Marianne Hirsch e Evelyn Fox Keller, eds., *Conflicts in Feminism*, Nueva York y Londres, Routledge, 1990, 60-81. Gloria I. Joseph y Jill Lewis, *Common Differences: Conflicts in Black and White Feminist Perspectives*, Boston, South End Press, 1986. Gloria Anzaldúa, *The New Mestiza*, San Francisco, spinsters / aunt lute, 1987. Gayatri C. Spivak, *In Other Worlds*. «Signs» 14-1 (1989) dedicó su monográfico a *Common Grounds and Crossroads: Race, Ethnicity, and Class in Women's Lives*. Véase también Verena Stolcke, *¿Es el sexo para el género como la raza para la etnicidad?*, «Mientras tanto» 48 (1992) 87-111; y Lola G. Luna, ed., *Género, clase y raza en América Latina. Algunas aportaciones*, Barcelona, Universitat de Barcelona, 1992.

35. Bell Hooks, *Ain't I a Woman? Black Women and Feminism*, Londres, Pluto Press, 1982, 7. Sus subrayados.

36. Un ejemplo en Michèle Barrett y Mary McIntosh, *Ethnocentrism and Socialist-Feminist Theory*, «Feminist Review» 20 (1985) 23-47. Respuestas de Caroline Ramazanoglu, Hamida Kazi, Sue Lees y Heidi Safia Mirza en *Feedback: Feminism and Racism*.

ni el debate ni el diálogo ni la crítica estén produciendo saber nuevo que ayude a resolver el problema político. En realidad, los términos del debate apenas han variado en veinte años, ni ha variado apenas la necesidad de criticar a las feministas blancas, en un proceso que parece autorreproducirse a la manera de un círculo vicioso: las negras, chicanas, mestizas e indias siguen insistiendo en que viven la opresión de raza antes que la de género, las blancas siguen resintiendo la acusación y sufriendo por la pérdida de una proximidad deseada.

Pienso que la dificultad para salir de este círculo vicioso tiene que ver con las limitaciones teóricas y políticas del análisis de género. El carácter interminable de la crítica, que desdibuja la percepción del enemigo principal y apenas deja lugar para buscar un nuevo paradigma explicativo y de acción,[37] es propio de los oprimidos del orden sociosimbólico patriarcal, del cual son parte fundamental (en mi opinión) el sistema de géneros y su pareja inseparable, el sistema de parentesco.

Las limitaciones políticas y teóricas a que me refiero son visibles en la propuesta de Bell Hooks de ampliar el concepto de género para dar cabida en él a existencias ajenas a la blanca universal, supuestamente identificada con el género femenino:

> «Sentimos que muchas mujeres blancas no han tomado en consideración el tema de la responsabilidad por esta persecución y acoso racial ni han tampoco destacado el proceso que hizo que cambiara su pensamiento. Para algunas, hablar de raza no es más que un modo de mejorar su estatuto académico. Yo pienso que es crucial para nosotras recordar que la ampliación de la categoría género es una línea nueva del pensamiento feminista que es resultado de profundas luchas políticas internas dentro del feminismo, del enfrentamiento político de mujeres negras y de otras mujeres de color cuestionando a las blancas sobre racismo.»[38]

Responses to Michèle Barrett y Mary McIntosh, «Feminist Review» 22 (1986) 83-105. También: Kum-Kum Bhavnani y Margaret Coulson, *Transforming Socialist-Feminism: the Challenge of Racism*, «Feminist Review» 23 (1986) 81-92.

37. Me hago eco del título del conocido texto de Christine Delphy *L'ennemi principal* (1970), trad. Barcelona, la Sal, 1982.

38. Mary Childers y Bell Hooks, *A Conversation about Race and Class*, 62.

Se entiende que para conseguir esta ampliación novedosa de la categoría género, es necesario recurrir al aprendizaje que proporciona el análisis de la experiencia personal, esa experiencia marcada por opresiones distintas de las que hemos sufrido las blancas de clase media:

> «Yo he vuelto a la "confesión" no por necesidad de contar mi historia en público ni de ser narcisista, sino porque ahora me doy cuenta de que la gente realmente aprende compartiendo su experiencia.» [39]

Parece, sin embargo, que las feministas blancas y académicas de los Estados Unidos no comparten con las de otras razas la necesidad de recuperar el estatuto de originalidad de la experiencia personal, sino más bien lo contrario. Decibilidad e inteligibilidad van, en esta ocasión, por separado. En palabras de Mary Childers:

> «Ahora en la academia parece haber un extraño rechazo a respetar los modos en que lo confesional puede llevar a lo conceptual y a lo político, como si la gente no pudiera distinguir entre el discurso personal absorbido en sí mismo y la construcción de comunidad. Irónicamente, ¿qué hay más absorbido en sí que un cierto tipo de exhibición [*performance*] teórica que sólo puede entender un pequeño cuadro de gente? Estoy hablando de narcisismo articulado impersonalmente, que es mucho peor que el discruso confesional, por lo que a mí respecta.»[40]

Este juego de recurso y de rechazo de la decibilidad y del estatuto de originalidad de la experiencia personal muestra, en mi opinión, los límites de la categoría género. Las negras quieren nombrar realidad que en el concepto vigente de género no tiene cabida. Las blancas, coherentes con su propio discurso, rechazan ese partir de sí porque en su paradigma no hay apenas lugar para el sujeto. Judith Butler, que con su inteligencia demoledora ha dejado al desnudo los recovecos del género, ha demostrado que en este modelo no cabe la experiencia original porque es el «po-

---

39. *A Conversation about Race and Class*, 77.
40. Mary Childers y Bell Hooks, *A Conversation*, 77.

der regulador» lo que está detrás de los procesos de materialización de los cuerpos, y no la palabra individual viva. «El género» –ha escrito esta autora– «es una especie de imitación para la cual no hay original.» Porque, como he sugerido ya, cuando se trata de género, «no hay actor ni actora detrás del acto».[41] Lo que ofrece hoy el género es un feminismo desencarnado, un feminismo «sin mujeres».[42]

Pienso, pues, que ante la cuestión de la raza no se trata de ampliar el concepto de género en un sentido o en otro, sino de cambiar de práctica política y de paradigma teórico, apartándose del orden simbólico patriarcal, orden que los sistemas de género sustentan.

5. Las críticas

En general, el análisis de género ha sido criticado de insuficiente: insuficiente porque da mucha importancia a los juegos del discurso, a los mecanismos de elaboración y de control del discurso, y poca importancia a la vida material. Una pregunta que se hace críticamente es dónde y cómo se han producido y consolidado las desigualdades que luego se articulan y ordenan mediante el género; porque no bastaría con desarticular el discurso o los discursos de género para corregir las desigualdades sociales: se entiende, desde estas posturas críticas, que el discurso por sí solo no produce desigualdad.

Concretamente, Christine Delphy ha escrito que el gran problema está en localizar las causas del sistema de géneros, su base material. Delphy pregunta por qué se utilizó el dimorfismo sexual en la especie, y no otro factor de diferenciación (el color de la piel, por ejemplo) para construir el género.[43] En este sentido, Gerda Lerner ha sugerido que quizá fuera el dimorfismo sexual uno de los factores de diferenciación que fueron utilizados para legitimar desigualdades, y es el que tuvo más éxito.[44] Desde

---

41. Judith Butler, *Imitation and Gender Insubordination*, 21. Véase antes, Cap. IV-8.

42. Me hago eco del sugestivo título del libro de Tania Modleski, *Feminism Without Women. Culture and Criticism in a «Postfeminist» Age*, Nueva York y Londres, Routledge, 1991 [una reseña, de María Echániz Sans, en «Duoda» 6 (1994) 175-180].

43. Christine Delphy, *Modo de producción doméstico y feminismo materialista*, 25-27.

44. Gerda Lerner, *The Creation of Patriarchy*, 36-53.

otra práctica política, Luisa Muraro ha indicado que un origen de las desigualdades entre los sexos que el sistema de géneros expone está en la ausencia de una estructura de relación madre / hija, ausencia de la que el patriarcado se nutre.[45]

Se ha criticado también la forma en que ha sido con frecuencia aplicada esta teoría en la década de los ochenta. Se ha criticado la tendencia al reduccionismo, a volver de nuevo al funcionalismo, limitándose a la descripción más o menos refinada y compleja de roles, al análisis nada más de contenidos y espacios, y no de formas de explotación de las mujeres por los hombres ni de cuestiones de política sexual. En este sentido, la teoría de los géneros ha servido para recortar los contenidos políticos que había tenido la historia de las mujeres en la década de los setenta. Ha sostenido Joan Scott que la tendencia a sustituir «mujer» por «género» ha servido para hacerse aceptable en el mundo académico conservador.[46] En este sentido, puede afirmarse sin dificultad que esa calidad de proponer una historia de las mujeres centrada en el análisis de los mecanismos de subordinación de ellas a los hombres ha facilitado el triunfo de la historia del género en los ambientes intelectuales liberales y en los ambientes académicos, especialmente en las universidades de los Estados Unidos.[47] Porque, al hacerlo, las mujeres no paramos de hablar de hombres y de hurgar en nuestro dolor, ese dolor femenino que ha inspirado innumerables obras maestras de la cultura occidental pero que resulta muy debilitante políticamente. (Siempre he admirado con desconfianza la más bella y célebre *Pietà*). Y se ha sugerido –lo ha sugerido una filósofa– que la política de las mujeres puede resultar más importante que la filosofía.[48]

Las importantes limitaciones políticas del análisis de género fueron denunciadas por Audre Lorde cuando ese tipo de estudios pasaba por su etapa de apogeo:

> «Las que estamos fuera del círculo de la definición que esta sociedad da de mujeres aceptables; las que hemos sido forjadas en las encrucijadas de las diferencias –las que somos pobres, que

45. Luisa Muraro, *L'ordine simbolico della madre*, 13.

46. Joan W. Scott, *Gender: A Useful Category*, 1056.

47. Una voz discordante: Joan Hoff, *Gender as a Postmodern Category of Paralysis*, «Women's History Review» 3-2 (1994) 149-168.

48. Luisa Muraro, *L'ordine simbolico della madre*, 9.

somos lesbianas, que somos negras o que somos más viejas– sabemos que *la supervivencia no es una habilidad académica.* Es aprender cómo estar en pie sola, impopular y a veces vilipendiada, y cómo hacer causa común con esa otra gente identificada como ajena a las estructuras, con el fin de definir y buscar un mundo en el que todas nosotras podamos prosperar. Es aprender cómo coger nuestras diferencias y convertirlas en potencias. *Porque las herramientas del amo no desmantelarán nunca la casa del amo.* Nos permitirán ganarle provisionalmente a su propio juego, pero jamás nos permitirán provocar auténtico cambio. Y este hecho sólo resulta amenazador para esas mujeres que todavía definen la casa del amo como su única fuente de apoyo.»[49]

La crítica de inconsistencia política al limitarse al estudio de la subordinación de las mujeres con los instrumentos que los propios amos nos han proporcionado, ha sido completada por Luisa Muraro calificando de «intelectualismo» ese uso de la teoría. Refiriéndose a un texto de Joan Scott, ha escrito esa autora:

> «Algunas pensadoras USA han hecho del pensamiento crítico postestructuralista la teoría o la mejor teoría del feminismo. Escribe Joan W. Scott: "Necesitamos teoría que pueda analizar las operaciones del patriarcado en todas sus manifestaciones –ideológicas, institucionales, organizativas, subjetivas– dando cuenta no sólo de las continuidades sino también de los cambios a lo largo del tiempo. Necesitamos teoría que nos permita pensar en términos de pluralidad y diversidad más que de unidades y universales. Necesitamos teoría que rompa, al menos, el arraigo conceptual de esas largas tradiciones de la filosofía (occidental) que han sistemática y repetidamente construido el mundo en términos jerárquicos de universales masculinos y de especificidades femeninas. Necesitamos una teoría que nos permita articular modos alternativos de pensar (y por tanto de actuar) sobre el género [sexual] sin

---

49. Audre Lorde, *Sister Outsider: Essays & Speeches*, Trumansburg, NY, The Crossing Press, 1984, 112; sus subrayados. (Cit. en Bettina Aptheker, *Tapestries of Life. Women's Work, Women's Consciousness, and the Meaning of Daily Experience*, Amherst, The University of Massachusetts Press, 1989, 95).

ni volcar simplemente las viejas jerarquías ni confirmarlas. Y necesitamos teoría que sea útil y relevante para la práctica política." Sentado esto, la autora afirma que según ella "el cuerpo teórico designado como postestructuralismo es el que mejor responde a todos los requisitos enumerados" [...]. Es un ejemplo de intelectualismo. ¿Cómo puede la autora pensar que un complejo teórico elaborado en contextos, con intereses y para fines extraños si no contrarios a la búsqueda femenina de existencia social libre, puede constituir para ésta la teoría que necesita? Y, en general, ¿cómo puede pensar, precisamente a la luz del pensamiento postestructuralista, que una teoría se forma independientemente de las prácticas sociales y políticas, las cuales deberían metérsela en la cabeza como un sombrero?» [50]

Es, pues, posible afirmar, que el análisis de género no consigue (no pretende quizá) deshacerse del orden sociosimbólico patriarcal, aunque ciertamente exija su revisión y su reforma. Es decir, no cuestiona radicalmente ni la epistemología ni la política sexual del patriarcado porque se sustenta en su modelo relacional masculino / femenino. En el pensamiento de género las relaciones que constituyen identidad se producen entre dos sexos opuestos que entran en relaciones marcadas siempre por la jerarquía, por la desigualdad, no por la disparidad pura y simple, sea del tipo que sea. En el confuso lenguaje de tres clásicas de los estudios de género:

«Los sistemas de género –al margen del período histórico– son sistemas binarios que oponen macho a hembra, masculino a femenino, normalmente no en base de igualdad sino en un orden jerárquico. Aunque las asociaciones simbólicas con cada género han variado enormemente, han incluido individualismo frente a cuidado, lo instrumental o mecanizado frente a lo naturalmente procreador, la razón frente a la intuición, la ciencia frente a la naturaleza, la creación de bienes nuevos frente al servicio, la explotación

50. Luisa Muraro, *L'ordine simbolico della madre*, 115-116. La referencia a Joan Scott: *Deconstructing Equality-Versus-Difference: Or, the Uses of Poststructuralist Theory for Feminism*, en Marianne Hirsch e Evelyn Fox Keller, eds., *Conflicts in Feminism*, 134-148; p. 134.

frente a la conservación, lo clásico frente a lo romántico, las características humanas universales frente a la especificidad biológica, lo político frente a lo doméstico, y lo público frente a lo privado. Lo que es interesante de estas oposiciones binarias es que oscurecen procesos sociales y culturales mucho más complejos, en los cuales las diferencias entre hombres y mujeres no quedan ni claras ni evidentes. Ahí, precisamente, yace su poder y su importancia. Al estudiar los sistemas de género, aprendemos que no representan la atribución funcional de roles sociales biológicamente prescritos, sino un medio de conceptualización cultural y de organización social.»[51]

Esto quiere decir también que el género es un concepto que no llega a las raíces del problema de analizar la subordinación de las mujeres (y sobre todo de las formas de acabar con ella) porque olvida la existencia y la importancia del contrato sexual que subyace a los procesos de formación misma del género. Es decir, la teoría de los géneros lleva a hacer una política y una historia que no van más allá de la descripción, la deconstrucción y la denuncia de los mecanismos de subordinación de las mujeres a los hombres; y, al hacerlo, sigue dejando fuera del análisis a las mujeres, los fragmentos de vida femenina y los grupos de mujeres que, a lo largo de los siglos, se han buscado la vida desde fuera de la política sexual del patriarcado. Como han escrito mujeres de la Librería de Milán:

«La raíz *gen* de palabras como género, genealogía, generación caracteriza –según enseña la lingüística– palabras habitualmente asociadas al nacimiento como hecho social y más precisamente al nacimiento legítimo de individuos masculinos libres. En nuestra cultura, como ha subrayado Luce Irigaray, falta la representación de la relación madre-hija, la madre siempre tiene al hijo en brazos.»[52]

---

51. Jill K. Conway, Susan C. Bourque y Joan W. Scott, *The Concept of Gender*, XXIX.

52. Librería de Mujeres de Milán, *No creas tener derechos*, 9-10.

La historia del género no rompe, en mi opinión, con la relación patriarcal privilegiada y prioritaria madre-hijo. Su política no desborda, pues, los límites del patriarcado y sus reglas, con su dialéctica de lucha –una lucha interminable– entre masculino y femenino incluida. Cuando se entra en este tipo de lucha, son los padres los que ponen los límites de la realidad, son ellos precisamente los que definen la gente y el mundo, los que marcan lo que las mujeres, rebeldes o sumisas, somos y debemos ser, negándonos de este modo la capacidad de infinito.[53]

¿Interesa la teoría de los géneros para escribir historia de las mujeres? Indudablemente sí: conocer y desentrañar, generación tras generación, los mecanismos que sustentan y encubren la desigualdad social entre mujeres y hombres es necesario para el proceso personal de autoconciencia que lleva a una mujer al feminismo. Interesa también porque una parte importante de la vida de todas las mujeres y la vida entera de muchas mujeres se han desarrollado dentro de los límites marcados por los sistemas de género, y no fuera de ellos. Y la historia de esas mujeres es una parte fundamental de la historia. Lo que yo considero importante es situar la historia del género en el lugar que ocupa, un lugar que tiene limitaciones epistemológicas y políticas que no deben ser ignoradas. Una de estas limitaciones epistemológicas y políticas importantes es su olvido del hacer y del pensamiento extrasistemático de las mujeres, su olvido de la diferencia sexual y de la libertad femeninas vividas y nombradas fuera del sistema neutro-masculino. Porque la diferencia de que hablan Joan Scott y otras muchas pensadoras norteamericanas no es la de Antoinette Fouque ni la de Luce Irigaray ni la de la Librería de mujeres de Milán ni la de la comunidad filosófica Diótima, sino que se refiere a diferencias definidas por el orden simbólico patriarcal y a él funcionales.[54] Con un despiste llamativo, escribió Joan Scott en 1987 (Luce Irigaray había publicado la *Étique de la différence sexuelle* en 1984): «En este artículo, mi interés está en una clase concreta de diferencia: el género, o la dife-

53. En su novela de 1915, *Voyage Out*, escribió Virginia Woolf: «Luego dibujaron un esquema de la educación ideal: cómo a su hija le harían contemplar desde la infancia un cuadrado grande de cartón, pintado de azul, para sugerirle pensamientos de infinitud, porque las mujeres se habían vuelto demasiado prácticas» (Londres, Penguin, 1992, 278).

54. Véase luego, Cap. VI– 1.

rencia sexual.»[55] Un despiste que ha confundido a bastantes lectoras y tal vez complacido a otras o a otros.

---

55. «My interest in this paper is in a particular kind of difference –gender, or sexual difference.» En Joan W. Scott, *History and Difference*, en Jill K. Conway, Susan C. Bourque y Joan W. Scott, eds., *Conflicts in Feminism*, 93-118; p. 94.

VI

EL PENSAMIENTO Y LA POLITICA DE LA DIFERENCIA SEXUAL

Sumario: 1: La configuración de la categoría *diferencia sexual femenina*.– 2: Igualdad y diferencia, liberación y libertad.– 3: La parcialidad del sujeto ordinario.– 4: Mediación femenina, mediación masculina.– 5: La práctica de la diferencia.– 6: El orden simbólico de la madre.– 7: La diferencia sexual en la escritura de historia: la cuestión del adorno del cuerpo femenino.

1. La configuración de la categoría *diferencia sexual femenina*

El concepto de diferencia sexual fue formulado en el pensamiento y en la política de las mujeres por los mismos años que otros conceptos fundamentales, como el de patriarcado o el de política sexual. Como otras muchas categorías de análisis del pensamiento feminista tenía, sin embargo, precedentes más antiguos, principalmente en la teoría psicoanalítica, en la narrativa y en la antropología cultural pensadas y escritas por mujeres. Karen Horney (1885-1952) criticó en los años veinte y treinta las ideas de Freud sobre la sexualidad femenina, y Melanie Klein (1882-1960) desarrolló ideas esbozadas por Karen Horney, demostrando (en desacuerdo con un principio clave del fundador del psicoanálisis) que las niñas desarrollan en la primera infancia una sexualidad independiente del proceso típico de los niños: es decir, que el complejo de castración del niño no tiene por qué producir envidia del pene en la niña. Virginia Woolf (1882-1941) demostró en *Tres guineas* (1938), una obra escrita en el marco de la guerra civil española y del miedo al avance del fascismo en Europa, que las mujeres estaban, en realidad, al margen de esas guerras porque su experiencia les mostraba que la guerra había sido y era asunto de hombres: «la libertad de falsas lealtades» ha sido y es –escribió Virginia Woolf– «el cuarto gran maestro de las hijas de los hombres instruidos.»[1] Margaret Mead (1901-1979) y Ruth Benedict (1887-1948) desentrañaron con sus estudios de lo femenino en culturas no occidentales la misoginia de las teorías científicas en boga sobre la subordinación de las mujeres.[2]

Por los mismos años, filósofas como María Zambrano (1904-1991), Hannah Arendt (1906-1975) y Simone Weil (1909-1943) se ocuparon del análisis del hecho del nacimiento en la existencia humana, indagando en su sentido, y también en el sentido de su ausencia en un orden sociosimbólico que insiste en definirnos como mortales y nunca como nacidas o nacidos.

De estos y de otros estudios de mujeres confrontando su experiencia de sí y del mundo con lo que calla y con lo que dice de ellas el conocimiento dominante, ese conocimiento que cada vez más mujeres de Occidente hemos tenido el derecho y la obligación de aprender a lo largo del siglo XX, han ido surgiendo formas distintas de entender la diferencia sexual femenina.

Hay autoras que entienden que la diferencia femenina se refiere a atributos y a objetos generados y definidos por el orden patriarcal; es decir, les dan un sentido equivalente a las categorías «género» y «diferencia sexual». Este uso es mixtificador porque pasa por alto una operación fundamental del pensamiento de la diferencia, sea femenina o masculina, que consiste en localizar el sentido de esas categorías en quien piensa y habla, quien se piensa y se habla; operación que se vuelve insensata cuando se trata de géneros, ya que el género viene inculcado y hecho inteligible desde fuera y desde encima de quien se piensa y se dice, de quien piensa y dice el mundo. La diferencia tiene, pues, que ver con la

---

1. Virginia Woolf, *Three Guineas* en *A Room of One's Own and Three Guineas*, ed. e introd. de Michèle Barrett, Londres, Penguin, 1993, 203 (trad. de Andrés Bosch, Barcelona, Lumen, 1983). Es pertinente citar aquí el discurso de Hortensia, la romana del siglo I antes de nuestra era que se desmarcó públicamente en términos parecidos de las guerras civiles de sus hermanos: un discurso que las mujeres de Europa no han olvidado a lo largo de los siglos (lo reproduzco y comento en *Textos y espacios de mujeres*, 35-36).

2. Cristiana Fischer, Elvia Franco, Giannina Longobardi, Veronika Mariaux, Luisa Muraro, Anita Sanvitto, Betty Zamarchi, Chiara Zamboni y Gloria Zanardo, *La differenza sessuale: da scoprire e da produrre*, en Diótima, *Il pensiero della differenza sessuale*, 7-39.

decibilidad de la propia experiencia de sí y del mundo; el género, con la inteligibilidad del mundo, mundo del cual una o uno es parte.

Si se le presta atención a esta importante distinción, tiene entonces sentido la crítica de la feminista lesbiana Patricia White observando que la categoría misma de diferencia sexual es (en ese uso impropio que se le da con frecuencia en su cultura política, la norteamericana) un «concepto heterosexual»:

> «El dominio del concepto heterosexual de "diferencia sexual" como término y fin de la indagación feminista ha empobrecido no sólo el estudio de textos fílmicos concretos, sino también la teorización misma de la subjetividad femenina.»[3]

Este uso del concepto de diferencia sexual me interesa poco. Me interesa, en cambio, la diferencia sexual femenina en los términos en que la planteó Luce Irigaray cuando escribió en 1984: «La diferencia sexual representa uno de los problemas o el problema que nuestra época tiene que pensar.»[4] Es decir, en tanto que no pensado o que escasamente pensada. Y me interesa especialmente la diferencia sexual en tanto que práctica política que produce sentido de sí y del mundo. La práctica de la diferencia ha sido explicada por Lia Cigarini de la manera siguiente:

> «Para algunas (y algunos) la diferencia significa subrayar que las mujeres son una cosa distinta de los hombres (más éticas, menos violentas» etc.), que se diferencian, pues, en contenidos de los hombres, los cuales quedan por necesidad como punto de referencia. Asimilarse a la emancipación o diferenciarse de los hombres son la misma operación, no hay interpretación libre de sí. Defino esta concepción de la diferencia *del orden de las cosas*. Otras (y otros), por su parte, consideran que la diferencia consiste

---

3. Patricia White, *Female Spectator, Lesbian Specter. «The Haunting»*, en Diana Fuss, ed., *Inside / Out*, 142-162; p. 142.

4. Luce Irigaray, *Éthique de la différence sexuelle*, 13. Dice en su *J'aime à toi. Esquisse d'une félicité dans l'histoire*, París, Bernard Grasset, 1992, 85: «La diferencia sexual representa probablemente la cuestión más universal que podríamos abordar. Es con su trato que nuestra época se enfrenta. En efecto, en el mundo entero hay, y sólo hay, hombres y mujeres.»

> en inventarse lo femenino mediante investigaciones y pensamientos. Defino esta idea de la diferencia *del orden del pensamiento.* Yo pienso, en cambio, que la diferencia no es ni del orden de las cosas ni del orden del pensamiento. La diferencia no es más que esto: el sentido, el significado que se da al propio ser mujer. Y es, por tanto, del *orden simbólico.*»[5]

En la formulación del concepto de diferencia sexual a que voy a referirme aquí es, pues, clave, el estatuto de originalidad de quien se piensa y se dice, de quien hace, piensa y dice el mundo.

2. Igualdad y diferencia, liberación y libertad

He dicho anteriormente que la categoría diferencia sexual fue adoptada con dificultad en el movimiento feminista de la década de 1970; y que se habla desde entonces de dos versiones de feminismo, el feminismo de la igualdad y el feminismo de la diferencia.[6] La desconfianza hacia la diferencia nacía del temor a que llevara a retrocesos al pasado, a un revivir del determinismo biológico con ropajes nuevos o retocados.

Este temor nacía, a su vez, de la importancia que la política y el pensamiento de la diferencia sexual dan al cuerpo femenino y al deseo femenino, al goce, al bienestar del cuerpo así dado a luz; y, sobre todo, por la importancia que dan a la capacidad que el cuerpo, el deseo y la palabra femeninas tienen de significarse y de dar sentido al mundo, de elaborar símbolos y significados de y desde sí. Paola di Cori ha recogido en torno a este asunto opiniones que sostienen que:

> «La característica principal de los productos culturales de las mujeres es precisamente el no ser nunca mera producción intelectual –de escritos, imágenes, sonidos–, sino también siempre presencia física, sexual y material, de personas, de cuerpos, de gestos, de espacios. Una no podría existir sin la otra. La peculiaridad de la cultura de las mujeres es la de corporalizar las cosas y los

---

5. Lia Cigarini, *Libertà femminile e norma*, «Democrazia e Diritto» 33-2 (1993) 95-98; p. 95-96. Sus subrayados.
6. Véase antes, Cap. II-6.

lugares, de interactuar con la realidad material de forma dinámica, señalándola físicamente; Este es también uno de sus rasgos más universales, quizá el único que es posible encontrar, aunque con formas muy diversas, inevitablemente en todas partes.»[7]

Es decir, frente al feminismo materialista, que destaca la dialéctica de lucha, de tensión, de explotación entre hombres y mujeres; o frente a la teoría de los géneros, que parece con frecuencia sugerir que lo femenino y lo masculino serían construcciones sociales a superar, esta teoría resalta precisamente la diferencia entre cuerpos sexuados, la no equivalencia de los dos sexos. Han escrito en este sentido desde la Librería de mujeres de Milán que la diferencia sexual es una diferencia humana originaria imposible de encerrar en ningún significado concreto; una diferencia a aceptar como el hecho mismo de ser un cuerpo, una diferencia que es fuente inagotable de significados nuevos.[8] En otras palabras, ser mujer tendría en el presente y habría tenido en el pasado potenciales propios. Potenciales más que realizaciones, según algunas autoras, a causa de las condiciones de subordinación en que hemos vivido las mujeres desde la instauración del patriarcado en las diversas formaciones sociales. «Nosotras todavía no hemos *nacido mujeres*» ha escrito Luce Irigaray–. «Nosotras somos todavía y siempre guardianas de la filogénesis del género humano (¿el hombre se cuida más bien de su ontogénesis?).»[9]

Este ser un cuerpo no equivalente al cuerpo masculino nos resultaba sospechoso a las emancipadas de los años setenta, que lo asociábamos precisamente con una dedicación tradicional a la filogénesis del género humano, a lo que los filósofos llamaban el «reino de la generación», del cual queríamos entonces deshacernos.

No obstante, sabíamos que las relaciones y los espacios que nos iba abriendo el movimiento feminista eran relaciones y espacios entre y de mujeres. Llevábamos así una vida cansadísima, que ha sido descrita como anfibia.[10] En la vida en la heterorrealidad, la igualdad (igualdad entendida como libertad de acceso a todos y cada uno de los recursos

7. A cargó de Paola di Cori, *Il tema*, «Memoria» 15 (1985) 38; p. 5.
8. Librería de mujeres de Milán, *No creas tener derechos*, 163.
9. Luce Irigaray, *Sexes et parentés*, 78. Su subrayado.
10. La expresión de Paola di Cori la recoge Luisa Muraro en *Hacer política, escribir historia. Notas de trabajo*, «Duoda» 2 (1991) 87-97; p. 88.

sociales) la vivíamos (y la seguimos viviendo) las mujeres como algo precario e incierto, formalmente plena ahora pero siempre incompleta de hecho, porque si fuera efectivamente plena, dejaría de existir el orden social patriarcal, se transformaría en otro orden distinto. En los espacios femeninos, en cambio, nos dábamos fuerza recíprocamente pero con la preocupación de que esos espacios desaparecerían si no se le dedicaba energía también a la lucha en la heterorrealidad: como si fuera esta lucha la medida de toda la existencia de las mujeres.

Pero quizá, históricamente, no queremos ahora ya la vida anfibia, con su agobiante ir y venir de un mundo a otro.

Pienso que aquí radica el conflicto, un conflicto característico de la emancipación, entre igualdad y diferencia. En el proyecto de igualdad trabajamos para desentrañar, por ejemplo, las relaciones de producción explotadas en que entramos las mujeres a través del contrato matrimonial, del amor y de la plusvalía afectiva, y de la división social del trabajo en razón de sexo; es decir, en el marco de ese modo de producción doméstico que sustenta la heterorrealidad. Y se propone, políticamente, que cambiemos las relaciones de producción entre hombres y mujeres a través de la lucha social, a través de la lucha de clases, provocando una revolución contra la clase patriarcal que traiga consigo la liberación de las mujeres.

Por su parte, la política y el pensamiento de la diferencia sexual acometen el problema de la libertad de las mujeres de otra manera. Ven que, a lo largo de la historia y en el presente, ha habido y hay mujeres que se han sustraído de hecho al sistema de géneros o a las relaciones de producción que configuran el modo de producción doméstico. Y ven que a pesar de su gran lucidez, valentía, etc., esas mujeres parece que no logren (o no hemos logrado nosotras) llegar a unas cotas de libertad que les (nos) satisfaga. Opinan entonces que esta insatisfacción se debe a que, una vez nos hemos sustraído a las relaciones de producción y de reproducción patriarcales, carecemos de un orden simbólico que nos muestre cómo devenir mujeres y cómo establecer con nosotras mismas, con nuestras semejantes y con el resto del mundo relaciones libres. Decidimos, por ejemplo, que no deseamos hacer uso de nuestro potencial materno, que queremos ser mujeres de otra manera, y nos encontramos, siglo tras siglo, con que esas otras maneras de devenir mujer no están codificadas desde un orden simbólico no dependiente de lo masculino, no sujeto a la autoridad de la mirada del padre.[11] Y es en el descubrimiento y en la produccion de orden simbólico donde colocan una clave de su propuesta interpretativa del pasado y de acción política en el presente.

Ambas propuestas teóricas y políticas tienen, pues, como objetivo la libertad de las mujeres. Pero una entiende esa libertad en términos de liberación de las mujeres en la heterorrealidad, la heterorrealidad de la «persona humana», del régimen del uno. La otra busca la libertad femenina en un mundo, que no opere en el régimen del uno sino en el régimen del dos.[12] Es decir, en una sociedad en la cual, según ha escrito Lia Cigarini, «la libertad a una mujer le corresponda *a causa* de su ser una mujer y no a pesar de su sexo, como recita en cambio la Constitución y todas las leyes de paridad que le han seguido».[13]

En la heterorrealidad, las mujeres llevamos nuestra máscara puesta, haciendo de eso que se llama persona (máscara es lo que significa en griego clásico esta palabra), una máscara que nos estorba y que nos afea, pero que nos hace inteligibles para el mundo. En una realidad donde tenga cabida y sentido libre la diferencia sexual, se entiende que la existencia femenina y la masculina tendrán lugar sin necesidad de que aquélla se dedique a reflejar mágicamente ésta «de tamaño doble del natural.»[14]

En los años setenta predominaban, pues, en la política y en la teoría feministas occidentales las propuestas de lucha por la emancipación; una lucha por la emancipación que se traducía en un proyecto específico de izquierda de igualdad entre los sexos. Esta propuesta no era, sin embargo, la única. Entre las voces discordantes destacaban las de Luce Irigaray en

---

11. Diana Sartori, *Dare autorità, fare ordine*, en Diótima, *Il cielo stellato dentro di noi*, 123-161.

12. Adriana Cavarero, *L'ordine dell'uno non è l'ordine del due*, en M. L. Boccia y I. Peretti, eds., *Il genere della rappresentanza*, «Materiali e atti» 10, suplemento de «Democrazia e Diritto» 1 (1988) 67-80. También: Gabriella Bonacchi, *L'impensato della differenza. Ai margini del discorso filosofico*, «Memoria» 24 (1988) 7-18.

13. Lia Cigarini, *Libertà femminile e norma*, 95. Su subrayado. También en: Luisa Muraro, *L'amore come pratica politica: l'esempio dell'amore femminile per la madre*, en Paola Bono, ed., *Questioni di teoria femminista*, Milán, La Tartaruga, 1994, 187-193; p. 192.

14. Virginia Woolf, *Una habitación propia*, trad. de Laura Pujol, Barcelona, Seix y Barral, 1989, 51.

la producción de teoría y las de Carla Lonzi (1931-1982) y el grupo italiano *Rivolta femminile* en las propuestas de acción.[15] Carla Lonzi, planteó sus críticas a ese proyecto dominante en los términos siguientes:

> «La igualdad es un principio jurídico: el denominador común presente en todo ser humano al que se le haga justicia. La diferencia es un principio existencial que se refiere a los modos del ser humano, a la peculiaridad de sus experiencias, de sus finalidades y aperturas, de su sentido de la existencia en una situación dada y en la situación que quiere darse. La diferencia entre mujer y hombre es la básica de la humanidad. [...] La diferencia de la mujer consiste en haber estado ausente de la historia durante miles de años. Aprovechémonos de esta diferencia: una vez lograda la inserción de la mujer, ¿quién puede decir cuántos milenios transcurrirán para sacudir este nuevo yugo? No podemos ceder a otros la tarea de derrocar el orden de la estructura patriarcal. La igualdad es todo lo que se les ofrece a los colonizados en el terreno de las leyes y los derechos. Es lo que se les impone en el terreno cultural. Es el principio sobre cuya base el colono continúa condicionando al colonizado. El mundo de la igualdad es el mundo de la superchería legalizada, de lo unidimensional; el mundo de la diferencia es el mundo en el que el terrorismo depone las armas y la superchería cede al respeto de la variedad y multiplicidad de la vida. La igualdad entre los sexos es el ropaje con el que se disfraza hoy la inferioridad de la mujer.»[16]

La igualdad no viene, por tanto, ni antes ni después de la diferencia. No hay una secuencia entre ambas sino dos opciones políticas y simbólicas que nacen en lugares distintos y desean llegar a lugares también distintos.

---

15. Un texto autobiográfico y otro biográfico de esta autora: Carla Lonzi, *Taci, anzi parla. Diario di una femminista*, Milán, Scritti di Rivolta Femminile, 1978. Marta Lonzi y Anna Jaquinta, *Vita di Carla Lonzi*, Milán, Scritti di Rivolta Femminile, 1990.

16. Carla Lonzi, *Escupamos sobre Hegel*, 16-17.

3. La parcialidad del sujeto ordinario.[17]

El pensamiento de la diferencia sexual parte de la constatación dolorosa de una ausencia en el *corpus* del conocimiento llamado humano, de un no saber qué es ser mujer o cómo serlo libremente. En palabras de Clarice Lispector:

> «Ella lo miró con ojos oscurecidos, pero sus labios se estremecieron. Quedaron en silencio por un momento.
>
> – Tus ojos –dijo él, cambiando totalmente de tono– son confusos pero tu boca tiene la pasión que hay en ti y de la que tú tienes miedo. Tu rostro, Lori, tiene un misterio de esfinge: descíframe o te devoro.
>
> Ella se sorprendió de que también él hubiera notado lo que ella veía de sí misma en el espejo.
>
> – Mi misterio es simple. No sé cómo estar viva.»[18]

A finales de la década de 1960 (Clarice Lispector publicó esta novela en 1969), Antoinette Fouque y el grupo francés *Psychanalyse et Politique* formularon con claridad el concepto de diferencia sexual y hablaron de la necesidad de un orden simbólico nuevo.[19] Las propuestas de este grupo influyeron en otras intelectuales francesas vinculadas con el psicoanálisis y se difundieron pronto en Italia. Quizá por ello se ha trabajado en esta línea principalmente en Europa (Francia e Italia especialmente) y poco en los Estados Unidos, donde, al menos hasta la actualidad, han predominado otras escuelas psicoanalíticas. La necesidad de un orden simbólico nuevo sentida por mujeres que hemos tenido el derecho y el deber de formarnos en el conocimiento dominante, es resultado de la constatación de la parcialidad viril encubierta de ese sujeto masculino que se proclama neutro universal:

---

17. Me hago eco del uso de «historia ordinaria» que hace Luisa Muraro en *Autoridad sin monumentos*, 97.

18. Clarice Lispector, *Aprendizaje*, 80. Un estudio general interesante sobre la diferencia femenina escrito en la cultura política del Brasil: Rosiska Darcy de Oliveira, *Elogio da diferença. O feminino emergente*, Sao Paulo, Editora brasiliense, 1991.

19. Lia Cigarini, *Sopra la legge*, «Via Dogana» 5 (junio 1992) 3-4; p. 4. Antoinette Fouque vuelve sobre ello en 1994, en *Il y a deux sexes*, 288.

> «Al "yo" del discurso, ese mismo discurso que ahora (yo) estoy pensando y escribiendo en lengua italiana, le ocurre que su ser de sexo masculino o femenino no le afecta. Cuando es sustantivado, es de género masculino pero, sorprendentemente, no le compete una sexuación. "Yo soy mujer", "yo soy varón": he aquí que el "yo" soporta y acoge indiferentemente la sexuación, siendo de por sí neutro. El discurso filosófico puede así, legítimamente, afirmar el "yo pienso" y hacer de este sujeto neutro un universal. Y puede también eliminar el "pienso" y decir simplemente el "Yo", puesto que es precisamente en él donde el universal se hace presente. Y sin embargo, ese género gramatical masculino que el "yo" lleva en sí, de algún modo irrita y horada esta representación de universalidad.»[20]

Ese sujeto «monstruoso» ha dominado y domina no sólo la filosofía sino también la historia corriente:

> «No se puede seguir haciendo historia de las mujeres sin plantearse la parcialidad sexuada de los sujetos históricos, hombres y mujeres. El desplazamiento de la atención hacia la parte femenina no consiste, esencialmente, en cambiar el objeto de estudio, las mujeres en vez de los hombres, lo privado en vez de lo público, la vida cotidiana en vez de la vida política, sino en replantear los conceptos mismos con que pensamos el ser mujer/hombre y, por tanto, interpretamos el pasado.»[21]

La diferencia sexual es, pues, una carencia en el conocimiento sistemático, una distinción patente a los ojos pero indiferente al conocimiento que hemos estudiado y aprendido afanosamente muchas mujeres:

> «Efectivamente, no hemos recibido un pensamiento de la diferencia sexual; nuestra cultura occidental cuyas bases o inicio se remontan a los griegos antiguos, no ha elaborado en saber el hecho de la sexuación de la especie humana. El hecho ha sido y si-

20. Adriana Cavarero, *Per una teoria della differenza sessuale*, en Diótima, *Il pensiero della differenza sessuale*, 41-79; p. 43.

21. Cristiana Fischer y otras, *La differenza sessuale: da scoprire e da produrre*, 31.

gue siendo objeto de muchos discursos que han producido muchos conocimientos. Pero a esos discursos y conocimientos les falta, para constituir un saber, dar cuenta en su forma del hecho de que la diferencia sexual le afecta al sujeto mismo de los discursos y de los conocimientos. Así como le afectan otras determinaciones suyas elementales, como la colocación espacio-temporal o el ser individualmente mortal, que han recibido elaboración tanto en la forma como en el contenido del saber.»[22]

Las tres pensadoras clásicas más famosas de la teoría de la diferencia sexual femenina han sido tres intelectuales contemporáneas que escriben en lengua francesa: Luce Irigaray, Julia Kristeva y Hélène Cixous. Ha escrito Rosi Braidotti que las tres han tenido un objetivo común, objetivo que es «la redefinición crítica de lo femenino en la metafísica occidental». Irigaray en el frente ontológico; Kristeva en el análisis del cuerpo materno desde el psicoanálisis, y Cixous en la exploración literaria del cuerpo femenino. A estas tres clásicas hay que añadir a la propia Rosi Braidotti y, asimismo, desde 1975, a las que han ido dando vida a la Librería de mujeres de Milán y, desde 1984, a la comunidad filosófica Diótima de la Universidad de Verona. Recogiendo aportaciones de esas pensadoras, Adriana Cavarero, que ha formado parte de Diótima, afirmó en 1987 que «el pensamiento de la diferencia sexual no puede ser más que el pensarse, aquí y ahora, de un viviente histórico sexuado en femenino.»[23]

La viviente histórica sexuada en femenino puede encarnar en sí, si lo desea y cuando, así lo desee y logre, atributos que el sistema de géneros marca en femenino y atributos que el sistema de géneros marca en masculino (u otros que no ha sabido marcar). Porque, como ha escrito Lia Cigarini, el mundo es uno y los sexos son dos.[24] Es decir, es el mundo entero lo que las mujeres deseamos vivir y nombrar desde nuestra parcialidad.

Estar en el mundo (¿«ser el mundo», que decía Clarice Lispector?)[25] desde la parcialidad no quiere decir que se proponga un colectivo de

22. *Ibid.*, 9.
23. Adriana Cavarero, *Per una teoria della differenza sessuale*, 59.
24. *La autoridad femenina. Encuentro con Lia Cigarini*, 62.
25. Véase antes, V-1.

mujeres en el cual se desestimen o se trivialicen otras diferencias. Ha observado Paola di Cori que se trata de tener siempre en cuenta la diferencia sexual, pero también la compleja articulación de esta diferencia en los diversos contextos culturales y tradiciones históricas. No existiría, por tanto, solamente una diversidad entre las mujeres en general; existen también modos diversos de experimentar y de representar la diversidad interna al mundo femenino y la diferencia sexual con respecto al mundo de los hombres.[26] No sería, por tanto, posible hablar de una cultura de las mujeres sin más; es posibie, más bien, nombrar tantas variedades como combinaciones locales, étnicas y sociales existan. En otras palabras, se trata de diferencias entre hombres y mujeres y entre las propias mujeres en los términos que sea. Mujeres que no son, por tanto iguales, sino semejantes y dispares entre sí.[27] Todos estos factores intervienen, por tanto, en la configuración y en la representación del yo sexuado, sexuado, en este caso, en femenino.

Para hacer significativa la diferencia femenina no es necesario que sean muchas las que estén diciendo lo mismo al mismo tiempo. Sucede en la historia que una o pocas voces revolucionan el simbólico, nombran un presente que ellas y otras vivían hasta entonces en una inmediatez amorfa o desfigurada. Por ejemplo, la teóloga Guglielma en la Milán del siglo XIII, o las filósofas María Zambrano, Luce Irigaray y Luisa Muraro en el siglo XX.[28]

Se puede, pues, afirmar que una aportación fundamental de esta teoría de la sociedad y de la historia ha sido la de demostrar que la diferencia femenina está ausente de la realidad tal como la ha nombrado y la nombra el conocimiento hegemónico. No marca el límite de la heterorrealidad, como decía el pensamiento lesbiano de la homosexualidad. Es, sencillamente, un no pensado y –decimos hoy– un no practicado o, mejor

26. Paola di Cori, *Il tema*, 5-6.

27. Esta matización fundamental, en Libreria delle donne di Milano, *Non credere di avere dei diritti*, Turín, Rosenberg & Sellier, 1987, *passim*. No estoy de acuerdo con la traducción de *simile* por «igual» (*No creas tener derechos*, p. 9, 15, 17, 18, etc.)

28. Una monografía sobre Guglielma y el proceso inquisitorial que sufrió después de muerta: Luisa Muraro, *Guglielma e Maifreda. Storia di un'eresia femminista*. Milán, La Tartaruga, 1985. Sobre Zambrano: Elena Laurenzi, ed., *María Zambrano. Nacida por mí misma. La pasión por la vida: ensayos sobre Eloísa, Antígona, Diótima*, Madrid, horas y HORAS, (en prensa). Sobre Irigaray: Margaret Whitford, *Luce Irigaray. Philosophy in the Feminine*, Nueva York y Londres, Routledge, 1991.

dicho, una práctica de la que la política de la emancipación nos ha desenraizado (además de emanciparnos de muchos de los atributos de lo femenino que enseña en nuestra época el sistema de géneros).

La práctica de convertir en saber la diferencia sexual se asienta en una necesidad, en un hecho necesario: el hecho personal e irrenunciable del nacimiento en un cuerpo sexuado. Al hecho de que, por azar pero no superfluamente, la gente seamos dada a luz por nuestra madre en un cuerpo sexuado (un cuerpo que llamamos femenino, un cuerpo que llamamos masculino), Adriana Cavarero le ha llamado «*un fatto nudo e crudo*.»[29] Un hecho desnudo y crudo porque es fundamental a lo largo de toda la vida y, sin embargo, se ha quedado fuera de la cultura, sin vestir ni cocer. De manera que, en la epistemología tradicional, el sujeto del pensamiento, el sujeto del discurso, el sujeto de la historia, el sujeto del deseo, es un ser sexuado en hombre que se declara neutro universal, que se declara representante de hombres y de mujeres, a quienes llama la humanidad. Según el pensamiento de la diferencia sexual, el sujeto del conocimiento y del deseo no sería universal, sino sexuado y parcial; y el conocimiento y el deseo que ese sujeto pretendidamente universal ha producido a lo largo de la historia, sería solamente conocimiento y deseo de los hombres, conocimiento y deseo en los cuales las mujeres no estaríamos representadas; no estaríamos representadas porque todavía no ha sido dicho nuestro nacer, nuestro nacer en un cuerpo sexuado en femenino. Ya que, en las sociedades patriarcales, los hombres han construido su identidad como única identidad posible, una identidad que oculta la diferencia femenina y, con ella, la libertad configurada desde sí y no a medida de otro. De ahí la condena de ellas al silencio; y de ahí que la palabra femenina pública y la desnudez o falta de castidad (castidad que, como la modestia, significa en el patriarcado automoderación) sean dos asuntos íntimamente relacionados entre sí en el pensamiento clásico. Porque decir, vestir con palabras el propio cuerpo sexuado, enseñarlo, representarlo con ropaje simbólico cortado al gusto de cada una, es un acto transgresor, es un camino de libertad también sexual, obsceno porque podría, entre otras cosas, mostrar algo tan opaco y tan firmemente

---

29. Adriana Cavarero, *Dire la nascita*, en Diótima, *Mettere al mondo il mondo*, 93. Véase también Ead., *Nonostante Platone. Figure femminili nella filosofia antica*, Roma, Editori Riuniti, 1991.

cimentado como el contrato sexual. Luce Irigaray ha formulado estas ideas de la forma siguiente:

> «De ahí que ella represente un misterio en una cultura que pretende enumerarlo todo, cifrarlo todo en unidades, inventariarlo todo en individualidades. *Ella no es ni una ni dos*. No se puede, en rigor, determinarla como una persona, pero tampoco como dos. Ella se resiste a toda definición adecuada. Por otra parte, no tiene nombre "propio". Y su sexo, que no es un sexo, es contabilizado como no sexo. Negativo, revés, reverso del único sexo visible y morfológicamente designable (aun cuando esto plantee algunos problemas de pasaje de la erección a la detumescencia): el pene.»[30]

Precisamente esta carencia de palabras para decirse explica su estrecha relación con la histeria. El cuerpo histérico da, en opinión de Lia Cigarini, el límite de la existencia de la diferencia sexual, es la prueba irrefutable de la irreducibilidad de la diferencia femenina;[31] porque las histéricas dicen su sexo con su cuerpo, no obstante todas las obligaciones de silencio y la imperfección o inutilidad del lenguaje disponible para decir lo que ellas quieren decir.

¿Quiere esto decir que el pensamiento de la diferencia sexual propone una sustitución del androcentrismo por el ginecocentrismo, una sustitución del sujeto masculino pensante del mundo por un sujeto femenino? No. Introducir sistemáticamente en el conocimiento la diferencia sexual vuelve insensatas las viejas oposiciones binarias clásicas, con su jerarquía interna y su dependencia mutua, porque ese conocimiento se fundaba en no pensarla. Ellas se mueven ahora en otro plano, como escribió Carla Lonzi en los años setenta:

> «La mujer no se halla en una relación dialéctica con el mundo masculino. Las exigencias que viene clarificando no implican una antítesis, sino un *moverse en otro plano*. Este es el punto en el que

30. Luce Irigaray, *Ese sexo que no es uno*, 25-26. Sus subrayados.
31. Cit. en Luisa Muraro, *L'ordine simbolico della madre*, 136.

más costará que seamos comprendidas, pero es esencial no dejar de insistir en él.»[32]

El pensamiento de la diferencia sexual propone, pues, configurar una realidad, hacer mundo: un mundo que –como he dicho ya– es uno, siendo los sexos dos. Y configurar esa realidad desde la sexuación en que es siempre dada a luz por su madre la criatura humana. Un principio, el de la omnipresencia de la sexuación, que Luce Irigaray formuló hace ya años: «La máquina no tiene sexo. La naturaleza, ella, es siempre sexuada.»[33] No se trata, pues, de un pensamiento separatista, como se ha dicho a veces, sino de algo bastante distinto: es el mundo entero que se pretende dar a luz (ese «traer al mundo el mundo» que da el título a la segunda obra colectiva de la comunidad filosófica Diótima). Y darle a luz a medida humana femenina.

4. Mediación femenina, mediación masculina

Para romper con el modo de vida anfibio que suele ser el propio de muchas mujeres de nuestra época, es necesario que el ser mujer se haga significante y significativo en el mundo, no sólo en la intimidad o en el entre mujeres: «es decir que la diferencia, de objeto pensado, se vuelva significante, se haga pensamiento pensante.» Con cierta frecuencia, se ha probado para conseguirlo la vía de la pasión: es el caso de Christa T., la protagonista de la novela de Christa Wolf, o de G. H. en *La pasión según G.H.* de Clarice Lispector.[34]

La figura de la pasión resalta en estos casos un saberse distinta del hombre y también del estereotipo de lo femenino codificado en el sistema de géneros vigente. El manifestar en forma de pasión este saberse distinta indica que faltan o faltaban en la cultura vías menos dramáticas de decirse distinta:

---

32. Carla Lonzi, *Escupamos sobre Hegel*, 39. Su subrayado.

33. Es la frase introductoria de *Le genre féminin*, en *Sexes et parentés*, 121.

34. Véase Cristiana Fischer y otras, *La differenza sessuale: da scoprire a da produrre*, 34 y 16. También, Elena Laurenzi, *Los nervios sensibles de la realidad. La figura de la pasión de la diferencia sexual en las «Noticias sobre Christa T.», de Christa Wolf,* «Duoda» 6 (1994) 19-42.

> «El saberse distinta del hombre [...] no le basta a la mujer para saberse. La mediación masculina, como indirectamente reconoce Freud, se resuelve en un renegar de lo femenino por parte de hombres o mujeres. Para que lo femenino pueda circular en el discurso de la ciencia y de la política es, por tanto, necesario que la mujer disponga de una mediación femenina para relacionarse consigo y con lo otro en relación a sí. Pero en el sistema de relaciones sociales faltaba una estructura simbólica adecuada para ello, o más bien estaba expresamente excluida. Freud no podría haber sido más explícito al respecto cuando, en su lección sobre *La feminidad*, teoriza que para llegar a ser normal la mujer debe despegarse de la madre y convertir en hostilidad su amor hacia ella.»[35]

La estructura necesaria para poder decirse distinta de modo significativo, es decir, transformando el saberse distinta en lugar de producción de simbólico, es la mediación femenina. Un régimen de mediación que lleva del desorden al orden simbólico y cuyo contenido revolucionario fue condensado en el lema de los años setenta: «entre mí y mí y entre mí y el mundo una mujer.»[36] Se trata del «otro que es mujer» que estudió ampliamente Luce Irigaray en su libro más famoso, libro que tituló precisamente: *Speculum del otro, mujer.*[37] Un otro que porque es dispar y semejante, no igual a mí, me permite llegar a ser:

> «La relación dialéctica dispar entre dos mujeres crea las condiciones para una existencia ontológica no escindida. El reconocimiento (autorizado) de la otra (la mediación) permite la salida de lo inmediato y el amor de sí. Sin tener pues la necesidad de refugiarse en el «núcleo de sombra», en esa intimidad que es el único lugar sin lugar, en el cual le es posible a una mujer reencontrar-

---

35. Cristiana Fischer y otras, *La differenza sessuale: da scoprire e da produrre*, 34.
36. No recuerdo su origen. La recoge, por ejemplo, Anna Maria Piussi, *Visibilità/significatività del femminile e logos della pedagogia*, en Diótima, *Il pensiero della differenza sessuale*, 113-150; p. 143.
37. Es así como debería haberse entendido y traducido *Speculum de l'autre Femme*, según dice su autora en *J'aime a toi*, 103-104. La coma no aparece en el título original ni en ninguna de las traducciones que conozco.

se cuando el simbólico corriente la dice y la niega al mismo tiempo. El espacio íntimo se articula entre sí y sí y con el fuera de sí. Se convierte en morada.»[38]

La mediación de otra mujer me permite ser y pensar el mundo «en grande», pensar el mundo entero, no solamente lo que tradicionalmente se considera el «mundo femenino».[39] También los hombres pensarán o han pensado ocasionalmente el mundo según su parcialidad; pero ellos parten de la hegemonía, no de la exclusión, lo cual marca unas vías de trabajo distintas.[40]

En el proceso de pensar esta realidad sexuada en femenino, es muy importante hallar una palanca, un punto de apoyo desde el cual actuar. Luisa Muraro le llama, siguiendo la genealogía de una expresión usada por Paola di Cori pero recreando sus contenidos, «el punto de Arquímedes» de la política de pensar el mundo. Luisa Muraro identifica este punto, esta palanca, con la autoridad de la madre, autoridad que está en la base del orden simbólico que ella llama «de la madre».[41]

La relación con la madre sería –en opinión de esa autora– la mediación primera y necesaria. Una mediación imprescindible en esa política de decirse y de decir el mundo. Una mediación que es, pues, también lugar original de enraizamiento y de enunciación. Un lugar de enunciación que Luisa Muraro identificó al darse cuenta de que su «dificultad de comenzar», (su dificultad de comenzar su libro, su propia obra) se debía a que, antes de nombrar su vinculación con su madre, ella no estaba en ninguna parte: «yo empiezo desde el principio» –ha escrito– «porque no sé empezar desde donde estoy y esto porque no estoy en ninguna parte.»[42]

Que la mediación femenina sea la necesaria para alcanzar las mujeres las condiciones de existencia ontológica sin escisión, no lo sustentan todas las filósofas que han teorizado en torno a la diferencia sexual fe-

---

38. Cristiana Fischer y otras, *La differenza sessuale: da scoprire e da produrre*, 35-36.

39. Chiara Zamboni, *Acció política i contemplació*, «Duoda» 2 (1991) 129-140.

40. Por ejemplo, Victor J. Seidler, *Rediscovering Masculinity. Reason, Language and Sexuality*, Londres y Nueva York, Routledge, 1989.

41. Luisa Muraro, *Hacer política, escribir historia*, 88-97.

42. *L'ordine simbolico della madre*, 8. Véase también Veronika Mariaux, *Tener presente a la madre*, «Duoda» 7 (1994) 145-156.

menina. La más famosa, Luce Irigaray, ha oscilado y oscila entre tres posturas: a) la superfluidad de la mediación para un configurarse de la subjetividad femenina porque su erotismo no necesita poseer a nadie fuera de sí; b) la importancia de la mediación con «el otro que es mujer» para que ella alcance esa subjetividad que le ha negado históricamente el patriarcado;[43] y c) el universal como mediación, un universal objetivado en el derecho, en la ley tanto civil como divina, que medie entre mujeres y hombres sin que ni ellas ni ellos dejen de ser fieles a sí, aunque estén abiertos al otro.[44]

Un objetivo importante de la configuración de una subjetividad es para las mujeres, en opinión de esta autora, el llegar al festín y al enlace con el hombre.[45] Enlace que pondría fin a una tendencia a la simbiosis y a la fusión que se daría, con efectos marcadamente negativos, entre las mujeres. Ha escrito Luce Irigaray en dos obras publicadas a una década de distancia:

> «Esperar la parusía requeriría que todos los sentidos estuvieran despiertos. Ni destruidos ni cubiertos ni "contaminados" sino abiertos. La revelación de Dios y del otro requeriría mi "propia" revelación (no voy a esperar que el Dios haga la operación en mi lugar. No ésta. A pesar de que la comience con, gracias a, para Él). Un acto, pues, del que seré capaz, sin concluirlo nunca. Tener los sentidos alerta significa estar atentos, carnal y espiritualmente. La tercera era de Occidente sería, finalmente, la de la *pareja*: ¿el espíritu y la esposa?»[46]

---

43. Tanto en *Speculum* como en *Ese sexo* y en la *Éthique*, textos escritos en su mayoría en la década de los setenta. Sigo en lo relativo a esta difícil cuestión a Chiara Zamboni, *Una, due, alcune, le donne. Sul pensiero di Luce Irigaray*, en Ipazia, ed., *Quattro giovedì e un venerdì per la filosofia*, Milán, Libreria delle donne, 1988, 21-28, con los comentarios de Clara Jourdan (*Ibid.*, 30-32); y a Christine Holmlund, *The Lesbian, the Mother, The Heterosexual Lover*.

44. *La nécessité de droits sexués* y *L'universel comme médiation*, en *Sexes et parentés*, 13-18 y 139-164.

45. Claramente desde *Amante marine. De Friedrich Nietzsche*, París, Les Éditions de Minuit, 1980.

46. Luce Irigaray, *Éthique de la différence sexuelle*, 139-140. Su subrayado. En griego clásico, parusía quiere decir «advenimiento»; el advenimiento originario es el de la criatura en el momento de ser parida.

«*Llega él*

Tu belleza, la belleza del mundo. Tu amor, el palpitar del universo, el ritmo amante de la naturaleza, el tiempo otorgado al sol. En ti, contemplo su irradiarse. En ti, saboreo su potencia, me baño en su calor. El eterno tal vez se conjuga con el instante. Estamos presentes la una al otro, pero entre nosotros está la eternidad, mientras seguimos creciendo. ¿Cómo unir los dos tiempos?»[47]

Enlace de pareja amorosa hecha de hombre con mujer que, por otra parte, Irigaray entiende como aceptación y reciprocidad; aceptación y reciprocidad con palabras –es decir, con simbólico– que operan aparte de la posesión y consumo del otro: «tú que no eres ni serás nunca mí ni mío» es una idea que se repite con ligeras variantes en sus dos últimos libros.[48] Este enlace beatífico es previsto con frecuencia aparte también de la procreación de criaturas humanas:

> «El amor entre el hombre y la mujer se convierte entonces en maestría y cultura de la energía y no su dispendio instintivo redimido por la procreación aquí abajo y por la fe en una felicidad asexuada en el más allá, asegurando el camino la adquisición de un logos insensible. El acto carnal, en particular, ya no es regresión a un grado cero de deseo ni de palabra sino lugar de restablecimiento en el mundo y de devenir para cada uno de los amantes. El amor se cumple en dos, sin reparto de papeles entre amada y amante, pasividad objetal o animal por una parte, actividad más o menos consciente y valerosa por otra. Mujer y hombre permanecen dos en el amor. Guardar y crear el universo es y sigue siendo su primera tarea.»[49]

Luce Irigaray no ha dejado nunca, sin embargo, de resaltar la importancia de la relación de la hija con la madre, relación a la que ha dotado

---

47. Luce Irigaray, *Essere due*, Turín, Bollati Boringhieri, 1994, 16.

48. Tanto en *J'aime à toi*, 161-170, como en *Essere due*, págs. 28 y 29, entre otras.

49. Luce Irigaray, *J'aime à toi*, 216. Llama la atención la distancia que separa estas afirmaciones de una que hizo famosa Germaine Greer en 1970: «Las mujeres apenas tienen idea de cuánto les odian los hombres» *(The Female Eunuch*, Londres, Paladin, 1971, 249).

de genealogía también divina.[50] No parece, sin embargo, que esta relación tome en su teoría de la diferencia sexual el estatuto de mediación necesaria para que las mujeres estemos significativamente y a gusto en el mundo.

5. La práctica de la diferencia

Lia Cigarini ha distinguido tres maneras de entender la práctica de la diferencia. Una manera sería la de las y los que sostienen que las mujeres son distintas de los hombres en los contenidos de su hacer en el mundo; a este concepto de la práctica de la diferencia le llama Lia Cigarini «del orden de las cosas». Una segunda manera es la de las y los que opinan que la diferencia se inventa mediante estudios y pensamientos; define este modo de ver como «del orden del pensamiento». La tercera, que es la que esa jurista sustenta, consiste en «el sentido, el significado que se da al propio ser mujer. Y es, por tanto, del orden simbólico.»[51] Que algo sea del orden simbólico quiere decir que nace de una práctica política en la que se interroga el sentido del propio ser mujer (u hombre) desde el deseo personal de existir libremente en un mundo no neutro.

De la práctica de la diferencia femenina y de la nominación o teorización de esa práctica han ido naciendo varias figuras; figuras, no estructuras, porque hechas de trazos, no de una pieza.[52] Entre esas figuras están la genealogía materna, el *affidamento*, y la autoridad femenina. Son figuras y no códigos porque no dependen de reglas ni de normas pactadas o establecidas que las regulen. Son las mujeres de la Librería de Milán y de la comunidad filosófica Diótima quienes más han avanzado en esta práctica política.

Luce Irigaray, entre otras, ha dado vida y referentes históricos, filosóficos y también divinos a la genealogía de mujeres, genealogía que da sentido y placer a nuestro estar en el mundo. Un estar en el mundo que esa pensadora ha imaginado sin madre y sin antepasadas, porque en el

---

50. Especialmente: *Femmes divines*, en su *Sexes et parentés*, 67-85.

51. Lia Cigarini, *Libertà femminile e norma*, 96. La cita completa, antes, VI-1.

52. Esta acepción de «figura» la he aprendido de María Zambrano, no recuerdo dónde.

origen de nuestra sociedad no se situaría el parricidio edípico de que hablan Freud y otros muchos sino el matricidio que sugiere la *Orestíada*:

> «Pienso que también es necesario» –ha escrito Irigaray– «para no ser cómplices del asesinato de la madre, que afirmemos la existencia de una genealogía de mujeres. Una genealogía de mujeres dentro de nuestra familia: después de todo, tenemos una madre, una abuela, una bisabuela, hijas. Olvidamos demasiado esta genealogía de mujeres puesto que estamos exiliadas (si se me permite decirlo así) en la familia del padre-marido.»[53]

Irigaray ha mostrado cómo la cancelación de la genealogía materna ha traído consigo la de la subjetividad femenina, reduciendo a las mujeres a los papeles de esposas y madres. Para completar esta operación social y política ha sido necesario recurrir al monoteísmo. Configurarnos una perspectiva y una dimensión divinas (lo cual no quiere decir culto a las diosas) es necesario, en opinión de esta autora, para devenir mujeres.[54]

El *affidamento* es una relación política privilegiada y vinculante entre dos mujeres. Dos mujeres que no se definen como iguales en términos de sororidad sino como semejantes, diversas y dispares: el plus de la disparidad actúa de mediación que condensa significados nuevos, ajenos tanto a la identificación como a la rivalidad. No consiste en un pacto de amor ni tampoco de magisterio jerárquico o de poder social; aunque puede darse entre una joven y una vieja, la relación de *affidamento* ha sido practicada y pensada como una relación entre adultas.[55] Ejemplos históricos de este tipo de relación entre mujeres son Virginia Woolf y Vita Sackville-West, H.D. (Hilda Doolittle) y Bryher en el siglo XX, Hildegarda de Bingen y Ricarda von Stade en el siglo XII, Catalina de Lancas-

---

53. Luce Irigaray, *El cuerpo a cuerpo con la madre*, 15. Una aplicación entre artistas: Rosa Segarra i Martí, *Pintores que es pinten: escrits per a unes genealogies*, «Duoda» 4 (1993) 31-50.

54. Luce Irigaray, *Sexes et parentés*, 81.

55. *Affidamento* quiere decir «custodia». Un análisis de esta relación en la enseñanza: Elvia Franco, *L'affidamento nel rapporto pedagogico*, en Diótima, *Il pensiero della differenza sessuale*, 153-171.

ter y Leonor López de Córdoba en el XV.[56] Dice así Hildegarda, ya vieja, su recuerdo de su relación con Ricarda:

> «Porque cuando escribí el libro *Scivias*, tuve en amor pleno a una joven noble, hija de la marquesa que acabo de mencionar, como Pablo a Timoteo. Ella se había vinculado a mí en amorosa amistad en todos los sentidos, y mostró compasión por mis enfermedades, hasta que terminé ese libro. Pero entonces, a causa de lo distinguido de su familia, anheló un puesto de mayor reputación: quería ser nombrada madre (*mater*) de alguna iglesia espléndida. Buscó esto no por amor de Dios sino por honor terrenal. Cuando me dejó, yéndose a otra región lejos de nosotras, poco después perdió la vida y la fama de su nombramiento.»[57]

La relación de *affidamento* se establece para mediante ella dar vida al deseo personal de existencia y de intervención en el mundo. Se trata siempre de una relación política que desplaza el flujo de energía femenina de los hombres hacia las mujeres.

A la mujer con quien entro en relación de *affidamento* le reconozco autoridad femenina. Deposito en ella confianza para crecer (*augere* significa «hacer crecer») y para reconocer, sin entrar en el juego de la identificación ni tampoco en el de la rebelión o en el de la suplantación, cuáles son la medida y los límites de mi deseo de existir y mis posibilidades de liberarlo en la sociedad. La autoridad femenina consiste, pues, en reconocer a otra u otras mujeres como medida del mundo, como mediadoras con lo real:

> «La autoridad es esto, en sí misma: capacidad de acuerdos que revalúan, potencia de relación. Por otra parte, autoridad simbólica, que por definición no se impone desde el exterior, aunque *se im-*

---

56. Librería de mujeres de Milán, *No creas tener derechos*, 17-23. Marirì Martinengo, *Ildegarda e Richardis*, en Diótima, *Il cielo stellato dentro di noi*, 73-97, con los textos. Sobre Leonor y su reina, mi *Textos y espacios de mujeres*, 159-178.

57. En fragmentos autobiográficos que se conservan en su *Vita* del siglo XII (cit. en Peter Dronke, *Women Writers of the Middle Ages*, Cambridge, Cambridge University Press, 1984: texto latino, p. 234; trad., p. 151). Ricarda von Stade dejó a Hildegarda para ser abadesa de Bassum, cerca de Bremen, en 1151, muriendo poco después.

pone. No es facultativa. Se impone por la necesidad de la mediación en que estamos, so pena del desorden simbólico y la consiguiente inseguridad, o la subordinación al poder vigente o la sujeción al ciego autoritarismo de las cosas.»[58]

Reconocer autoridad femenina contribuye a paliar lo que yo he llamado la «insaciabilidad» que caracteriza a muchas producciones culturales y políticas de las mujeres creadas entre mujeres: ese tener siempre la sensación –cuando no hay hombres implicados, cuando está ausente, por tanto, la mediación crónica y canónica con la realidad– de que «nuestros proyectos, nuestras realizaciones, al quedarse sin una medida clara de su valor, parecen siempre mejorables, nunca del todo satisfactorias o perfectas.»[59]

El reconocimiento de autoridad femenina debe saber convivir con la práctica de la disparidad: si la autoridad femenina funciona demasiado bien, puede exponer al peligro de que se difuminen o cancelen las diferencias entre las mujeres que reconocen esa autoridad, aplastando así su deseo individual y mermando su libertad. La autoridad se convierte entonces en una mediación que no produce, que no da vida a algo nuevo.

La autoridad femenina no replica a la autoridad tradicional. No la replica porque ni tiene ni busca poder social dentro del orden patriarcal. Es el orden patriarcal, basado en el matricidio o en la usurpación de la potencia materna, el que identifica autoridad y poder, con su violencia intrínseca reinstaurada generación tras generación, no el feminismo. No la replica, tampoco, porque la diferencia femenina no se mide con la masculina: aunque las funciones que ejercemos mujeres y hombres en el mundo (caminar, pensar... etc.) sean idénticas, la experiencia de vivir en un cuerpo sexuado en femenino es distinta de la experiencia de vivir en un cuerpo sexuado en masculino.[60]

---

58. Luisa Muraro, *Appunti sulla libertà femminile*, «Quaderni di Agape» 19 (marzo 1992) 35-41; p. 40. Su subrayado. La revista «Duoda» 7 (1994) ha dedicado su sección monográfica a *Autoridad femenina / libertad femenina*.

59. María-Milagros Rivera, *Il passo più difficile*, «Via Dogana» 4 (marzo 1992) 18-19; p. 19.

60. *Domande dell'Idiota sulla differenza sessuale*, en Ipazia, *Autorità scientifica autorità femminile*, 85-94; p. 86-87.

Que el reconocimiento de autoridad femenina haya formado y forme parte del orden materno, distante de la jerarquización propia del poder social patriarcal, lo sugiere un fragmento de una carta de principios del siglo XV escrita por la reina regente de Castilla, Catalina de Lancaster a su valida Leonor López de Córdoba:

> «Yo, la sin ventura Reyna de Castilla y León, madre de el Rey y su tutora y regidora de sus reynos, embío mucha salud a vos, la mía amada y deseada madre doña Leonor López de Córdoba, mi dueña, fija de el maestre don Martín López (que Dios perdone), como aquella que mucho amo y precio y de quien mucho fío; fágovos saber cómo el Rey mi fijo y io y las Infantas mis fijas somos sanos y en buena disposición de nuestras personas. Dios loado; embíovoslo a decir porque soi cierta que vos placerá de ello; por que vos ruego que lo más continuamente que vos pudierdes me certifiquéis de vuestra salud y vida y de doña Leonor Gutiérrez, vuestra fija, mi sobrina [...]. La Reyna, vuestra leal fija.»[61]

A las tres figuras les da cohesión lo que se llama «la práctica del hacer». Es decir, el producir teoría desde la práctica política, y no al revés, como era tradicional fuera del postmodernismo. La práctica de la diferencia se apoya en un modo de relacionarse con la realidad que nació en los grupos de autoconciencia de los años sesenta y setenta: el partir de sí, el partir de lo que cada una tiene en su estar en el mundo, lo que cada una tiene que es principalmente su experiencia femenina personal.

El partir de sí y la mediación femenina no llevan a un vivir en una realidad parcial, limitada por el sexo masculino. «Existe indudablemente» –ha escrito Luisa Muraro– «la necesidad de compartir el mundo. Pero con todas las demás mujeres y con los hombres, o sea con toda la gente de carne y hueso empezando por la más cercana. No tengo que dividir el mundo con el otro sexo en cuanto tal, del mismo modo que lo que me falta no es el ser hombre.»[62]

En la práctica del hacer, es fácil encontrarse con el obstáculo de la ley del padre, que nombra, actúa y reacciona por doquier. Clara Jourdan ha

61. Ed. en Leonor López de Córdoba, *Memorie*, 82-85.

62. Luisa Muraro, *La politica è la politica delle donne*, «Via Dogana» 1 (junio 1991) 2-3; p. 3.

propuesto, para esquivar este obstáculo sin entrar en su kafkiana dialéctica, la práctica de la «ilegalidad responsable»: un hacer irregular, más propio del sentido común femenino:

> «De este precioso hacer irregular, que es práctica difundida pero todavía demasiado silenciosa, se puede hacer una propuesta política: la práctica de la ilegalidad responsable. [...] En la ilegalidad responsable habla la diferencia femenina desde una posición simbólica por encima de la ley. Es, pues, un modo de luchar contra la burocracia, propuesto a mujeres y hombres, no según un principio de resistencia o de desobediencia civil (típico de la relación mayoría-minorías), sino de autoridad femenina.»[63]

6. El orden simbólico de la madre

La práctica política de la diferencia femenina ha ido, a lo largo de los últimos veinte o veinticinco años, nombrando vivencias que han llevado a Luisa Muraro y a las otras filósofas del grupo Diótima a pensar el concepto de orden simbólico de la madre.[64]

El orden simbólico de la madre tiene su núcleo en la relación de la hija con su madre. La relación de la hija con su madre es una relación elemental que falta en el patriarcado, falta de la que este orden se nutre.[65] Tanto es así, que en él se presenta al padre como el verdadero autor de la vida.

Una relación –la relación con la madre– que, como nos ha enseñado la política feminista de los sesenta, los setenta y los ochenta, es terriblemente conflictiva, es como una imposibilidad para muchas mujeres emancipadas: un casi imposible y, también, un casi indecible. En opinión

---

63. Clara Jourdan, *Donne e aborigeni contro i burosauri*, «Via Dogana» 12 (septiembre-octubre 1993) 18-19; p. 19. Un origen del «por encima de la ley» como posición simbólica es el «dessus la loy» de Margarita Porete (*Miroir des simples ames*, CXXI; ed. de Romana Guarnieri, en Ead., *Il movimento del libero spirito. Testi e documenti*, Roma, Edizioni di Storia e Letteratura, 1965, 501-635; p. 615).

64. Luisa Muraro, *L'ordine simbolico della madre, Prefazione*. El tercer libro de Diótima, *Il cielo stellato dentro di noi*, lleva el subtítulo *L'ordine simbolico della madre*.

65. Luisa Muraro, *L'amore come pratica politica*, 18-19.

de Luce Irigaray, la relación con la madre nos ha sido sistemáticamente negada a las mujeres en las sociedades patriarcales; sociedades que se fundarían, como he dicho ya, en un matricidio.[66] En estas sociedades, la relación privilegiada es la de la madre con el hijo, esa relación que representan miles de imágenes cristianas y que ha producido también obras maestras del arte occidental. Además de haber producido, en opinión de Luisa Muraro, la filosofía misma. Ha escrito esta autora:

> «La capacidad de textura simbólica que los filósofos han aprendido en la relación con la madre, no la enseñan y quizá no saben enseñarla. Les ha llegado gracias a un privilegio histórico que ellos parecen creer que es un don caído del cielo o un atributo suyo natural. La sociedad patriarcal, en la cual la filosofía se ha desarrollado, cuida el amor entre madre e hijo como su bien más precioso. Es el hogar en que arden los grandes deseos, la cocina de las empresas sublimes, el taller de la ley. Todo parece ir a parar ahí. Si hay una cosa que yo envidio a los hombres, y cómo no envidiarla, es esta cultura del amor de la madre en que son criados. Este es el fundamento práctico, este es el germen vivo del cual se desarrollan los discursos filosóficos. Pero de esto los filósofos no dan cuenta. Ellos, ignorando el privilegio histórico de los hijos varones, cubren con fundamentos ideales el origen de su saber. Aman a una madre muda cuya obra presentan como una imagen y una aproximación de la propia, invirtiendo el orden de las cosas.»[67]

Luisa Muraro corrige el matricidio en el sentido de que confía en que no se trate de un delito efectiva o definitivamente consumado; ya que considera fundamental para las mujeres, clave para el manifestarse de la libertad femenina, el recuperar esa relación originaria y original con la madre. Relación que sería antigua, no arcaica, como sugirió Luce Irigaray.[68]

---

66. Luce Irigaray, *El cuerpo a cuerpo con la madre*, 6, 7 y 11.
67. Luisa Muraro, *L'ordine simbolico della madre*, 13.
68. Luisa Muraro, *L'ordine simbolico della madre*, 35 y 113; y Ead., *Filosofia lingua materna*, en Marisa Forcina *et al.*, *Filosofia Donne Filosofie*, 939-943; p. 941-942. Luce Irigaray, *El cuerpo a cuerpo con la madre*, 14-15.

La negación de la obra materna y su apropiación por los hijos varones son operaciones que se reflejan en la sobada contraposición entre naturaleza y cultura, entre reino de la generación y reino de la filosofía, también entre sexo y género. Una contraposición que, como se sabe, es un círculo vicioso de poca sustancia, que explica cómo funciona el patriarcado, pero poco más; un círculo vicioso a reemplazar por el «círculo virtuoso» que es puesto en marcha por la aceptación de la necesidad de la mediación materna. Porque no sería la independencia lo que nos daría libertad de pensamiento y de palabra en el mundo, sino la dependencia de la madre, mediadora con la capacidad de hablar.

Adriana Cavarero ha analizado con talento los procesos de refinada negación y encubrimiento de la obra materna en cuatro textos clásicos de la filosofía griega (los referidos a Penélope, a la esclava de Tracia, a Deméter y a Diótima). Ha estudiado también cuáles son las formas de constitución de la corporeidad humana; cómo se pasa históricamente de definiciones monistas de la corporeidad a definiciones dualistas; en otras palabras, cómo se pasa de un pensamiento monista el cual entendía que las madres creaban no sólo el cuerpo de las criaturas, sino también el alma (ellas serían por tanto creadoras divinas), en un mundo en el cual las almas no tendrían vida ni felicidad separadas del cuerpo, a un pensamiento dualista que arranca a las madres la creación del alma, dejándoles sólo el cuerpo; unas almas que ahora son independientes de ella y superiores a las formas corporales, unas almas en cuya creación interviene una divinidad hombre. Un pensamiento –el dualista– que es el occidental claramente desde la Grecia clásica.[69]

He dicho que la relación de la hija con su madre es el núcleo, el lugar de enraizamiento y de enunciación de este orden simbólico. El eslabón que une la relación con la madre y la configuración de orden simbólico es la palabra. La palabra, «don de la madre», que dice Luisa Muraro. La madre nos enseña a hablar y, sin embargo, todas o muchas pensamos que la lengua que hablamos es lengua del padre (aunque también sepamos que se la llama lengua materna). Para explicar esta confusa cuestión, Luisa Muraro parte de una hipótesis de Julia Kristeva que distingue, en los procesos de desarrollo de la capacidad lingüística de las criaturas, dos etapas: una primera etapa llamada semiótica y una segunda etapa llamada

69. Adriana Cavarero, *Nonostante Platone* y *Figure della corporeità*.

simbólica; ambas estarían separadas por una ruptura, un corte tético marcado precisamente por la sustitución de la madre por el padre. Luisa Muraro niega la existencia de ese corte tético y atribuye a la madre la transmisión completa del lenguaje, tanto en sus contenidos semióticos como en sus contenidos simbólicos. La madre nos transmitiría el lenguaje en los primeros años de vida. Pasada la infancia, el orden social patriarcal impondría a las niñas la ruptura con la madre. Una ruptura definida por la toma de conciencia de la falta de autoridad social de la madre y de lo femenino. Nuestra experiencia es, por ello, definida por esta autora como «experiencia logoexcéntrica» (no falogocéntrica, como enseñaba Jacques Derrida): logoexcéntrica porque separada del logos, separada de la fuente del saber, que sería la madre y no el falo.[70]

Desde la concienciación feminista de adultas, el viaje para llegar a ser capaces de hacer orden simbólico (un orden simbólico de la madre) sería un viaje de varias etapas; una primera etapa sería la recuperación de la relación infantil con la madre; una relación placentera y gratificante con la matriz de la vida que ahora, como cuando niñas, ayuda a cruzar abismos: especialmente el abismo entre el universo que percibo ante mí y lo poco que yo puedo hacer y decir. La segunda etapa –seguramente menos gratificante a veces y mucho menos fácil siempre– sería la de reconocimiento de la autoridad de la madre; reconocimiento a la persona que me ha dado gratuitamente la vida y me ha donado la palabra. Un reconocimiento de autoridad necesario precisamente para que esa parte de la obra materna que es el regalo de la lengua no sea colonizada por los intereses de los hijos y de los padres, no sea transformada en un orden simbólico patriarcal, orden simbólico patriarcal que coincide con un orden social en el cual se nos prohíbe y se nos impide a las mujeres existir amorosa y libremente. Lo ha explicado Luisa Muraro en los términos siguientes:

> «Había hablado de la necesidad de amar a la madre en reconocimiento de la vida recibida, necesidad bastante más que moral: simbólica, de la cual depende que una pueda ponerse en relación de intercambio libre y provechosa consigo misma, las otras, los hombres. Al final, una se levantó y dijo: entonces yo estoy perdida porque no podré amar nunca a mi madre que no me ha amado.

---

70. Luisa Muraro, *L'ordine simbolico della madre*, 109.

Con estas palabras, aquella mujer mostraba el paso más difícil y, quizá, decisivo de la condición humana femenina. De ésta, la cosa que más resalta negativamente es la dependencia de los hombres, no económica sino afectiva y mental. La filósofa francesa Simone Weil, que habla poco de su sexo y a sí misma se refiere usando no raramente el masculino, nota esto de las mujeres, la subordinación al otro sexo. Pero no se pregunta por las causas. Nosotras hoy sabemos que una mujer acaba en esta dependencia –que no respeta a las emancipadas, más bien al revés porque busca tener del hombre una cosa que sólo la madre podía darle. ¿Qué cosa? aceptación de sí y una medida para el intercambio con los demás.»[71]

La mediación primera y necesaria que desbloquea la mente de una mujer y le permite intervenir libremente en la realidad es, pues, la relación con la madre, con la madre individual y concreta, la que nos ha dado la vida y nos ha enseñado a hablar, garantizando la concordancia entre las palabras y las cosas. La relación de amor y reconocimiento hacia la madre no es del orden moral sino del orden simbólico; por ello, puede establecerse tanto si los sentimientos que se tienen hacia la propia madre son de amor como si son de odio o de indiferencia: en este sentido, el amor femenino de la madre es una práctica política.[72]

Tengo que resaltar que, cuando Luisa Muraro habla de la madre, habla en primer término de la madre particular y concreta de cada una de nosotras. Dice que habla realista y también simbólicamente de la madre, pero no metafóricamente. Esta distinción es muy importante. Se trata de una madre de verdad a la que hay que saber amar. «Saber amar a la madre» nos daría nada menos que «el sentido del ser»:

> «De ella aprendimos a hablar y ella fue entonces garante de la lengua y de su capacidad de decir lo que es. Entonces, la autoridad de la lengua era inseparable de la de la madre. Pero ella no tiene autoridad en nuestra vida adulta y ésta, yo pienso, es la causa de la incompetencia simbólica a que antes me refería. Porque, quizá, hay algunos o más bien algunas, yo por ejemplo, para las

71. Luisa Muraro, *L'amore come pratica politica*, 18.

72. Luisa Muraro, *L'amore come pratica politica*, y Ead., *La posizione isterica e la necessità della mediazione*.

cuales no hay autoridad si no es al mismo tiempo autoridad de la madre, y la disminución de ésta hace decaer en ellas también el sentido del interés recíproco que pasa entre lenguaje y realidad, de manera que para ellas las palabras resultan siempre inadecuadas para decir lo que es. Y toda mediación es hecha objeto de incredulidad y de sorda protesta a causa de la debilidad suya que hay que socorrer continuamente. Y el fingir, como el criticar, expresa precisamente este continuo socorrer y protestar, deshaciendo y rehaciendo y volviendo a deshacer sin fin una tela sin fin. ¿Es posible, me pregunto, hacer cesar la fatiga repetitiva y vana de este telar de Penélope? Quizá, volviéndonos niñas. O quizá, más realistas, traduciendo en las vidas adultas la antigua relación con la madre para hacerla revivir como principio de autoridad simbólica.»[73]

Este referirse realista y simbólicamente a la madre ha provocado y provoca resistencias importantes contra las propuestas de Luisa Muraro; pero también le da, en mi opinión, el sentido político más radical, más provocadoramente revolucionario.

En *L'ordine simbolico della madre* hay, sin embargo, lugar para «quien por ella» esté quien esté en el lugar de la madre (*O chi per essa*). Pero no se refiere a sustituir a la madre con cualquier cosa, metaforizándola (con la tierra, con la patria, con la universidad) sino que, por el contrario, se trata de sustituir a la madre precisamente para restituírnosla, para que nos sea restituida la experiencia personal de la antigua relación con ella, de mi antigua relación con la matriz de mi vida:

> «Por ejemplo, para la psicología y la sociología, las contradicciones que pusieron en marcha la política de las mujeres –como la histeria, la frigidez, la inhibición de la palabra, el extrañamiento de la política– eran fenómenos patológicos y nada más, diversamente interpretables pero siempre desde el punto de vista de un sujeto no inhibido, no histérico, no frígido. El valor de la experiencia, valor de verdad pero también valor de goce, está se-

73. Luisa Muraro, *L'ordine simbolico della madre*, 18-19; la cita en p. 34-35.

guro sólo si el círculo de la mediación es completo y la sustitución deviene restitución.»[74]

Es decir, se excluye la duplicación del mundo de la experiencia en otro mundo de carácter convencional cuya existencia parta de una apropiación de la obra materna con el fin de olvidarla, de dejarla sin existencia simbólica. El concepto de género es un ejemplo claro de este duplicar la realidad, de este querer duplicar la obra materna que a las historiadoras nos da la incómoda sensación de estar escribiendo la historia de fantasmas. En este sentido, me llama la atención la insistencia de María Zambrano en recalcar que «yo nunca he pensado, hay que decidirse a ello.»[75] Como si se tratara, al pensar, de emprender una campaña.

Las dicotomías u oposiciones binarias propias de la filosofía clásica y racionalista, del tipo cuerpo / alma, activo / pasivo, natural / cultural, masculino / femenino, etc., son superadas, en el orden simbólico de la madre, por lo que Emma Baeri y Luisa Muraro llaman el «cerco de carne»: un círculo de mediación necesaria materna y femenina, un círculo virtuoso, que recoge sentidos de la maternidad y de la práctica de la autoconciencia. Un círculo completo de la mediación que nos lleva a ser cuerpo y palabra, siempre a la vez, nunca separadamente, aunque cuerpo y palabra no sean lo mismo:

> «El mundo nace con el círculo completo de la mediación en el cual yo estoy incluida alma y cuerpo, carne y huesos. Este círculo grande y vivo no es una utopía. Los seres humanos nacen y se forman en él; todo lo que sabemos del lenguaje, del pensamiento, de la salud mental, concuerda con esta tesis de que el mundo en que la vida puede brotar, desarrollarse y tener sentido, es un círculo de cuerpo y palabra, sin precedencias absolutas entre uno y otra. Pero ciertamente no es un círculo perfecto y la circulación a que da lugar no es perfecta, en el sentido de que no realiza la coincidencia entre inmediato y mediato. Esta falta de coincidencia, yo pienso, impulsa a la sustitución de este mundo con otros

74. *Ibid.*, 76.

75. *Diotima de Mantinea*, en María Zambrano, *Hacia un saber sobre el alma*, Madrid, Alianza, 1987, 190.

mundos ideales o con el mundo fingido de las verdades convenidas.»[76]

En las sociedades patriarcales, el orden simbólico de la madre aparece sustituido por otro basado en el dinero y el mercado; o, más exactamente, la lengua materna es reemplazada por el sistema de intercambio basado en el dinero, que es una mediación del todo neutra y que, además, resulta mejor que la lengua materna porque no balbucea nunca.

¿Cuál es la principal conclusión política de la propuesta de un orden simbólico de la madre? Que aparentemente, en la vida social, unas mujeres eligen pactar con el orden sociosimbólico patriarcal, mientras otras eligen reconocer autoridad al orden simbólico de la madre; pero que, en el fondo, no hay realmente opción para las mujeres. Lo explica de la siguiente manera Luisa Muraro:

> «Yo he elegido sustituir el apego infantil a la madre con el saber-amarla y considerar la lengua aprendida de ella como la forma primera (arquetípica) de este saber. Sé de otras y otros que han hecho esta opción. Otros y otras, en cambio, prefieren sustituir el apego a la madre por un compromiso dentro del régimen de la mediación, dedicándose enteramente al trabajo, al estado, a la familia, a la religión, qué sé yo, y a la lengua materna prefieren lenguas aprendidas en un segundo tiempo o lenguajes artificiales o el dinero. También ésta puede ser una opción. En un nivel más profundo y, sin embargo, corrientísimo, no hay opción. Hay una experiencia femenina, y no solamente femenina, cuya significación no encuentra en el orden simbólico dado, es decir también social, ninguna interacción significativa, ni de acogida ni de rechazo, sino sólo reacciones casuales. Que pueden así dar lugar al caos o, si preferís, al infierno. Una manifestación impresionante de esta frustrada interacción significativa entre experiencia femenina y cultura codificada se puede reconocer en la historia de la caza de brujas, que sigue inexplicada no obstante la cantidad de las investigaciones históricas.»[77]

---

76. *L'ordine simbolico della madre*, 80.
77. *Ibid.*, 103.

7. La diferencia sexual en la escritura de historia: la cuestión del adorno del cuerpo femenino

En páginas anteriores me he referido a la cuestión del adorno del cuerpo femenino y a su validez como indicador –un indicador entre otros– del sentido de la experiencia femenina en la historia. He sugerido que el olvido por historiadoras emancipadas de mi época de la importancia de la institución de la heterosexualidad obligatoria en las formaciones patriarcales ha dificultado la comprensión de la larga y compleja polémica en torno a para qué o para quién adornan o han adornado (o no adornado) su cuerpo las mujeres.[78]

He sugerido también que pienso que la práctica del adorno es un lenguaje que vincula a la hija con su madre, con quien le dio cuerpo y palabra. O sea que pienso que hay a lo largo de la historia lenguajes que dialogan entre madre e hija, que ayudan y han ayudado a no ser irremediablemente histéricas. Cuerpo histérico que –lo he dicho ya– Lia Cigarini interpreta como signo de la irreductibilidad de la diferencia sexual.[79]

Mi inquietud por la cuestión de la relación entre la apariencia del cuerpo y la madre se remonta a una anécdota vivida a principios de los años ochenta. En una visita imprevista a mi madre, a raíz de un aterrizaje forzoso en la ciudad donde ella entonces vivía, me dijo: «Si sigues vistiéndote de esta manera no serás nunca numeraria en la universidad.» Yo me quedé desconcertada, pues aunque el rollo no era nuevo, no lo recordaba formulado con esa claridad. A pesar de que sólo entendí que quizá había un atisbo de razón, no olvidé el asunto.

Mi desconcierto se debía a la imposibilidad de relacionar el «mi cuerpo es mío» del feminismo de entonces con mi origen y con el orden social.

Entretanto, la lectura de *Tres guineas* de Virginia Woolf y el seguimiento, en los últimos tiempos, de la redacción de la tesis de Montserrat

---

78. Véase antes, Cap. IV-5. No entro, deliberadamente, en la cuestión de la industria cosmética y de la manipulación del cuerpo femenino por los medios de comunicación, porque pienso que no es más que la variación siglo XX sobre el mismo tema; una variación que indica que quien tiene el poder sobre (y no la autoría de) la vida humana, exhibe una especie de necesidad mecánica de llevar las cosas referidas al cuerpo humano hasta sus últimas consecuencias.

79. Véase antes, nota 31.

Cabré sobre tratados medievales *De ornatu* me llevaron a revivir memorias al volver sobre el tema.[80] Le pregunté entonces a Luisa Muraro si le parecía sensato sostener que el adorno del cuerpo femenino forma parte del orden materno, como una forma de amor de la hija hacia la obra materna. Ella respondió que no se adornaba porque su madre no se adornaba.

Entendí entonces el papel mediador de la madre, el sentido de la mediación necesaria. Papel mediador de la relación entre su obra y el mundo, al margen de los contenidos: al margen de que una haga o no haga lo mismo que ella. Relación mediadora entre mí y el mundo en el que quiero hacer algo significativo y preferiblemente original y sensato, no condenado a la excentricidad; mediadora porque soy su obra pero no soy igual que ella.

Es precisamente la cuestión de de quién soy obra, la cuestión de la autoría de la vida humana, de la vida humana femenina en este caso, lo más importante que se discute cuando se discute en Europa el adorno del cuerpo de la mujer desde, por lo menos, la patrística del siglo II hasta el Renacimiento. Vida humana que es inseparablemente cuerpo y palabra, también para la niña. Si el nacer de madre –dicen ellos desde sus instancias de poder social– fuera representable, podrían circular entre la madre y su hija signos referidos a la apariencia del cuerpo femenino. Puesto que se nace de padre, –repiten ellos incansablemente– esa zona de la vida humana femenina debe quedar muda. Resume de la siguiente manera el estado de la cuestión en el siglo XVI, la *puella docta* Luisa Sigea de Velasco:

> «Es necesario, en consecuencia, recordar a todas las mujeres que no deben en modo alguno alterar la obra de Dios ni lo que él ha creado y modelado. Pues levantan la mano contra Dios cuando intentan reformar y transformar lo que él ha formado, *ignorando que todo cuanto nace es obra de Dios*, mientras que todo lo que es transformado es obra del diablo. Imaginemos que un pintor hábil ha trazado y pintado del natural el rostro y los rasgos de alguien, así como su aspecto físico, y que, una vez terminado el retrato,

---

80. Virginia Woolf, *Three Guineas* (1938), especialmente p. 133-141. Montserrat Cabré i Pairet, *La cura del cos femení i la medicina medieval de tradició llatina*, tesis doctoral leída en la División I de la Universitat de Barcelona en noviembre de 1994.

> otro pintor le metiera mano con el fin de corregir lo que ya estaba diseñado y pintado, creyéndose más hábil que el primero; este último, ¿no se consideraría gravemente ultrajado y no sentiría una justa indignación?»[81]

En la cuestión del adorno y de la apariencia del cuerpo femenino, el pensar que la diferencia sexual no ha estado ausente de la historia (aunque lo esté de la disciplina Historia) y que entre mujeres ha habido siempre relaciones y palabras que algo tienen que ver con lo que ahora llamamos el orden simbólico de la madre, orienta la escritura de historia donde el concepto de heterosexualidad obligatoria (por ejemplo) agota su capacidad de percibir la elocuencia y el sentido de un hecho o de un texto. Hechos y textos que, si miro las fuentes de la historia desarmada, dejándome empapar por ellas sin miedo de que me cambien los esquemas, veo donde antes no había visto.

---

81. Luisa Sigea de Velasco (Loysa Sigea Toletana), *Dvarvm virginvm colloqvivm de vita avlica et privata*, Lisboa 1552, II-2 (Louise Sigée, *Dialogue de deux jeunes filles sur la vie de cour et la vie de retraite*, ed. y trad. de Odette Sauvage, París, Presses Universitaires de France, 1970, 131; mi subrayado).

VII

LAS CRITICAS AL PENSAMIENTO DE LA DIFERENCIA SEXUAL

Sumario: 1: La cuestión del esencialismo.– 2: Elitismo y egología.– 3: Libertad, enraizamiento en la madre y orfandad.

1. La cuestión del esencialismo

La crítica más frecuente y más antigua que se ha hecho al pensamiento de la diferencia sexual es, probablemente, la de ser una teoría esencialista. Es una crítica que durante algún tiempo se hizo así, directamente, sin especificar mucho más, como si la palabra «esencialista» fuera un fetiche y se explicara por sí sola. Ahora esta crítica se matiza, pero estamos ante una cuestión candente sobre todo a finales de la década de los ochenta. Ha escrito en este contexto Antonia Cabanilles:

> «El peligro de un discurso tan atractivo como el de Cixous, al igual que después sucederá con el de la *diferencia*, radica en que no comporta una interacción dinámica y en que, en última instancia, no hace otra cosa que reforzar la relación patriarcal Mujer-Naturaleza y, subrepticiamente, reintroducir la oposición binaria Cuerpo-Mente que intentaba borrar originariamente.»[1]

1. Antònia Cabanilles, *Cartografías del silencio. La teoría literaria feminista*, en Aurora López y M. Angeles Pastor, eds., *Crítica y ficción literaria: Mujeres españolas contemporáneas*, Granada, Universidad de Granada, 1989, 13-23, p. 17. Su subrayado.

Calificar una teoría de esencialista quiere decir que se basa en premisas y en principios determinados por la biología; en premisas muy resistentes, por tanto, al cambio social y a la acción de las operaciones culturales que distinguirían a la humanidad, operaciones la más importante de las cuales es la capacidad de construir símbolos y significados: esa capacidad fundamental de mediar entre lo que se denomina naturaleza y lo que se denomina cultura. Por tanto, pensar el mundo o escribir historia, filosofía, crítica literaria o artística, etc., desde una teoría esencialista contendría una contradicción interna que invalidaría inmediatamente muchos o todos los resultados del análisis y las propuestas de acción política de él derivadas.

Hay que añadir aquí que a las mujeres emancipadas de la segunda mitad del siglo XX los esencialismos nos asustan, nos paralizan fácilmente porque sabemos que ha costado más de cinco siglos de lucha y de debate –desde Christine de Pizan por lo menos– el liberarnos las mujeres de ellos: el liberarnos de discursos del tipo «eterno femenino» (que es lo que se desearía que fuera la subordinación: eterna), o «amor materno» (eterno e inagotable, especialmente el de la madre por su hijo), «instinto de mujer», o «la anatomía es el destino»... Por ello, produce un malestar inmediato en muchas mujeres el oír hablar de temas como «escritura femenina», «escribir el cuerpo», «experiencia histórica específicamente femenina», etc., porque se tiene la impresión de que la libertad personal y el deseo de vivir entero el mundo están en juego.

En este mismo contexto, algunas autoras han manifestado su temor de que la política y el pensamiento de la diferencia sexual pretendan llevar a defender que todo lo que han escrito o han expresado por otros medios las mujeres es, en algún sentido, bueno, bello y revindicable. Lo cual, evidentemente, chocaría con criterios de valor literario, de calidad estética, etc., también después de haber deconstruido el sexismo de los cánones ordinarios. En otras palabras, se teme que el pensamiento de la diferencia sexual, por su insistencia en los procesos de significación de lo femenino desarrollados por las propias mujeres, impida o dificulte la crítica de esas obras femeninas, restringiendo la libertad de estar en desacuerdo con sus ideas o de disfrutar de sus productos. Pienso que expresaba estas reticencias Montserrat Roig cuando escribió en su último libro:

> «La crítica feminista porta prou anys investigant la paraula de dona, l'escrita i no publicada o bé la que aconseguí de ser publica-

da sota el malfiament de la societat literària, per no caure en la beneiteria de pensar que totes les dones, pel fet de ser dones, escriuen bé. És a dir, emocionen. L'art només és perillós quan emociona. Un text de dona descobert en un arxiu es bo perquè ens il·lumina quant a la nostra història. Però no ens hem de deixar engavanyar en l'estovament. La reivindicació històrica és una cosa ben diferent de la reivindicació literària, aquesta ha de desconfiar de totes les lleis, tant les oficials com les marginals. ¿Qui pot, al capdavall, diagnosticar que un llibre és una obra mestra?»[2]

Y, sin embargo, es precisamente, desde la práctica política de la diferencia femenina desde donde se habla de estar «por encima de la ley».[3] El pensamiento de la diferencia sexual no niega, sino que, al contrario, favorece y reivindica el juicio;[4] pero lo reivindica añadiendo que es a las mujeres a quienes corresponde juzgar a nuestras semejantes, y hacerlo con medidas en las que nos reconozcamos en primera persona, medidas que signifiquen la diferencia femenina. Esto no quiere decir que los cánones a aplicar tengan que ser inferiores a los cánones masculinos establecidos, tengan que darnos el *handicap* de la falta de acceso a las instituciones del saber, de la falta de tiempo por la carga añadida de la doble o triple jornada, si no se desea. Se trata, en mi opinión, de valorar si desde el presente establecemos o no establecemos con esas obras femeninas una mediación significativa. Si la establecemos, si yo la establezco, lo que ellas han escrito o representado por otros medios es arte; es arte, y arte peligroso, porque «nos emociona», como escribe Montserrat Roig. Y me emociona si es original, no porque añada un eslabón erudito a una cadena muerta de antepasadas.

Por otra parte, la cuestión del esencialismo preocupa en general a las pensadoras y activistas feministas porque no se quiere renunciar a la existencia, en el presente y en el pasado, de un gran colectivo mujeres, de las mujeres como colectivo, tanto en el sentido de categoría de análisis

2. Montserrat Roig, *Digues que m'estimes encara que siqui mentida*, Barcelona, Edicions 62, 1991, 68. Una lectura reciente de la narrativa de esta autora: Christina Dupláa, *Veus, testimonis i diferència a la narrativa de Montserrat Roig*, «Duoda» 7 (1994) 29-52.

3. Lia Cigarini, *Sopra la legge*, 3-4, y Ead., *Libertà femminile e norma*, 96-97.

4. Libreria delle donne di Milano, *Non credere di avere dei diritti*, 176-7.

como de punto de partida y foco de solidaridad y de fuerza en la lucha política.[5]

Con estas variadas dudas y reticencias contrasta, en cambio, la postura de pensadoras y practicantes de la diferencia femenina como las de la Librería de mujeres de Milán, que han escrito que «una mujer es libre cuando significar su pertenencia al sexo femenino es lo que elige sabiendo que no es objeto de elección.»[6] Elegir significarse es, sin duda, una operación abiertamente cultural, si es que deseamos mantenernos dentro de esa politizada dicotomía naturaleza / cultura.

Se plantea a este punto la pregunta de por qué tiene problemas con el tema del esencialismo el pensamiento de la diferencia sexual y no lo han tenido ni la teoría de los géneros ni el feminismo materialista. Yo diría que el pensamiento de la diferencia sexual ha podido ser acusado de esencialista, y no los otros, porque es el único que intenta que las mujeres nos definamos desde el nacimiento en un cuerpo sexuado; y que lo hagamos, en lo posible, partiendo de nosotras, independientemente de las definiciones de lo masculino. Definiciones de lo masculino que, al identificar el reino de la generación con la naturaleza, se atribuyen en exclusiva la capacidad de crear cultura, de ser fundamento de cultura. Es decir, hay aquí una cuestión filosófica y una cuestión política entremezcladas. Frente al feminismo materialista o a la teoría de los géneros, que entienden a las mujeres siempre en el marco de sus relaciones con los hombres, sean estas relaciones del tipo que sean (de producción y reproducción, de construcción de símbolos y significados...), esta propuesta pretende entender a las mujeres en relación con su origen: lo cual es dialéctica, aunque parece que, en el patriarcado, sólo lo sea de verdad el dialogar con hombres. En contraste con esta postura, es muy común en la tradición intelectual de Occidente entender, aunque sea de forma implícita, que es precisamente la intervención de lo masculino lo que proporciona su carácter cultural a las operaciones de construcción de símbolos y de significados. Lo cual es coherente con dos costumbres propias del orden sociosimbólico patriarcal; la de considerar al padre el verdadero autor de la vida, y la de considerar necesario el renacer, el darse a luz a sí mismo, para pensar el mundo y para ser libre.

---

5. He tratado esta cuestión antes, Cap. II-2.
6. *Non credere di avere dei diritti*, 170 (*No creas*, 181).

Se plantea aquí también la pregunta de cómo puede ser calificado de esencialista un pensamiento que tiene raíces importantes en la deconstrucción; operación que consiste en el desplazamiento sistemático de todas las esencias. Efectivamente, ni Luce Irigaray (la más criticada en este sentido) ni Hélene Cixous ni Julia Kristeva o Luisa Muraro se han considerado jamás a sí mismas esencialistas; la realidad es que ellas han dado muy poca importancia a esta acusación y a este debate; acusación y debate que han tenido, en cambio, resonancia sobre todo en el movimiento y en el pensamiento feminista que se expresa en lengua inglesa. Es decir, en una cultura política que identifica parcialmente teoría feminista y teoría de los géneros. Yo diría que es precisamente por aquí por donde pasa la salida de este juego complejo de acusaciones y de críticas.

De entre las autoras que han contribuido a clarificar este debate en los espacios culturales en que surgió y fue fomentado (Estados Unidos, Gran Bretaña, Australia...), mencionaré a Jane Gallop, Teresa de Lauretis, Diana Fuss y Margaret Whitford.[7] Lo han hecho partiendo del concepto de experiencia y, especialmente, partiendo de una relectura muy precisa de interpretaciones de Irigaray de este concepto. Unas relecturas, de todos modos, no sencillas; no sencillas porque cuando se ha entrado en el juego de las oposiciones binarias jerárquicas, es fácil caer en la esencialización de la experiencia, en una especie de fetichismo de la «experiencia femenina» convertida en universal; y así, *ad infinitum*.

Irigaray ha escrito sobre la necesidad de «pensar por el cuerpo» como mecanismo m nético (de copia y de burla) que deberíamos usar las mujeres para co:ivertirnos en sujetas de discurso. Y ha elaborado teoría sirviéndose de la metáfora del labrys, que es el hacha de doble filo y, a la vez, los labios vulvares, que «se escriben»: se graban creando símbolos y se escriben entre sí, abriendo camino a una sexualidad y a un lenguaje propios de mujeres.[8] Estas frases, estas consignas casi, desconciertan un poco a primera vista (como si se tratara de una forma camuflada de lla-

---

7. Jane Gallop, *Thinking through the Body*, Nueva York, Columbia University Press, 1988, esp. 92-99. Diana Fuss, *Essentially Speaking. Feminism, Nature, and Difference*, Nueva York y Londres, Routledge, 1989, esp. 55-92. Teresa de Lauretis, *Alice Doesn't: Feminism, Semiotics, Cinema*, Bloomington, Indiana University Press, 1984 (trad. de Silvia Iglesias Recuero, Madrid, Cátedra, 1992). Margaret Whitford, *Luce Irigaray. Philosophy in the Feminine*.

8. Luce Irigaray, *Ese sexo que no es uno*, 195-208.

marnos otra vez histéricas en el sentido masculino del término). Y, sin embargo, son fuertemente antiesencialistas. Porque de esta manera Irigaray construye y deconstruye a la vez la vieja categoría «mujer»:[9] desmonta la vieja categoría cuerpo, porque ahora el cuerpo escribe (no sólo se reproduce, por ejemplo) y, además, ella desplaza la jerarquía tradicional de la antigua oposición binaria cuerpo / espíritu porque ahora el cuerpo piensa (no sólo siente, como se solía decir).

Traduciendo las metáforas de Irigaray a los términos del debate en torno al esencialismo, Teresa de Lauretis ha vinculado el «pensar por el cuerpo» con el tema de la experiencia femenina en el sentido siguiente. En opinión de Lauretis, la experiencia es «un proceso continuo mediante el cual la subjetividad se construye semiótica e históricamente». Y el referente en el cual se fundan estas construcciones es el cuerpo. Pero no un cuerpo estático o definido en función del cuerpo masculino, sino un cuerpo que se construye «por sus propios procesos», «procesos que son vistos como reales, inmediatos y directamente cognoscibles.»[10] A esta afirmación de Teresa de Lauretis le ha añadido Diana Fuss una reflexión de cierto interés. Dice Diana Fuss que, una vez hechas todas esas distinciones entre cómo y quién construye el cuerpo femenino, un paso importante a dar consiste en notar que lo que nos une o puede unirnos a las mujeres es, además, la identificación política. «La política es la base de la afinidad entre mujeres», ha escrito esta autora.[11] La política sería, en su opinión, la única categoría evidente, la única esencial, la única que no requiere explicación. Y es la generalmente considerada como la más «artificial» de todas, la menos natural. Así que el debate sobre el esencialismo sería, según ella, un debate innecesario. (Cabe preguntarse si la relación de la madre con su criatura la incluye en las relaciones políticas).

Desde fuera de los espacios feministas en que se ha dado importancia a la cuestión del supuesto esencialismo de esta propuesta teórica y política (es decir, desde fuera de los países occidentales de lengua inglesa), la respuesta a esa crítica ha sido la relativa indiferencia. Luce Irigaray escribió en 1987:

---

9. Diana Fuss, *Reading Like a Feminist*, «Differences» 1-2 (1989) 77-92; p. 80.
10. Teresa de Lauretis, *Alice Doesn't*, 182.
11. Diana Fuss, *Reading Like a Feminist*, 89.

> «Así, ciertas mujeres alemanas, inglesas o americanas pueden, por ejemplo, reivindicar la igualdad en la posesión de bienes y marcarlos con su género. Una vez realizada esta operación, abandonan eventualmente su derecho a la marca del género en el plano del sujeto, y critican el establecimiento de una relación consciente entre el cuerpo sexuado y el lenguaje tachándolo de planteamiento «sustancialista», «ontologista», «idealista», etc. Todo ello nace de una mala comprensión de las relaciones entre los cuerpos individuales, el cuerpo social y la economía linguística y esta incomprensión alimenta muchos malentendidos en el mundo dicho de la liberación femenina.»[12]

Recuerdo también la afirmación de las autoras de la Librería de mujeres de Milán que he citado antes: «Una mujer es libre cuando el significar su pertenencia al sexo femenino es lo que ella elige sabiendo que no es objeto de elección.»[13] Hay que añadir que ni estas autoras ni las del grupo filosófico Diótima han considerado nunca necesario, desde su primera publicación colectiva en 1987, entrar en el debate sobre el esencialismo. A la hora de practicar la diferencia femenina y de hacer teoría, ellas se han situado ya de partida fuera de todas las oposiciones binarias:

> «Esta operación de discernimiento teórico tiene como complemento necesario el abandono de todas esas oposiciones bipolares, del tipo: activo/pasivo, superior/inferior, forma/materia, cultura/naturaleza, público/privado, que se dan todas resonancia entre sí y son todas en cierta medida calcos de masculino/femenino, las cuales prejuzgan la percepción de la diferencia sexual ocultando el carácter asimétrico de la relación hombre/mujer.»[14]

Este situarse fuera de las oposiciones binarias les ha permitido nombrar como mediación necesaria la relación con el origen. La forma más pertinente de hacerlo en el contexto de este debate está representada en la tesis de *L'ordine simbolico della madre* a que ya me referí, tesis que dice que la obra materna consiste en dar a luz «cuerpo y palabra», formando

---

12. Luce Irigaray, *Yo, tú, nosotras*, trad. de Pepa Linares, Madrid, Cátedra, 1992, 69.
13. Véase antes, nota 6.
14. Cristiana Fischer y otras, *La differenza sessuale*, 20.

el «cerco de carne» que abarca el dar la vida y el enseñar a hablar.[15] En el cerco de carne, no hay jerarquía ni separación posible entre esencia y construcción, entre naturaleza y cultura.

2. Elitismo y egología

Se ha criticado la política que ha producido pensamiento de la diferencia sexual de egológica y de elitista. Luce Irigaray ha escrito recientemente, refiriéndose a la práctica del partir de sí:

> «Pero, partiendo de ellas mismas, de sus necesidades y deseos, reales o imaginados como tales, y no de los de todas las mujeres, esas practicantes de una democracia directa o de un feminismo egológico vuelven a someter de hecho al conjunto de las mujeres a la legislación existente. Despreocupadas de los derechos necesarios para todas –incluyendo a las niñas presentes y futuras y a las mujeres de otras culturas– las decisiones de esos grupos perpetúan, incluso agravan por malentendidos, sin fundamento real, las injusticias practicadas contra el género femenino.»[16]

El «feminismo egológico» es contrapuesto aquí a la eficacia y al altruismo atribuidos a la política de masa y a las vanguardias. Sigue, sin embargo, abierta a debate en todo el movimiento de mujeres, también en el que se funda en el materialismo, la cuestión de por quién habla el feminismo.[17]

La crítica de elitismo ha tomado diversas formas. Se ha criticado el *affidamento* desde el feminismo italiano vinculado con el PCI y luego con el PdS (*Partito Democratico della Sinistra*), a pesar de que esas feministas han intentado incluir las «diferencias y especificidades de las mujeres» en el programa político comunista.[18] Teresa de Lauretis ha visto en este juicio un indicio de resistencia a cuestionar lo que ella llama el fundamentalismo heterosexual, es decir, las inversiones sociales y sim-

---

15. Véase antes, Cap. VI-6.
16. Luce Irigaray, *J'aime à toi*, 13.
17. Rosemary Hennessy, *Materialist Feminism*, XIII.
18. Véase su revista «Reti. Pratiche e saperi di donne» 1987-1993.

bólicas de mujeres feministas en el mundo de los hombres. Inversiones que, en opinión de esta autora, se verían amenazadas por el *affidamento*, por ejemplo, porque lo que con éste buscan –dice– es «una formación social de mujeres sin lealtad a los hombres e intentando, además, cambiar el mundo por su cuenta.»[19] En opinión de Teresa de Lauretis, sería este «riesgo de que se desafíe directamente la institución sociosimbólica de la heterosexualidad» lo que ha llevado a feministas y a no feministas a levantar la acusación de elitismo.[20]

Hay aquí, en mi opinión, una imprecisión importante. Pienso que ni la práctica ni el pensamiento de la diferencia femenina han definido a las mujeres en términos de sexualidad (homosexualidad / heterosexualidad es, por lo demás, una de las oposiciones binarias que ha criticado el feminismo). Su propuesta es poner en el centro de la vida las relaciones políticas entre mujeres, sin jerarquizar desde fuera sus prioridades ni intervenir en los contenidos que tomen esas relaciones. Lo cual no desafía sólo la institución de la heterosexualidad sino todo un orden social y simbólico, por más importante que en él indudablemente sea esa institución.

Ocasionalmente, se manifiesta el temor de que la historia o la ginecocrítica basadas en el pensamiento de la diferencia sexual se limiten al análisis de obras o de autoras sobresalientes, dejando a la mayoría de las mujeres en el lado oscuro del análisis. Virginia Woolf, una gran revolucionaria del simbólico, escribió sobre esta cuestión: «Porque las obras maestras no son nacimientos singulares y solitarios; son el resultado de muchos años de pensamiento en común, de pensamiento por el cuerpo de la gente, de modo que la experiencia de la masa está detrás de la voz única.»[21]

Otra forma que ha tomado la crítica de elitismo es la de sugerir que se trata de un pensamiento de blancas y occidentales cultas de clase media.[22]

---

19. Teresa de Lauretis, *The Essence of the Triangle*, 29.

20. *Ibid.*, 32.

21. Virginia Woolf, *A Room of One's Own* (1929), Londres, Penguin, 1993, 59-60 (trad. Barcelona, Seix y Barral, 1989) y en Ead., *Women and Writing*, Nueva York y Londres, Harcourt Brace Jovanovich, 1980, 91. Elizabeth Uribe Pinillos prepara en la Universitat de Barcelona una tesis doctoral sobre el simbólico en esa escritora.

22. Amparo Moreno Sardá, *La subjetividad oculta de la objetividad o la esquizofrenia académica*, «Duoda» 4 (1993) 15-29, p. 28 precisa en términos de «mujer adulta, etnocéntrica y clasista». Un comentario crítico en Dolors Reguant, *Carta a Duoda*, 15-18.

Que se trata, por tanto, de una propuesta de acción política insolidaria, insolidaria con las mujeres más oprimidas de la humanidad y con los hombres más oprimidos que las blancas de Occidente. Que no llega, pues, a las masas, que no ayuda a que «las otras mujeres» se liberen. En esta crítica parece sobrentenderse que las mujeres de «otras culturas» o sin privilegios están indefensas, no saben lo que quieren y deben ser informadas de ello y protegidas. Un sobrentendido que ellas generalmente rechazan.

3. Libertad, enraizamiento en la madre y orfandad

Desde el feminismo marxista, se ha criticado la figura de la genealogía materna rechazándola por opresiva; opresiva en el sentido de que a las mujeres lo que realmente nos interesa es liberarnos de todas las cargas tradicionalmente impuestas e ir ligeras por la vida.[23] Desde la tendencia trotskista de *Rifondazione comunista*, ha sido precisado este rechazo en términos de «mejor huérfanas».[24]

Aunque no me queda claro si la orfandad deseada es de madre, de padre o de ambas partes, estas críticas dan una medida significativa de la importancia que la cuestión del vínculo entre el lugar de enraizamiento y de enunciación y la libertad de las mujeres sigue teniendo en el feminismo de hoy. La orfandad de madre es aquí percibida como liberadora y no como «desnudez del alma»[25] porque libera precisamente del origen, de la deuda simbólica para con la madre, abriendo camino a la posibilidad de darse a luz a sí misma a la manera del solitario yo cartesiano, ese «hombre nuevo [...] que ya no se sentirá hijo de nadie».[26]

Descartado el propio origen, se descarta asimismo por opresivo el ser origen. Christine Delphy ha rechazando indiscriminadamente todas las formas del feminismo contemporáneo que resaltan la maternidad como

---

23. Ileana Montini en «Il manifesto» de 11 de junio de 1989.

24. *Meglio Orfane* es el título de un libro de Lidia Cirillo, *Mejor huérfanas*, «Viento Sur» 14 (abril 1994) 55-65; p. 57.

25. La cita completa de Clarice Lispector, antes, Cap. V-1.

26. La cita completa de María Zambrano, antes, Cap. II-2.

capacidad exclusiva de las mujeres.[27] En la tradición de Shulamith Firestone, rechaza todo lo que tenga que ver con esta especificidad femenina, argumentando que, al hacerlo, se excluye a los hombres del maternaje o ejercicio de la maternidad y, también, que se reclama un poder excesivo sobre una parte desprotegida de la población humana que son las niñas y los niños. Delphy opina que la reivindicación del maternaje no es liberadora para las mujeres, aunque a corto plazo pueda beneficiar a algunas «dentro del sistema de géneros tal y como existe», pero a cambio de renunciar al objetivo de la desaparición del sistema de géneros.[28] Es patente aquí la confusión entre órdenes simbólicos distintos, entre género y diferencia sexual, que en páginas anteriores he señalado que ocurre en otras autoras.[29] Porque todas estas críticas hablan de liberación, no de libertad.

Explicar, darle memoria, decir y vivir la libertad son el arte y la ciencia que han preocupado y preocupan a muchas mujeres del siglo XX:

> «Este libro requirió una libertad tan grande que tuve miedo de darla. Está por encima de mí. Intenté escribirlo humildemente.
> Yo soy más fuerte que yo.»[30]

---

27. Christine Delphy, *Libération des femmes ou droits corporatistes des mères?*, «Nouvelles Questions Féministes» 16-17-18 (1991) 93-118 [trad. «Poder y Libertad» 18 (1992) 30-43].
28. *Ibid.*, 111.
29. Véase, por ejemplo, antes, Cap. V-5.
30. Clarice Lispector, *Aprendizaje*, dedicatoria.

CONCLUSION

La conclusión que yo soy capaz de sacar de este libro es que las feministas de hoy y las mujeres que así no se definen, pero en las que ha calado el feminismo de las dos últimas décadas, estamos en una encrucijada entre dos modos de dar sentido a la libertad de las mujeres en el mundo: el modo definido por la fuerza y el definido por la gracia, si se me permite usar las palabras, quizá anacrónicas pero muy bellas, de Teresa de Cartagena. Esta encrucijada no obliga sin embargo, en mi opinión, a la elección excluyente de una de las dos alternativas. Pienso que el reto que tenemos delante consiste en volver progresivamente sensato, transformándolo radicalmente, el orden sociosimbólico cuyo eje es la violencia, desde ese otro orden simbólico, el de la gracia, hecho de mediaciones femeninas. Porque es en el mundo entero donde vivimos las mujeres.

BIBLIOGRAFIA

ABBOTT, Pamela y SAPSFORD, Roger, *Women and Social Class*. Londres y Nueva York, Tavistock, 1987.

ABELARDO, Pedro, *Commentarium super S. Pauli epistolam ad Romanos libri quinque*, en J.-P. Migne, *Patrologiae cursus completus: Series latina*, vol. 178.

AGUSTIN, San, *La ciudad de Dios*. México, Porrúa, 1984 (7a ed.).

ALLEN, Prudence, *The Concept of Woman. The Aristotelian Revolution, 750 BC – AD 1250*. Montreal y Londres, Eden Press, 1985.

ALLEN, Prudence, *The Concept of Woman, 1250-1800*. University of Scranton Press (en prensa).

ALONSO, Isabel y BELINCHON, Mila, eds., *1789-1793. La voz de las mujeres en la Revolución Francesa. Cuadernos de quejas y otros textos*, pról. de Paule-Marie Duhet, trad. de Antònia Pallach. Barcelona, La Sal-Des femmes, 1989.

AMELANG, James y NASH, Mary, eds., *Historia y Género. Las mujeres en la Europa moderna y contemporánea*. Valencia, Alfons el Magnànim, 1990.

AMOROS, Celia, *Hacia una crítica de la razón patriarcal*. Barcelona, Anthropos, 1985.

AMOROS, Celia, ed., *Feminismo e Ilustración. Actas del Seminario Permanente, 1988-1992*. Madrid, Universidad Complutense y Comunidad Autónoma, 1992.

ANZALDUA, Gloria, *The New Mestiza*. San Francisco, Spinsters / aunt lute, 1987.

APTHEKER, Bettina, *Tapestries of Life. Women's Work, Women's Consciousness, and the Meaning of Daily Experience*. Amherst, The University of Massachusetts Press, 1989.

ARANA, María José, *La clausura de las mujeres. Una lectura teológica de un proceso histórico*. Bilbao, Universidad de Deusto, 1992.

ASSOCIAZIONE DONNE ITALIANE FIRENZE, ed., *Per il senso di sè: Piacere – libertà – azione*. Florencia, Associazione D.I., 1990.
AUCHNUTY, Rosemary, JEFFREYS, Sheila y MILLER, Elaine, *Lesbian History and Gay Studies: Keeping a Feminist Perspective*, «Women's History Review» 1-1 (1992) 89-108.
AUTORIDAD *femenina, La. Encuentro con Lia Cigarini*, «Duoda» 7 (1994) 55-82.
AUTORITAT *femenina / llibertat femenina*, «Duoda» 7 (1994).

BAERI, Emma, *I Lumi e il cerchio. Una esercitazione di storia*. Roma, Editori Riuniti, 1992.
BARRETT, Michèle y MCINTOSH, Mary, *Ethnocentrism and Socialist-Feminist Theory*, «Feminist Review» 20 (1985) 23-47.
BARRETT, Michèle y PHILIPS, Anne, *Destabilizing Theory. Contemporary Feminist Debates*. Stanford, CA, Stanford University Press, 1992.
BARRY, Kathleen, *Female Sexual Slavery*. Englewood Cliffs, NJ, Prentice Hall, 1979 (trad. de Paloma Villegas y Mireia Bofill, Barcelona, La Sal, 1988).
BEAUVOIR, Simone de, *El segundo sexo*. Buenos Aires, Siglo XXI, 1977.
BELL, Susan Groag, *Women: from the Greeks to the French Revolution. An Historical Anthology*. Belmont, CA, Wadsworth, 1973.
BENERIA, Lourdes, *Capitalismo y socialismo: algunas preguntas feministas*, «Mientras tanto» 42 (septiembre-octubre 1990) 65-75.
BERETTA, Gemma, *Ipazia d'Alessandria*. Roma, Editori Riuniti, 1993.
BHAVNANI, Kum-Kum y COULSON, Margaret, *Transforming Socialist-Feminism: the Challenge of Racism*, «Feminist Review» 23 (1986) 81-92.
BIRTHA, Becky, *Is Feminist Criticism Really Feminist?* en Margaret Cruikshank, ed., *Lesbian Studies*, 148-151.
BIRULES, Fina, ed., *Filosofía y género. Identidades femeninas*. Pamplona-Iruña, Pamiela, 1992.
BOCCHETTI, Alessandra, *Discorso sulla guerra e sulle donne*. Roma, Centro Culturale Virginia Woolf B, 1984.
BOCCIA, Maria Luisa y PERETTI, I., eds., *Il genere della rappresentanza*, «Materiali e Atti» 10, suplemento a «Democrazia e Diritto» 1 (1988).
BOCCIA, Maria Luisa, *L'io in rivolta. Vissuto e pensiero di Carla Lonzi*. Milán, La Tartaruga, 1990.
BOCK, Gisela y JAMES, Susan, eds., *Beyond Equality and Difference. Citizenship, Feminist Politics, Female Subjectivity*. Nueva York y Londres, Routledge, 1992.
BONACCHI, Gabriella, *L'impensato della differenza. Ai margini del discorso filosofico*, «Memoria» 24 (1988) 7-18.
BONO, Paola, ed., *Questioni di teoria femminista*. Milán, La Tartaruga, 1994.

BOSWELL, John E., *Christianity, Social Tolerance, and Homosexuality. Gay People in Western Europe from the Beginning of the Christian Era to the Fourteenth Century*. Chicago, The University of Chicago Press, 1980 (trad. Barcelona, Muchnik, 1993).

BRADLEY, Harriet, *Men's Work, Women's Work. A Sociological History of the Sexual Division of Labour in Employment*. Cambridge, Polity Press, 1989.

BRAIDOTTI, Rosi, *Teorías de los estudios sobre la mujer: algunas experiencias contemporáneas en Europa*, «Historia y Fuente Oral» 6 (1991) 3-17.

BRAIDOTTI, Rosi, *Patterns of Dissonance. A Study of Women in Contemporary Philosophy*. Cambridge, Polity Press, 1991.

BRAUN, Lily, *Memorien einer Sozialistin*, 2 vols. Munich, A. Langen, 1909-1911.

BRAUN, Lily, *Die Frauenfrage. Ihre geschichtliche Entwicklung und wirtschaftliche Seite*. Leipzig, S. Hirzel, 1901.

BRAUN, Lily, *Selected Writings on Feminism and Socialism*, trad. y ed. de Alfred G. Meyer. Bloomington, Indiana University Press, 1987.

BROWN, Judith C., *Immodest Acts. The Life of a Lesbian Nun in Renaissance Italy*. Nueva York y Londres, Oxford University Press, 1986 (trad. Barcelona, Crítica, 1989).

BUNCH, Charlotte, *Passionate Politics, 1968-1986. Feminist Theory in Action*. Nueva York, St. Martin's Press, 1987.

BUTLER, Judith, *Imitation and Gender Insubordination*, en Diana Fuss, ed., *Inside / Out*, 13-31.

BUTLER, Judith, *Gender Trouble. Feminism and the Subversion of Identity*. Nueva York y Londres, Routledge, 1990.

BUTLER, Judith, *Bodies that Matter. On the Discursive Limits of «Sex»*. Nueva York y Londres, Routledge, 1993.

BUTLER, Judith, y SCOTT, Joan W., eds., *Feminists Theorize the Political*. Nueva York y Londres, Routledge, 1992.

CABANILLES, Antònia, *Cartografías del silencio. La teoría literaria feminista*, en Aurora López y M. Angeles Pastor, eds., *Crítica y ficción literaria*, 13-23.

CABRÉ, Montserrat, CARBONELL, Montserrat y RIVERA, Milagros, *La història de les dones*, «L'Avenç» 134 (feb. 1990) 57-63.

CABRE I PAIRET, Montserrat, *La ciencia de las mujeres en la Edad Media. Reflexiones sobre la autoría femenina*, en Cristina Segura Graiño, ed., *La voz del silencio*, II, 41-74.

CABRÉ I PAIRET, Montserrat, *El saber de las mujeres en el pensamiento de Laura Cereta (1469-1499)*, en María del Mar Graña Cid, ed., *Las sabias mujeres*, 227-245.

CABRÉ I PAIRET, Montserrat, *La cura del cos femení i la medicina medieval de tradició llatina*. Tesis doctoral leída en la División I de la Universitat de Barcelona en noviembre de 1994.
CAMERON, Deborah, *Ten Years on «Compulsory Heterosexuality and Lesbian Existence»*, «Women. A Cultural Review» 1-1 (1990) 35-38.
CAMERON, Deborah, *Old Het?*, «Trouble & Strife» 24 (1992) 41-45.
CAMPOAMOR, Clara, *El voto femenino y yo*. Barcelona, La Sal, 1981.
CANTAVELLA, Rosanna y PARRA, Lluïsa, *Protagonistes femenines a la «Vita Christi»*. Barcelona, La Sal, 1987.
CARDINAL, Marie, *Las palabras para decirlo*, trad. de Marta Pessarrodona. Barcelona, Noguer, 1976.
CARTAGENA, Teresa de, *Arboleda de los enfermos y Admiraçión operum Dey*, ed. de Lewis Joseph Hutton. Madrid 1967 (Anejos del «Boletín de la Real Academia Española» XVI).
CASAGRANDE, Carla, ed., *Prediche alle donne del secolo XIII*. Milán, Bompiani, 1978.
CAULFIELD, Mina Davies, *Chè cos'è naturale nel sesso? La sessualità nell'evoluzione umana*, «Memoria» 5 (1985) 21-38 y «Feminist Studies» 2 (1985).
CAVARERO, Adriana, *Dire la nascita*, en Diótima, *Mettere al mondo il mondo*, 93-121.
CAVARERO, Adriana, *Per una teoria della differenza sessuale*, en Diótima, *Il pensiero della differenza sessuale*, 41-79.
CAVARERO, Adriana, *Nonostante Platone. Figure femminili nella filosofia antica*. Roma, Editori Riuniti, 1990.
CAVARERO, Adriana, *L'ordine dell'uno non è l'ordine del due*, en Maria Luisa Boccia e I. Peretti, eds., *Il genere della rappresentanza*, 67-80.
CAVARERO, Adriana, *Figure della corporeità*, en Marisa Forcina, Angelo Prontera y Pia Italia Vergine, eds., *Filosofia Donne Filosofie*, 15-28 (trad. catalana en Montserrat Jufresa, ed., *Saviesa i perversitat*, 83-111).
CAVIN, Susan, *Lesbian Origins*. San Francisco, Ism Press, 1985.
CENTRO DOCUMENTAZIONE DONNA DI FIRENZE, ed., *Verso il luogo delle origini*. Milán, La Tartaruga, 1992.
CERESA, Ivana, ed., *Donne e divino*. Mantua, Scuola di Cultura Contemporanea, 1992.
CERETA, Laura, *Epistolae*, ed. de G.F. Tomasini. Padua 1640.
CHILDERS, Mary y HOOKS, Bell, *A Conversation about Race and Class*, en Marianne Hirsch e Evelyn Fox Keller, eds., *Conflicts in Feminism*, 60-81.
CIGARINI, Lia, *Sopra la legge*, «Via Dogana» 5 (junio 1992) 3-4.
CIGARINI, Lia, *Libertà femminile e norma*, «Democrazia e Diritto» 33-2 (1993) 95-98.
CIRILLO, Lidia, *Meglio orfane*, «Viento Sur» 14 (abril 1994) 55-65.

CLEMENTS, Barbara, E., *Bolshevik Feminist. The Life of Aleksandra Kollontai.* Bloomington y Londres, Indiana Unievrsity Press, 1979.

COLLIER, Jane F., y YANAGISAKO, Sylvia J., eds., *Gender and Kinship. Essays Towards a Unified Analysis.* Stanford, CA, Stanford University Press, 1987.

COMMON *Grounds and Crossroads: Race, Ethnicity, and Class in Women's Lives*, «Signs» 14-1 (1989).

CONWAY, Jill, BOURQUE, Susan C., y SCOTT, Joan W., eds., *Learning About Women. Gender, Politics, and Power.* Ann Arbor, The University of Michigan Press, 1987.

COONTZ, Stephanie y HENDERSON, Peta, eds., *Women's Work, Men's Property. The Origins of Gender & Class.* Londres, Verso, 1986.

CREET, Julia, *Daughter of the Movement: The Psychodynamics of Lesbian S/M Fantasy*, «Differences» 3-2 (1991) 135-159.

CRUIKSHANK, Margaret, ed., *Lesbian Studies. Present and Future.* Nueva York, The Feminist Press, 1982.

CUCCHIARI, Salvatore, *The Gender Revolution and the Transition from Bisexual Horde to Patrilocal Band: the Origins of Gender Hierarchy*, en Sherry Ortner y Harriet Whitehead, eds., *Sexual Meanings*, 31-79.

DALLA COSTA, Mariarosa y JAMES, Selma, *El poder de la mujer y la subversión de la comunidad.* México, Siglo XXI, 1975.

DALY, Mary, *The Church and the Second Sex. With the Feminist Postchristian Introduction and New Archaich Afterwords by the Author.* Boston, Beacon Press, 1985.

DAMON, Gene, WATSON, Jan y JORDAN, Robin, *The Lesbian in Literature. A Bibliography.* Weatherby Lake, MO, Naiad, 1975.

DARCY de OLIVEIRA, Rosiska, *Elogio da diferença. O feminino emergente.* Sâo Paulo, Editora Brasiliense, 1991.

DELPHY, Christine, *Por un feminismo materialista. El enemigo principal y otros textos*, trad. de Mireia Bofill, Angela Cadenas y Eulàlia Petit. Barcelona, La Sal, 1982.

DELPHY, Christine, *Modo de producción doméstico y feminismo materialista*, en *Mujeres, ciencia y práctica política*, 17-32.

DELPHY, Christine, *Libération des femmes ou droits corporatistes des mères?*, «Nouvelles Questions Féministes» 16-18 (1991) 93-118 [trad. «Poder y Libertad» 18 (1992) 30-43].

DEZON-JONES, Elyane, *Marie de Gournay. Fragments d'un discours féminin.* París, Librairie José Corti, 1988.

DHUODA, *Liber manualis Dhuodane quem ad filium suum transmisit Wilhelmum*, ed. de Pierre Riché, trad. francesa de B. Vregille y C. Mondésert. París,

Du Cerf, 1975 («Sources Chrétiennes» 225) (Trad. catalana de Mercè Otero Vidal, Barcelona, La Sal, 1989).
DI CORI, Paola, *Il tema*, «Memoria» 15 (1985) 3-8.
DIAZ-DIOCARETZ, Myriam y ZAVALA, Iris M., eds., *Breve historia feminista de la literatura española (en lengua castellana).* Barcelona, Anthropos, 1993–.
DIOTIMA, *Il pensiero della differenza sessuale.* Milán, La Tartaruga, 1987.
DIOTIMA, *Mettere al mondo il mondo. Oggetto e oggettività alla luce della differenza sessuale.* Milán, La Tartaruga, 1990 (trad. de María-Milagros Rivera Garretas, Madrid, Centro Feminista de Estudios y Documentación, en preparación).
DIOTIMA, *Il cielo stellato dentro di noi. L'ordine simbolico della madre.* Milán, La Tartaruga, 1992.
DOAN, Laura, ed., *The Lesbian Postmodern.* Nueva York, Columbia University Press, 1994.
DONA *en una església femenina, La.* Montserrat, Abadía de Montserrat, 1988.
DONNE *e trascendenza,* «I Quaderni dell'Associazione Culturale Livia Laverani Donini» 3-5 (Turín 1989).
DRONKE, Peter, *Women Writers of the Middle Ages. A Critical Study of Texts from Perpetua (+ 203) to Marguerite Porete (+1310).* Cambridge, Cambridge University Press, 1984.
DRUSKOWITZ, Helene von, *Una filosofa dal manicomio*, trad. de Maria Grazia Mangione. Roma, Editori Riuniti, 1993.
DUBY, Georges y PERROT, Michelle, eds., *Historia de las mujeres*, 2: *La Edad Media.* Madrid, Taurus, 1992.
DUDEN, Barbara, *Die Frau ohne Unterleib: Zu Judith Butlers Entkörperung. Ein Zeitdokument*, «Beiträge zur Feministischen Theorie und Praxis» 11-2 (1993) 24-33.
DUNAYEVSKAYA, Raya, *Women's Liberation and the Dialectics of Revolution: Reaching for the Future.* Atlantic Highlands, NJ, Humanities Press, 1985.
DUPLAA, Christina, *Veus, testimonis i diferència a la narrativa de Montserrat Roig*, «Duoda» 7 (1994) 29-52.
DWORKIN, Andrea, *Intercourse.* Londres, Arrow, 1988.

EMÉLIANOVA, Elena, *La révolution, le parti, les femmes.* Moscú, Novosti, 1985.
ENGELS, Friedrich, *El origen de la familia, la propiedad privada y el Estado* (1884). Madrid, Ayuso, 1980, (5a ed.).
ERAUSO, Catalina de, *Historia de la monja alférez escrita por ella misma.* Madrid, Hiperión, 1986.

ERLICHER, Luisella y MAPELLI, Barbara, *Immagini di cristallo. Desideri femminili e immaginario scientifico*. Milán, La Tartaruga, 1991.

FADERMAN, Lillian, *Surpassing the Love of Men. Romantic Friendship and Love between Women from the Renaissance to the Present*. Nueva York, Morrow, 1981.

FAGOAGA, Concha, *La voz y el voto de las mujeres. El sufragismo en España, 1877-1931*. Barcelona, Icaria, 1985.

FALCON, Lidia, *La razón feminista*, 1: *La mujer como clase social y económica. El modo de producción doméstico*, 2: *La reproducción humana*. Barcelona, Fontanella, 1981-1982.

FALCON, Lidia, *Mujer y poder político. (Fundamentos de la crisis de objetivos e ideología del Movimiento Feminista)*. Madrid, Vindicación Feminista, 1992.

FARWELL, Marilyn R., *Toward a Definition of the Lesbian Literary Imagination*, en Susan J., Wolfe y Julia Penelope, eds., *Sexual Practice, Textual Theory*, 66-84.

FAUSTO-STERLING, Anne, *Myths of Gender*. Nueva York, Basic Books, 1985.

FAUSTO-STERLING, Anne, *Making Science Masculine*, «The Women's Review of Books» VII-7 (abril 1990) 13-14.

FEAR *of a Queer Planet*, «Social Text» 9-4 (1991).

FEMINISMO. *Entre la igualdad y la diferencia*, «El viejo topo» 73 (marzo 1994) 25-44.

FEMINISMO *y comunismo*, «Poder y Libertad» 15 (1991).

FIOCCHETTO, Rosanna, *L'amante celeste. La distruzione scientifica della lesbica*. Florencia, Estro, 1987 (trad. de María Cinta Montagut Sancho, Madrid, horas y HORAS, 1993).

FIRESTONE, Shulamith, *The Dialectic of Sex. The Case for Feminist Revolution*. Nueva York, Bantam, 1971 (trad. Barcelona, Kairós, 1986).

FISCHER Cristiana y otras, *La differenza sessuale: da scoprire e da produrre*, en Diótima, *Il pensiero della differenza sessuale*, 7-39.

FOGAROLO, Elena, *Disordine simbolico*, «Leggere Donna» 45 (julio-agosto 1993) 3-4.

FOLIGNO, Angela de, *Liber qui dicitur...*, ed. Toledo, Hagenbach, 1505. Trad. de Francisca de los Ríos, *Vida*, Madrid, Juan de la Cuesta, 1618.

FONTE, Moderata, *Il merito delle donne, ove chiaramente si scuopre quanto siano elle degne e più perfette de gli uomini*, a cargo de Adriana Chemello. Mirano-Venecia, Eidos, 1988.

FORCINA, Marisa, PRONTERA, Angelo e ITALIA VERGINE, Pia, eds., *Filosofia Donne Filosofie*. Lecce, Milella Edizioni, 1994.

FOUCAULT, Michel, *El pensamiento del afuera*, trad. de Manuel Arranz. Valencia, Pre-textos, 1988.

FOUQUE, Antoinette, *Il y a deus sexes*, en Mara Negrón, ed., *Lectures de la différence sexuelle*, 283-317.

FRAISSE, Geneviève, *La différence des sexes, une différence historique*, en Varias autoras, *L'exercice du savoir et la différence des sexes*, 13-36.

FRAISSE, Geneviève, *Musa de la razón. La democracia excluyente y la diferencia de los sexos*, trad. y presentación de Alicia H. Puleo. Madrid, Cátedra, 1991.

FRANCO, Elvia, *L'affidamento nel rapporto pedagogico*, en Diótima, *Il pensiero della differenza sessuale*, 153-171.

FUSS, Diana, *Essentially Speaking. Feminism, Nature, and Difference*. Nueva York y Londres, Routledge, 1989.

FUSS, Diana, *Reading Like a Feminist*, «Differences» 1-2 (1989) 77-92.

FUSS, Diana, ed., *Inside / Out. Lesbian Theories, Gay Theories*. Nueva York y Londres, Routledge, 1991.

GALLOP, Jane, *Thinking through the Body*. Nueva York, Columbia University Press, 1988.

GARBER, Linda y COOPPAN, Vilashini, *An Annotated Bibliography of Lesbian Literary Critical Theory, 1970-1989*, en Susan E. Wolfe y Julia Penelope, eds., *Sexual Practice / Textual Theory*, 340-354.

GARBER, Linda, *Lesbian Sources: a Bibliography of Periodical Articles, 1970-1990*. Nueva York, Garland, 1993.

GENERAZIONI. *Transmissione della storia e tradizione delle donnne*. Turín, Rosenberg & Sellier, 1993.

GENRE *de l'Histoire, Le*, «Les cahiers du Grif» 37-8 (1988).

GIORGI, Stefania, *La scelta di «Reti»*, «Il manifesto» 4 abril 1993.

GOURNAY, Marie de, *Égalité des hommes et des Femmes*, prólogo de Milagros Palma. París, Côté femmes, 1989.

GRAÑA CID, María del Mar, ed., *Las sabias mujeres: Educación, saber y autoría (siglos III-XVII)*. Madrid, Al-Mudayna, 1994.

GREER, Germaine, *The Female Eunuch*. Londres, Paladin, 1971.

GUARNIERI, Romana, *Il movimento del libero spirito. Testi e documenti*. Roma, Edizioni di Storia e Letteratura, 1965.

HACKER, Hanna, *Lesbische Denkbewegungen*, «Beiträge zur Feministischen Theorie und Praxis» 25-26 (1989) 49-56.

HAMILTON, Roberta y BARRETT, Michèle, *The Politics of Diversity: feminism, marxism, nationalism*. Londres, Verso, 1986.

HARK, Sabine, *Eine Lesbe ist eine Lesbe, ist eine Lesbe... oder? Notizen zu Identität und Differenz*, «Beiträge zur Feministischen Theorie und Praxis» 25-26 (1989) 59-70.

HARK, Sabine, *Queer Interventionen*, «Beiträge zur Feministischen Theorie und Praxis» 11-2 (1993) 103-109.

HENNESSY, Rosemary, *Materialist Feminism and the Politics of Discourse*. Nueva York y Londres, Routledge, 1993.

HERDT, Gilbert, ed., *Third Sex, Third Gender: Beyond Sexual Dimorphism in Culture and History*. Nueva York, Zone Books, 1994.

HERRALDA DE HOHENBOURG, *Hortus deliciarum*, reconstrucción a cargo de Rosalie Green. Londres, The Warburg Institute y Leiden, E.J. Brill, 1979, 2 vols.

HIRSCH, Marianne y KELLER, Evelyn Fox, eds., *Conflicts in Feminism*. Nueva York y Londres, Routledge, 1990.

HOAGHLAND, Sarah Lucia y PENELOPE, Julia, *For Lesbians Only. A Separatist Anthology*. Londres, Onlywomen Press, 1988.

HOAGHLAND, Sarah Lucia, *Lesbian Ethics. Toward New Value*. Palo Alto, CA, Institute of Lesbian Studies, 1988.

HOLMLUND, Christine, *The Lesbian, The Mother, The Heterosexual Lover: Irigaray's Recordings of Difference*, «Feminist Studies» 17-2 (1991) 283-308.

HOOKS, Bell, *Ain't I a Woman? Black Women and Feminism*. Londres, Pluto Press, 1982.

HOWELL, Martha C., *Women, Production, and Patriarchy in Late Medieval Cities*. Chicago, The University of Chicago Press, 1986.

HURTIG, M.C., KAIL, M., y ROUCH, H., eds., *Sexe et genre. De la hiérarchie entre les sexes*. París, CNRS, 1991.

IPAZIA, ed., *Quattro giovedì e un venerdì per la filosofia*. Milán, Libreria delle donne, 1988.

IPAZIA, *Autorità scientifica autorità femminile*. Roma, Editori Riuniti, 1992.

IPAZIA, *Domande dell'Idiota sulla differenza sessuale*, en Ipazia, *Autorità scientifica autorità femminile*, 86-87.

IRIGARAY, Luce, *Speculum. De l'autre Femme*. París, Éditions de Minuit, 1974 (trad. de Baralides Alberdi, Madrid, Saltés, 1978).

IRIGARAY, Luce, *Ese sexo que no es uno* (1977), trad. de Silvia Tubert. Madrid, Saltés, 1982.

IRIGARAY, Luce, *Amante marine. De Friedrich Nietzsche*. París, Éditions de Minuit, 1980.

IRIGARAY, Luce, *El cuerpo a cuerpo con la madre* (1981), trad. de Mireia Bofill y Anna Carvallo. Barcelona, La Sal, 1985.

IRIGARAY, Luce, *Éthique de la différence sexuelle.* Paris, Les Éditions de Minuit, 1985.
IRIGARAY, Luce, *Sexes et parentés.* París, Éditions de Minuit, 1987.
IRIGARAY, Luce, *Yo, tú, nosotras* (1990), trad. de Pepa Linares. Madrid, Cátedra, 1992.
IRIGARAY, Luce, *J'aime à toi. Esquisse d'une félicité dans l'Histoire.* París, Bernard Grasset, 1992 (trad. Buenos Aires, La Flor, y Barcelona, Icaria, 1994).
IRIGARAY, Luce, *Essere due.* Turín, Bollati Boringhieri, 1994.

JEFFREYS, Sheila, *The Lesbian Heresy.* Londres, The Women's Press, 1994.
JONASDOTTIR, Anna G., *El poder del amor. ¿Le importa el sexo a la Democracia?* trad. de Carmen Martínez Jimeno. Madrid, Cátedra, 1993.
JORDAN, Constance, *Renaissance Feminism. Literary Texts and Political Models.* Ithaca y Londres, Cornell University Press, 1990.
JOSEP, Gloria I., y LEWIS, Jill, *Common Differences: Conflicts in Black and White Feminist Perspectives.* Boston, South End Press, 1986.
JOURDAN, Clara, *Donne e aborigeni contro i burosauri,* «Via Dogana» 12 (septiembre-octubre 1993) 18-19.
JOURDAN, Clara, *Notas sobre la práctica de la autoridad,* «Duoda» 7 (1994) 83-85.
JUANA INES DE LA CRUZ, Sor, *Obras completas.* México, Porrúa, 1977 («Sepan cuantos» 100).
JUFRESA, Montserrat, ed., *Saviesa i perversitat: les dones a la Grècia antiga.* Barcelona, Destino, 1994.

KELLER, Evelyn Fox, *Reflections on Gender and Science.* New Haven, Yale University Press, 1985 (trad. Valencia, Alfons el Magnànim, 1991).
KELLY, Joan, *Early Feminist Theory and the «Querelle des femmes»,* «Signs» 8 (1982) 4-28 y en Ead., *Women, History, and Theory,* 65-109.
KELLY, Joan, *The Doubled Vision of Feminist Theory,* en Ead., *Women, History, and Theory,* 51-64 y en «Feminist Studies» 5-1 (1979) 216-227.
KELLY, Joan, *Women, History, and Theory. The Essays of Joan Kelly.* Chicago, The University of Chicago Press, 1984.
KELLY, Linda, *Las mujeres de la Revolución Francesa,* trad. de Aníbal Leal. Buenos Aires, Javier Vergara, 1989.
KESSLER, Suzanne J., y MCKENNA, Wendy, *Gender. An Ethnomethodological Approach.* Chicago y Londres, The University of Chicago Press, 1978.
KITZINGER, Sheila, *Woman's Experience of Sex.* Londres 1983.
KOLLONTAI, Alexandra, *Selected Writings,* trad. e introd. de Alix Holt. Westport, Conn., Lawrence Hill, 1977.

KOLLONTAY, Alejandra, *Autobiografía de una mujer sexualmente emancipada* (1926). Barcelona, Anagrama, 1980.

KOLLONTAY, Alejandra, *Sobre la liberación de la mujer* (1921). Barcelona, Fontamara, 1979.

KOLLONTAY, Alejandra, *Memorias*. Madrid, Debate, 1979.

KRADITOR, Aileen S., *The Ideas of the Woman Suffrage Movement, 1890-1920*. Nueva York, Norton, 1981 (2a ed.).

KRUPPS, S., RAPP, R. y YOUNG, M., eds., *Promissory Notes*. Nueva York, Monthly Review Press, 1989.

KUHN, Annette y WOLPE, AnnMarie, eds., *Feminism and Materialism. Women and Modes of Production*. Londres, Routledge & Kegan Paul, 1978.

LARGUIA, Isabel y DUMOULIN, John, *Hacia una concepción científica de la emancipación de la mujer*. La Habana, Editorial de Ciencias Sociales, 1983.

LAURENZI, Elena, *Los nervios sensibles de la realidad. La figura de la pasión de la diferencia sexual en las «Noticias sobre Christa T», de Christa Wolf*, «Duoda» 6 (1994) 19-42.

LAURENZI, Elena, *María Zambrano. Nacida por mí misma. La pasión por la vida: ensayos sobre Eloísa, Antígona, Diótima*. Madrid, horas y HORAS, (en prensa).

LAURETIS, Teresa de, *Alice Doesn't: Feminism, Semiotics, Cinema*. Bloomington, Indiana University Press, 1984 (trad. de Silvia Iglesias Recuero, Madrid, Cátedra, 1992).

LAURETIS, Teresa de, *The Essence of the Triangle or, Taking the Risk of Essentialism Seriously: Feminist Theory in Italy, the U.S., and Britain*, «Differences» 1-2 (1989) 3-37 [trad. en «Debate Feminista» 1-2 (1990) 77-115].

LAURETIS, Teresa de, *Eccentric Subjects: Feminist Theory and Historical Consciousness*, «Feminist Studies» 16-1 (1990) 115-150.

LAURETIS, Teresa de, *Queer Theory: Lesbian and Gay Sexualities. An Introduction*, «Differences» 3-2 (1991) III-XVIII.

LAURETIS, Teresa de, *The Practice of Love: Lesbian Sexuality and Perverse Desire*. Bloomington, Indiana University Press, 1994.

LENIN, *La emancipación de la mujer*. Moscú, Progreso, 1978.

LEON, Magdalena, ed., *III. Sociedad, subordinación, feminismo. Debate sobre la mujer en América latina y el Caribe*. Bogotá, ACEP, 1982.

LERNER, Gerda, *The Majority Finds Its Past. Placing Women in History*. Oxford y Nueva York, Oxford University Press, 1979.

LERNER, Gerda, *The Creation of Patriarchy*. Nueva York y Oxford, Oxford University Press, 1986 (trad. Barcelona, Crítica, 1990).

LERNER, Gerda, *The Creation of Feminist Consciousness. From the Middle Ages to Eighteen-seventy*. Nueva York y Oxford, Oxford University Press, 1993.

LERNER, Gerda, ed., *Scholarship in Women's History Rediscovered and New*, Brooklyn, NY, Carlson Publishing, 1994.

LÉVI-STRAUSS, Claude, *Les structures élementaires de la parenté*. París, PUF, 1949 (trad. Barcelona, Paidós, 1985).

LIBRERIA DE MUJERES DE MILAN, *No creas tener derechos. La generación de la libertad femenina en las ideas y vivencias de un grupo de mujeres* (1987), trad. de María Cinta Montagut Sancho con Anna Bofill. Madrid, horas y HORAS, 1991.

LINDGREN, Uta, *Wege der historischen Frauenforschung*, «Historisches Jahrbuch» 109 (1989) 211-219.

LISPECTOR, Clarice, *Aprendizaje o el libro de los placeres*, trad. de Cristina Sáenz de Tejada y Juan García Gayo. Madrid, Siruela, 1989.

LISTER, Maureen, *Feminism alla milanese*, «The Women's Review of Books» VIII-9 (junio 1991) 26.

LO RUSSO, Giuditta, *Uomini e padri. L'oscura questione maschile*. Roma y Bari, Laterza, 1994.

LONZI, Carla, *Taci, anzi parla. Diario di una femminista*. Milán, Scritti di Rivolta Femminile, 1978.

LONZI, Carla, *Escupamos sobre Hegel. La mujer clitórica y la mujer vaginal*, trad. de Francesc Parcerisas. Barcelona, Anagrama, 1981.

LONZI, Marta y JAQUINTA, Anna, *Vita di Carla Lonzi*. Milán, Scritti di Rivolta Femminile, 1990.

LOPEZ, Aurora y PASTOR, M. Angeles, eds, *Crítica y ficción literaria: Mujeres españolas contemporáneas*. Granada, Universidad de Granada, 1989.

LOPEZ DE CORDOBA, Leonor, *Memorie*, ed. y trad. italiana de Lia Vozzo Mendia. Parma, Pratiche Editrice, 1992.

LORDE, Audre, *Sister Outsider: Essays & Speeches*. Trumansburg, NY, The Crossing Press, 1984.

LUNA, Lola G., ed., *Mujeres y Sociedad. Nuevos enfoques teóricos y metodológicos*. Barcelona, Universitat de Barcelona, 1991.

LUNA, Lola G., ed., *Género, clase y raza en América Latina. Algunas aportaciones*. Barcelona, Universitat de Barcelona, 1992.

MACKINNON, Catharine, *Towards a Feminist Theory of the State*. Cambridge, MA, Harvard University Press, 1989.

MACKINNON, Catharine A., *Only Words*. Cambridge, MA, Harvard University Press, 1993.

MAGALLON, Carmen, *La plusvalía afectiva. (O la necesidad de que los varones cambien)*, «En pie de Paz» (abril-mayo-junio 1990) 10.
MAGGIORE, Dolores J., *Lesbianism: an Annotated Bibliography and Guide to the Literature, 1976-1986*. Metuchen, NJ, Scarecrow Press, 1988.
MAGLI, Ida, ed., *Matriarcato e potere delle donne*. Milán, Feltrinelli, 1978.
MAGLI, Ida, *La sessualità maschile*. Milán, Mondadori, 1989.
MAGLI, Ida, *Viaje en torno al hombre blanco. Notas sobre mi itinerario a la antropología y en la antropología*, «Duoda» 4 (1993) 83-124.
MAQUIEIRA, Virginia y SANCHEZ, Cristina, eds., *Violencia y sociedad patriarcal*. Madrid, Fundación Pablo Iglesias, 1990.
MARCO HIDALGO, José, *Doña Oliva Sabuco no fue escritora*, «Revista de Archivos, Bibliotecas y Museos» 7 (1903) 1-13.
MARIAUX, Veronika, *Tener presente a la madre*, «Duoda 7 (1994) 145-156.
MARINELLI, Lucrezia, *La nobiltà et eccellenza delle donne co' diffetti et mancamenti de gli huomini*. Venecia, Ciotti Senese, 1600.
MARTINENGO, Marirì, *Ildegarda e Richardis*, en Diótima, *Il cielo stellato dentro di noi*, 73-97.
MARX, Karl, *et al.*, *Il marxismo e la donna*. Milán, Edizioni il Formichiere, 1977.
MASCULINO / *Femenino*, «El viejo topo» extra 10.
MAYNE, Judith, *A Parallax View of Lesbian Authorship*, en Diana Fuss, ed., *Inside / Out*, 173-184.
MEAD, Margaret, *Sex and Temperament in Three Primitive Societies*. Nueva York, New American Library, 1935 (trad. catalana en Barcelona, Edicions 62, 1984).
MEYER, Alfred G., *The Feminism and Socialism of Lily Braun*. Bloomington, Indiana University Press, 1985.
MEYER, Marvin W., ed., *Las enseñanzas secretas de Jesús. Cuatro evangelios gnósticos*. Barcelona, Crítica, 1986.
MIGUEL ALVAREZ, Ana de, *Marxismo y feminismo en Alejandra Kollontay*. Madrid, Universidad Complutense, 1993.
MILLETT, Kate, *Sexual Politics*. Nueva York, Doubleday & Co., 1969.
MODLESKI, Tania, *Feminism Without Women. Culture and Criticism in a «Postfeminist» Age*. Nueva York y Londres, Routledge, 1991.
MOLYNEAUX, Maxine, *Las mujeres en los estados socialistas actuales*, en Magdalena León, ed., *III Sociedad, subordinación y feminismo*, 81-106.
MOLYNEAUX, Maxine, *Il dibattito sul lavoro domestico*, «DWF» 12-13 (1979) 63-95.
MONEY, John y EHRHARDT, Anke A., *Man and Woman, Boy and Girl. Differentiation and Dimorphism of Gender Identity from Conception to Maturity*. Baltimore, Johns Hopkins University Press, 1972.

MORAL, Celia del, ed., *Arabes, judías y cristianas: Mujeres en la Europa medieval*. Granada, Universidad de Granada, 1993.
MORENO, Amparo, *El arquetipo viril protagonista de la historia. Ejercicios de lectura no androcéntrica*. Barcelona, La Sal, 1986.
MORENO SARDA, Amparo, *La subjetividad oculta de la objetividad o la esquizofrenia académica*, «Duoda» 4 (1993) 15-29.
MUJERES, *ciencia y práctica política*. Madrid, Debate, 1987.
MUJERES *en la historia de Andalucía, Las*, «Actas del II Congreso de Historia de Andalucía». Córdoba, Junta de Andalucía y Cajasur, 1994.
MUÑOZ FERNANDEZ, Angela, *Beatas y místicas neocastellanas. Ambivalencias de la religión y políticas correctoras del poder*. Madrid, Dirección General de la Mujer de la CAM, (en prensa).
MUÑOZ FERNANDEZ, Angela y SEGURA GRAIÑO, Cristina, eds., *El trabajo de las mujeres en la Edad Media hispana*. Madrid, Al-Mudayna, 1988.
MURARO, Luisa, *Maglia o uncinetto. Racconto linguistico-politico sulla inimicizia tra metafora e metonimia*. Milán, Feltrinelli, 1981.
MURARO, Luisa, *Guglielma e Maifreda. Storia di un'eresia femminista*. Milán, La Tartaruga, 1985.
MURARO, Luisa, *Commento alla «Passione secondo G.H.»*, «DWF» 5-6 (1988) 65-78.
MURARO, Luisa, *La nostra comune capacità d'infinito*, en Diótima, *Mettere al mondo il mondo*, 61-76.
MURARO, Luisa, *Per il senso di sè: piacere – libertà – azione*, en Associazione D.I. Firenze, ed., *Inviolabilità del corpo femminile*, 13-32.
MURARO, Luisa, *Hacer política, escribir historia. Notas de trabajo*, «Duoda» 2 (1991) 87-97.
MURARO, Luisa, *L'ordine simbolico della madre* (1991). Roma, Editori Riuniti, 1992 (2a ed. revisada). (Trad. Madrid, horas y HORAS, en prensa).
MURARO, Luisa, *La politica è la politica delle donne*, «Via Dogana» 1 (junio 1991) 2-3.
MURARO, Luisa, *L'amore come pratica politica*, «Via Dogana» 3 (diciembre 1991) 18-19 [trad. «El viejo topo» 74 (abril 1994) 13-14].
MURARO, Luisa, *Appunti sulla libertà femminile*, «Quaderni di Agape» 19 (marzo 1992) 35-41.
MURARO, Luisa, *Il dibattito*, «Quaderni di Agape» 19 (marzo, 1992): *La libertà femminile*, 43-49.
MURARO, Luisa, *Sobre la autoridad femenina*, en Fina Birulés, ed., *Filosofía y género*, 53-63.
MURARO, Luisa, *La posizione isterica e la necessità della mediazione*, a cargo de Mimma Ferrante. Palermo, Donne Acqua Liquida, 1993.

MURARO, Luisa, *L'amore come practica politica: l'esempio dell'amore femminile per la madre*, en Paola Bono, ed., *Questioni di teoria femminista*, 187-193.

MURARO, Luisa, *Filosofia lingua materna*, en Marisa Forcina *et al.*, eds., *Filosofia Donne Filosofie*, 939-943.

MURARO, Luisa, *Autoridad sin monumentos*, «Duoda» 7 (1994) 86-100.

NASH, Mary, ed., *Més enllà del silenci. Les dones a la història de Catalunya.* Barcelona, Generalitat de Catalunya, 1988.

NAVARRO, Mercedes, ed., *Diez mujeres escriben teología.* Estella, Editorial Verbo Divino, 1993.

NESTLE, Joan, ed., *The Persistent Desire. A Femme-Butch Reader.* Boston, Alyson, 1992.

NICHOLSON, Linda, ed., *Feminism / Postmodernism.* Nueva York y Londres, Routledge, 1990 (trad. Buenos Aires, Feminaria, 1992).

OCHSHORN, Judith, *The Triumph of Pessimism*, «The Women's Review of Books» VI-7 (abril 1989) 21-22.

OFFEN, Karen, *Defining Feminism: A Comparative Historical Approach*, «Signs» 14 (1988) 119-157 [trad. «Historia Social» 9 (1991) 103-135].

ORTNER, Sherry B., y WHITEHEAD, Harriet, eds., *Sexual Meanings. The Cultural Construction of Gender and Sexuality.* Cambridge y Londres, Cambridge University Press, 1981.

OSBORNE, Raquel, *La construcción sexual de la realidad. Un debate en la sociología contemporánea de la mujer.* Madrid, Cátedra, 1993.

OTERO VIDAL, Mercè, *De «La Ciudad de las Damas» al «Agravio de las Damas»*, en Fina Birulés, ed., *Filosofía y género*, 93-111.

OTERO VIDAL, Montserrat, *Autoritat femenina i participació política*, «Duoda» 7 (1994) 101-117.

PAGELS, Elaine, *Los evangelios gnósticos.* Barcelona, Crítica, 1982.

PAGELS, Elaine, *Adam, Eve, and the Serpent.* Nueva York, Random, 1988 (trad. Barcelona, Crítica, 1990).

PARAMO, Fátima, *Juana Inés de la Cruz. ¿Diversa de sí misma?* «Duoda» 6 (1994) 43-73.

PATEMAN, Carole, *The Sexual Contract.* Stanford, CA, Stanford University Press, 1988.

PAZ, Octavio, *Sor Juana Inés de la Cruz o Las trampas de la fe.* Barcelona, Seix y Barral, 1982.

PEREZ I MOLINA, Isabel, *Les dones en el dret clássic català: un discurs sexuat*, «Duoda» 2 (1991) 45-84.

PIUSSI, Anna Maria, *Visibilità/significatività del femminile e logos della pedagogia*, en Diótima, *Il pensiero della differenza sessuale*, 113-150.
PIZAN, Christine de, *The «Livre de la Cité des Dames»*, ed. crítica de Maureen C. Curnow. Tesis doctoral presentada en Vanderbildt University (USA), 1975.
PIZAN, Christine de, *La Cité des Dames*, texto y trad. de Thérèse Moreau y Éric Hicks. París, Stock, 1986 (trad. catalana de Mercè Otero Vidal, Barcelona, Edicions de l'Eixample, 1990).
PORETE, Margarita, *El espejo de las almas simples* y Anónimo, *Schwester Katrei*, trad. y estudio de Blanca Garí y Alicia Padrós Wolff. Barcelona (en prensa).

QUEER *Theory. Lesbian and Gay Sexualities*, «Differences» 3-2 (1991).
QUILLIGAN, Maureen, *The Allegory of Female Authority. Christine de Pizan's «Cité des Dames»*. Ithaca y Londres, Cornell University Press, 1991.

RAMAZANOGLU, Caroline, KAZI, Hamida, LEES, Sue y MIRZA, Heidi, *Feedback: Feminism and Racism. Responses to Michèle Barrett and Mary McIntosh*, «Feminist Review» 22 (1986) 83-105.
RAPP REITER, Rayna, ed., *Toward an Anthropology of Women*. Nueva York, Monthly Review Press, 1975.
RAYMOND, Janice, *A Passion for Friends. Toward a Philosophy of Female Affection*. Londres, The Women's Press, 1986.
REGUANT, Dolors, *Carta a Duoda*, «Duoda» 5 (1993) 15-17.
RETI. *Pratiche e saperi di donne*. Roma, Editori Riuniti Riviste, 1987-1993.
RICH, Adrienne, *Compulsory Heterosexuality and Lesbian Existence*, «Signs» 5-4 (1980) 631-660. Reed. en Ead., *Blood, Bread and Poethy. Selected Prose 1979-1985,* Nueva York y Londres, Norton, 1986, 23-75.
RICHARDS, Earl J., ed., *Reinterpreting Christine de Pizan*. Athens y Londres, University of Georgia Press, 1992.
RILEY, Denise, *Am I That Name? Feminism and the Category «Women» in History*. Londres, Macmillan, 1988.
RIVERA GARRETAS, María-Milagros, *Las infanzonas de Aragón durante la época de Jaime II*, en Angela Muñoz Fernández y Cristina Segura Graiño, eds., *El trabajo de las mujeres*, 43-48.
RIVERA GARRETAS, María-Milagros, *Dret i conflictivitat social de les dones a la Catalunya prefeudal i feudal*, en Mary Nash, ed., *Més enllà del silenci*, 53-71.
RIVERA GARRETAS, María-Milagros, *Las freilas y los ritos de iniciación a la Orden de Santiago en la Edad Media*, «Quaderni Stefaniani» 7 (1988) 19-26.
RIVERA GARRETAS, María-Milagros, *Textos y espacios de mujeres. Europa, siglos IV-XV)*. Barcelona, Icaria, 1990.

RIVERA GARRETAS, María-Milagros, *Parentesco y espiritualidad femenina en Europa. Una aportación a la historia de la subjetividad*, «Revista d'Història Medieval» 2 (1991) 29-49.

RIVERA GARRETAS, María-Milagros, *La historia de las mujeres y la conciencia feminista en Europa*, en Lola G. Luna, ed., *Mujeres y sociedad*, 123-140.

RIVERA GARRETAS, María-Milagros, *Il passo più difficile*, «Via Dogana» 4 (marzo 1992) 18-19.

RIVERA GARRETAS, María-Milagros, *El cuerpo femenino y la «querella de las mujeres» (Corona de Aragón, siglo XV)*, en Georges Duby y Michelle Perrot, eds., *Historia de las mujeres*, 2, 592-605.

RIVERA GARRETAS, María-Milagros, *Las escritoras de Europa. Cuestiones de análisis textual y de política sexual*, en Celia del Moral, ed., *Arabes, judías y cristianas*, 195-207.

RIVERA GARRETAS, María-Milagros, *La «Admiración de las obras de Dios» de Teresa de Cartagena y la Querella de las mujeres*, en Cristina Segura Graiño, ed., *La voz del silencio*, I, 277-299.

RIVERA GARRETAS, María-Milagros, *Vías de búsqueda de existencia femenina libre: Perpetua, Christine de Pizan y Teresa de Cartagena*, «Duoda» 5 (1993) 51-71.

RIVERA GARRETAS, María-Milagros, *Una pensatrice castigliana del XVo secolo: Teresa de Cartagena*, en Marisa Forcina, Angelo Prontera y Pia Italia Vergine, eds., *Filosofia Donne Filosofie*, 603-622.

RIVERA GARRETAS, María-Milagros, *Feminismo de la diferencia. Partir de sí*, «El viejo topo» 73 (marzo 1994) 31-35.

RIVERA GARRETAS, María-Milagros, *En torno a las «Memorias» de Leonor López de Córdoba*, en *Las mujeres en la historia de Andalucía*, 101-111.

RIVERA GARRETAS, María-Milagros, *Las prosistas castellanas del Humanismo y del Renacimiento (1400-1550)*, en Myriam Díaz-Diocaretz e Iris M. Zavala, eds., *Breve historia feminista de la literatura española*, vol. 3 (en prensa).

RIVERA GARRETAS, María-Milagros, *Oliva Sabuco de Nantes Barrera*, en Myriam Díaz-Diocaretz e Iris M. Zavala, eds., *Breve historia feminista de la literatura española*, 3 (en prensa).

RIVERA GARRETAS, María-Milagros, *Placer y palabra femenina en la Europa feudal*, en Cristina Segura Graiño, ed., *De leer a escribir* (en prensa).

ROIG, Montserrat, *Digues que m'estimes encara que sigui mentida*. Barcelona, Edicions 62, 1991.

ROSE, Mary Beth, ed., *Women in the Middle Ages and the Renaissance: Literary and Historical Perspectives*. Syracuse, NY, Syracuse University Press, 1986.

ROSSANDA, Rossana, *Las otras. Qué piensa la otra mitad del mundo*, trad. de Aurora Arriola. Barcelona, Gedisa, 1982.

ROSSI, Rosa, *Teresa de Avila. Biografía de una escritora*, trad. de Marieta Gargatagli y Albert Domingo. Barcelona, Icaria, 1984.

ROSSI, Rosa, *Los silencios y las palabras de María de Cazalla*, «Mientras Tanto» 28 (noviembre 1986) 53-67.

RUBIN, Gayle, *Reflexionando sobre el sexo: notas para una teoría radical de la sexualidad*, en Carole S. Vance, ed., *Placer y peligro*, 113-190.

RUBIN, Gayle, *Of Catamites and Kings: Reflections on Butch, Gender, and Boundaries*, en Joan Nestle, ed., *The Persistent Desire*, 466-482.

RYAN, Michael, *Marxism and Deconstruction. A Critical Articulation*. Baltimore y Londres, Johns Hopkins University Press, 1982.

SABUCO DE NANTES BARRERA, Oliva, *Obras*. Prólogo de Octavio Cuartero. Madrid, Ricardo Fe, 1888.

SAHLINS, Marshall, *Stone Age Economics*. Chicago, Aldine, 1972.

SARGENT, Lydia, ed., *Women and Revolution: A Discussion of the Unhappy Marriage of Marxism and Feminism*. Boston, South End Press, 1981.

SARTORI, Diana, *Perchè Teresa*, en Diótima, *Mettere al mondo il mondo*, 25-60.

SARTORI, Diana, *Dare autorità, fare ordine*, en Diótima, *Il cielo stellato dentro di noi*, 123-161.

SAU, Victoria, *Diccionario ideológico feminista*, 2a ed. Barcelona, Icaria, 1989.

SCANLON, Geraldine M., *La polémica feminista en la España contemporánea*. Madrid, Siglo XXI, 1976.

SCHIEBINGER, Linda, *The Mind Has No Sex? Women in the Origins of Modern Science*. Cambridge, MA, Harvard University Press, 1989.

SCHNEIDER, David M., *American Kinship. A Cultural Account*. Englewood Cliffs, NJ, Prentice-Hall, 1968.

SCHNEIR, Miriam, ed., *Feminism. The Essential Historical Writings*. Nueva York, Vintage Books, 1972.

SCHWARZER, Alice, *Eine tödliche Liebe. Petra Kelly und Gert Bastian*. Colonia, Kiepenheuer & Witsch, 1993.

SCOTT, Joan W., *Gender. A Useful Category of Historical Analysis*, «The American Historical Review» 91 (1986) 1053-1975 [trad. en James Amelang y Mary Nash, eds., *Historia y Género*, 23-56].

SCOTT, Joan W., *Deconstructing Equality-Versus-Difference: Or, the Uses of Poststructuralist Theory for Feminism*, en Marianne Hirsch e Evelyn Fox Keller, eds., *Conflicts in Feminism*, 134-148.

SCOTT, Joan W., *The Evidence of Experience*, «Critical Inquiry» 17 (1991) 773-797 (reed. en parte como «*Experience*» en Judith Butler y Joan W. Scott, eds., *Feminists Theorize the Political*, 22-38).

SEDGWICK, Eve K., *Epistemology of the Closet*. Berkeley, University of California Press, 1990.

SEGARRA I MARTI, Rosa, *Pintores que es pinten: escrits per a unes genealogies*, «Duoda» 4 (1993) 31-50.

SEGURA GRAIÑO, Cristina, ed., *La voz del silencio*, I: *Fuentes directas para la historia de las mujeres (siglos VIII-XVIII)*. Madrid, Al-Mudayna, 1992.

SEGURA GRAIÑO, Cristina, ed., *La voz del silencio*, II: *Historia de las mujeres: compromiso y método*. Madrid, Al-Mudayna, 1993.

SEGURA GRAIÑO, Cristina, ed., *De leer a escribir. La educación como arma de liberación de las mujeres*, Madrid, Al-Mudayna, (en prensa).

SEIDLER, Victor J., *Rediscovering Masculinity. Reason, Language and Sexuality*. Londres y Nueva York, Routledge, 1989.

SENDON, Victoria, SANCHEZ, María, GUNTIN, Montserrat y APARICI, Elvira, *El feminismo holístico. De la realidad a lo real*. S.l., Cuadernos de Agora, 1994.

SHAPIRO, Ann-Louise, ed., *Feminists Revision History*. New Brunswick, NJ, Rutgers University Press, 1994.

SIGEA DE VELASCO, Luisa, *Dvarum virginvm colloqvivm de vita avlica et privata*. Lisboa 1552. (Ed. y trad. francesa de Odette Sauvage, París, Presses Universitaires de France, 1970).

SOUCHON, Gabrielle, *Traité de la morale et de la politique. La Liberté*, prólogo de Séverine Auffret. París, Des femmes-Antoinette Fouque, 1988.

SPENDER, Daly, *Women of Ideas (and What Men Have Done to Them). From Aphra Behn to Adrienne Rich*. Londres, Ark Paperback, 1983.

SPIVAK, Gayatri C., *In Other Worlds. Essays in Cultural Politics*. Nueva York y Londres, Routledge, 1988.

STEFAN, Verena, *Häutungen*. Munich, Frauenoffensive, 1978 (trad. de Mireia Bofill, Barcelona, La Sal, 1982).

STOLCKE, Verena, *¿Es el sexo para el género como la raza para la etnicidad?*, «Mientras tanto» 48 (1992) 87-111.

TERESA DE JESUS, Santa, *Libro de la vida*, ed. de Jorge García López. Barcelona, Círculo de Lectores, 1989.

TERTULIANO, *De cultu feminarum*, en Id., *Opera*, Turnhout, Brepols, 1954 («Corpus Christianorum, Series Latina» 1-1, 341-370).

TOMMASI, Wanda, *La tentazione del neutro*, en Diótima, *Il pensiero della differenza sessuale*, 83-103.

TRISTAN, Flora, *Peregrinaciones de una paria*. Madrid, Istmo, 1986.

TRISTAN, Flora, *La unión obrera*. Barcelona, Fontamara, 1977.

USATGES *de Barcelona. El Codi a mitjan segle XII*, ed. de Joan Bastardas Parera. Barcelona, Fundació Noguera, 1984.

VANCE, Carole S., ed., *Placer y peligro. Explorando la sexualidad femenina*. Madrid, Revolución, 1989.

VARIAS AUTORAS, *L'exercice du savoir et la différence des sexes*. París, L'Harmattan, 1991.

VEGA, Lope de, *Obras*, II. Madrid, Rivadeneyra, 1892.

VEGETTI FINZI, Silvia, *Parole e silenzi nel rapporto madre-bambina*, en Centro Documentazione Donna di Firenze, eds., *Verso il luogo delle origini*, 211-234.

VILLENA, Isabel de, *Vita Christi*, ed. de Ramon Miquel i Planas. Barcelona, Biblioteca Catalana, 1916, 3 vols.

VORAGINE, Santiago de la, *La leyenda dorada*, trad. de J.M. Macías. Madrid, Alianza, 1982.

WAITHE, Mary Ellen, ed., *A History of Women Philosophers*, 2: 500-1600. Dordrecht, Kluwer Academic Publishers, 1989.

WAITHE, Mary Ellen, *Oliva Sabuco de Nantes Barrera*, en Ead, ed., *A History of Women Philosophers*, 2, 261-284.

WALBY, Sylvia, *Patriarchy at Work. Patriarchal and Capitalist Relations at Work*. Cambridge, Polity Press, 1986.

WALBY, Sylvia, *Theorizing Patriarchy*. Londres, Basil Blackwell, 1990.

WEIL, Simone, *A la espera de Dios*, trad. de María Tabuyo y Agustín López. Madrid, Trotta, 1993.

WEINBAUM, Batya, *El curioso noviazgo entre feminismo y socialismo*, trad. de Margarita Schuller. Madrid, Siglo XXI, 1984.

WHITE, Patricia, *Female Spectator, Lesbian Specter. «The Haunting»*, en Diana Fuss, ed., *Inside / Out*, 142-162.

WHITFORD, Margaret, *Luce Irigaray. Philosophy in the Feminine*. Nueva York y Londres, Routledge, 1991.

WIEGMAN, Robyn, *Introduction: Mapping the Lesbian Postmodern*, en Laura Doan, ed., *The Lesbian Postmodern*, 1-20.

WIESNER, Merry, *Women's Defense of Their Public Role*, en Mary Beth Rose, *Women in the Middle Ages and the Renaissance*, 1-28.

WINGFIELD, Rachel, *Selling Out: «The Lesbian Sexual Revolution»*, «Trouble & Strife» 28 (1994) 20-25.

WITTIG, Monique, *Le corps lesbien*, París, Éditions de Minuit, 1973 (trad. de Nuria Pérez de Lara, Valencia, Pre-textos, 1977).

WITTIG, Monique, *Virgile, non*. París, Éditions de Minuit, 1985.

WITTIG, Monique, *The Straight Mind and Other Essays*. Nueva York y Londres, Harvester Weatsheaf, 1992.
WOLF, Christa, *Casandra*, trad. de Miguel Sáenz. Madrid, Alfaguara, 1986.
WOLFE, Susan E., y PENELOPE, Julia, eds., *Sexual Practice / Textual Theory: Lesbian Cultural Criticism*. Cambridge, MA y Oxford, UK, Blackwell, 1993.
WOLGAST, Elizabeth H., *The Grammar of Justice*. Ithaca y Londres, Cornell University Press, 1987.
WOLLSTONECRAFT, Mary, *Vindication of the Rights of Woman* (1792), ed. de Miriam Kramnick. Harmondsworth, UK, Penguin, 1975 (trad. de Carmen Martínez Gimeno, Madrid, Cátedra, 1994).
WOOLF, Virginia, *Voyage Out* (1915). Londres, Penguin, 1992.
WOOLF, Virginia, *A Room of One's Own and Three Guineas*, ed. e introd. de Michèle Barrett. Londres, Penguin, 1993. (*Tres guineas*, trad. de Andrés Bosch, Barcelona, Lumen, 1983).
WOOLF, Virginia, *Una habitación propia*, trad. de Laura Pujol. Barcelona, Seix y Barral, 1989.
WYLIE, Alison y otras, *Feminist Critiques of Science: the Epistemological and Methodological Literature*, «Womens Studies International Forum» 12-3 (1989) 379-388.

YANAGISAKO, Sylvia J. y COLLIER, Jane F., *Toward a Unified Analysis of Gender and Kinship*, en Jane F. Collier y Sylvia J. Yanagisako, eds., *Gender and Kinship*, 14-50.
YOUNG, Iris M., *Throwing like a Girl and Other Essays in Feminist Philosophy and Social Theory*. Bloomington e Indianapolis, Indiana University Press, 1990.

ZAMBONI, Chiara, *L'inaudito*, en Diótima, *Mettere al mondo il mondo*, 11-24.
ZAMBONI, Chiara, *Una, due, alcune, le donne. Sul pensiero di Lice Irigaray*, en Ipazia, ed., *Quattro giovedì e un venerdì per la filosofia*, 21-28.
ZAMBONI, Chiara, *Acció política i contemplació*, «Duoda» 2 (1991) 129-140.
ZAMBRANO, María, *Hacia un saber sobre el alma*. Madrid, Alianza Editorial, 1987.
ZAMBRANO, María, *Filosofía y poesía* (1939 y 1987). Madrid, Fondo de Cultura Económica y Universidad de Alcalá, 1993.
ZAMBRANO, María, *La Confesión: Género literario* (1943). Madrid, Mondadori España, 1988.
ZAMBRANO, María, *Eloísa o la existencia de la mujer*, «Sur» 124 (febrero 1945) y «Anthropos / Suplementos» 2 (1987) 79-87.
ZAMBRANO, María, *María Zambrano, pensadora de la aurora*, «Anthropos» 70-71 (1987) 37-38.

ZAYAS Y SOTOMAYOR, María de, *Novelas amorosas y ejemplares*. Madrid, Real Academia Española, 1948.
ZAYAS Y SOTOMAYOR, María de, *Tres Novelas amorosas y ejemplares y tres Desengaños amorosos*, a cargo de Alicia Redondo Goicoechea. Madrid, Castalia-Instituto de la Mujer, 1989.
ZEDLER, Beatrice H., *Marie le Jars de Gournay*, en Mary Ellen Waithe, ed., *A History of Women Philosophers*, 2, 285-307.
ZIMMERMAN, Bonnie, *What Has Never Been: An Overview of Lesbian Feminist Criticism*, en Susan J. Wolfe y Julia Penelope, *Sexual Practice / Textual Theory*, 33-54.
ZINSSER, Judith, *History and Feminism. A Glass Half Full*. Nueva York, Twayne Publishers, 1993.

ÍNDICE ANALÍTICO

Yanagisako, Sylvia J., 80, 164, 239, 255